김동준
소방학개론

공/경채

FINAL 동형모의고사 8회

서울고시각

Stand by
Strategy
Satisfaction

새로운 출제경향에 맞춘 수험서의 완벽서

PREFACE / 머리말

　소방공무원은 없어서는 안 되는 현대사회에 필수적인 직종입니다. 사회가 발달함에 따라서 화재는 증가하고 있으며 소방인이 해야 하는 일은 날로 전문화되어 가고 있습니다.

　현재 소방공무원의 인원은 너무나 부족한 실정이어서 향후 몇 년간은 채용인원이 점차 늘어날 전망에 있습니다. 수험생 여러분은 수험 준비에 매진하여 어쩌면 다시 오지 않을 이런 좋은 기회를 놓치지 않고 잡아야만 합니다. 시험에 합격하기 위해서는 무엇보다도 기출문제 분석이 우선되어야 할 것이고 거기에서 더 나아가 좀 더 깊이 있는 심화학습이 필요합니다.

　이에 본 저자는 기출문제 분석을 통해 얻은 출제경향을 반영하고 더 나아가 심도 있는 문제를 최대한 반영한 모의고사 문제집을 구성해 보자는 생각으로 본서를 출간하게 되었습니다.

이 책의 구성

1 소방학개론 전 분야에 걸쳐 고루 출제하여, 실제 시험에 완벽하게 대비할 수 있도록 구성하였습니다.

2 다양한 문제로 구성하였고, 틀린 문제를 다시 확인하고 풀어볼 수 있도록 회독 체크란을 수록하였습니다.

3 정답 및 해설 부분에도 해당 문제를 수록하여 해설의 이해를 돕고 효율적으로 시간을 활용할 수 있도록 하였습니다.

PREFACE / 머리말

김동준 소방학개론

　수험은 단순함의 연속입니다. 수험에 도움이 안 되는 것은 과감하게 버릴 줄 아는 지혜도 필요합니다. 아무 생각 없이 오로지 수험에만 매진한다면 반드시 빠른 시일 내에 합격의 영광을 안을 수 있을 것입니다.

　이 책을 구성함에 있어 각종 기출문제 및 자료 수집에 도움을 준 화재공학연구소 안종천 실장에게 지면으로나마 감사의 마음을 전하며, 이 책의 출간을 위해 노력을 아끼지 않으신 서울고시각 김용관 회장님과 김용성 사장님 이하 편집부 직원 여러분께 감사한 마음을 전합니다.

　마지막으로 수험생 여러분의 뜻하신 바가 모두 이루어지기를 기원합니다.

편저자 씀

김동준 소방학개론

소방직 수험준비와 대책

수험생들의 수준이 향상됨에 따라 문제 수준은 날이 갈수록 어려워질 전망이다. 그러나 분명한 것은 소방과목 고득점 전략이 있고, 타과목보다는 고득점 맞기가 쉬울 것이다. 그러면 소방과목 고득점 전략에 대해 알아보자.

첫째 : 기출문제 분석

어느 시험이든 기출문제의 중요성은 말할 필요가 없다. 기출문제에서 나올 수 있는 문제는 점점 줄어들고 있는 추세지만 20~30% 이상은 기출에서 나온다.

둘째 : 용어의 이해와 암기

소방학과 소방법은 특수한 과목이기에 거기에 나오는 용어가 어려울 수 있다. 일단은 용어의 이해와 암기가 필요하다. 예를 들면, 무창층, 비상구, 옥내소화전 등 우리 주변에 있지만 관심이 없기에 잘 모르는 것이다. 소방에 관심을 가지고 있으면 쉽게 이해할 수 있을 것이다.

셋째 : 흐름의 이해

흐름은 분명히 있다. 예를 들어, 소방은 消(끌 소)와 防(막을 방)이 결합한 단어이다. 불을 끄고 막기 위해서 소방서가 있는 것이고, 연소가 계속되어서 불이 되는 것이다. 그러면 연소란 무엇이고, 연소가 일어나기 위해선 무슨 요소가 필요한지를 알아야 한다. 연소는 가연물이 산소와 결합하여 열과 빛을 내는 급격한 산화 반응이다. 담배를 피기 위해서는 담배와 라이터 그리고 산소가 필요하다. 담배는 가연물, 라이터는 점화원, 산소는 산소공급원이다. 담배를 제거하여 담배를 필 수 없게 하는 것을 제거소화라 한다. 라이터의 불을 물로 끄면 냉각소화, 산소를 없애면 질식소화라 한다. 소화의 개념을 이해했다면 소화를 위해선 어떤 약제가 필요한지 알아야 한다. 소화약제는 수계와 가스계가 있다. 수계에는 물과 포, 가스계에는 이산화탄소, 할론, 할로겐화합물 및 불활성기체, 분말이 있다. 이처럼 소방학과 소방법의 흐름을 파악하고 따라가면 이해와 암기가 좀 더 수월할 것이다.

김동준 소방학개론

CONTENTS / 차례

문제편

제1회	FINAL 동형 모의고사	2
제2회	FINAL 동형 모의고사	11
제3회	FINAL 동형 모의고사	19
제4회	FINAL 동형 모의고사	26
제5회	FINAL 동형 모의고사	34
제6회	FINAL 동형 모의고사	41
제7회	FINAL 동형 모의고사	48
제8회	FINAL 동형 모의고사	56

해설편

제1회	FINAL 동형 모의고사 ······································· 2
제2회	FINAL 동형 모의고사 ······································· 14
제3회	FINAL 동형 모의고사 ······································· 28
제4회	FINAL 동형 모의고사 ······································· 42
제5회	FINAL 동형 모의고사 ······································· 52
제6회	FINAL 동형 모의고사 ······································· 62
제7회	FINAL 동형 모의고사 ······································· 73
제8회	FINAL 동형 모의고사 ······································· 85

김동준 소 방 학 개 론
FINAL
동형 모의고사

소방학개론
김동준 T

2025

FINAL 동형 모의고사

1~8회 문제편

제1회 FINAL 동형 모의고사

01

다음 글은 그레이엄 법칙에 대한 설명이다. 이에 대한 내용 중 〈보기〉에서 옳은 것을 모두 고른 것은?

> 그레이엄(Graham's law)의 법칙은
> $$\frac{V_A}{V_B}=\sqrt{\frac{M_B}{M_A}}=\sqrt{\frac{d_B}{d_A}}$$

〈보기〉

ㄱ. 분자량이 작을수록 기체의 확산속도가 빨라진다.
ㄴ. 밀도가 작을수록 기체의 확산속도가 빨라진다.
ㄷ. 표준상태에서 수소는 산소보다 약 4배 빠른 확산속도를 갖는다.
ㄹ. 같은 온도, 압력에서 두 기체의 분출속도는 그들 기체의 분자량의 제곱근에 비례한다.

① ㄱ
② ㄱ, ㄴ
③ ㄱ, ㄴ, ㄷ
④ ㄱ, ㄴ, ㄷ, ㄹ

02

다음 중 소방역사를 과거부터 시대순으로 알맞게 짝지은 것은?

> ㉠ 방재국 신설
> ㉡ 소방학교 설립(중앙소방학교의 전신)
> ㉢ 소방국 내 구조구급과 신설
> ㉣ 소방법 제정

① ㉠ - ㉣ - ㉢ - ㉡
② ㉡ - ㉣ - ㉢ - ㉠
③ ㉢ - ㉠ - ㉣ - ㉡
④ ㉣ - ㉡ - ㉠ - ㉢

03

(가)~(다)가 일어난 순서대로 옳게 나열한 것은?

> (가) 대연각호텔화재는 사망자 166명(추락사 38명), 부상자 68명, 실종 25명이다. 이를 계기로 소방장비를 보강하였다.
> (나) 삼풍백화점이 무너지는 대형 참사는 502명이 숨지고 937명이 다쳤다. 이를 계기로 119중앙구조대가 설치되었다.
> (다) 충주호 유람선화재로 승무원을 포함한 132명 중 절반인 66명의 사상자(사망 30명, 부상 33)가 발생했다. 따라서 내수면에 의한 수난구호업무도 소방관서에 부여하게 되었다.

① (가) - (나) - (다)
② (나) - (다) - (가)
③ (가) - (다) - (나)
④ (다) - (가) - (나)

04

다음 글은 언론에 나온 기사이다. 밑줄 친 내용으로 거리가 먼 것을 고르시오.

(가) 119 구급차를 타고 응급실로 옮겨졌으나 치료를 받지 못해 다른 병원으로 재이송되던 중 심정지가 온 응급 환자가 올해 들어 8월까지 12명에 이르는 것으로 확인됐다. 최근 '응급실 뺑뺑이'가 심화되고 있기 때문이라는 지적이 나온다.

(나) 응급실 뺑뺑이를 막기 위해 소방청에 따르면 최근 '119구조·구급에 관한 법률 시행규칙'이 시행됐다.

(다) 개정된 사항은 구급대원은 연간 40시간 이상 다음 각 호의 내용을 포함하는 특별교육훈련을 받아야 한다. 다만, 소방청장은 법 제23조의2제1항에 따른 감염병환자 등이 대규모로 발생하는 등의 사유로 구급대원의 업무과중이 우려되는 경우에는 구급대원이 이수해야 하는 연간 특별교육훈련 시간을 줄임할 수 있다.

① 임상실습 교육훈련
② 그 밖에 소방대원과 관련된 교육훈련
③ 「응급의료법」 제31조의4제1항 및 같은 법 시행규칙 제18조의3제2항에 따른 응급환자 중증도 분류 기준에 관한 교육
④ 전문 분야별 응급처치교육

05

다음은 언론에 나온 까치라는 소방헬기에 대한 설명이다. 밑줄 친 것에 대한 설명 중 옳지 않은 것은?

대형 재난과 인명구조 현장에 출동하는 소방헬기는 언제부터 운영이 됐을까. 소방청은 23일 국립소방박물관 설립 추진을 계기로 소방헬기 도입과 소방항공대 창설 발자취를 공개했다. 국내 최초의 소방항공대는 서울시에 설치됐다. 1983년 4월 항공대 설치 조례를 제정했지만 실제 소방헬기를 도입해 운항을 시작한 것은 1979년 12월 초부터였다. 미국 휴즈(현 보잉)가 제작한 500MD 기종 2대를 들여와 각각 '까치 1호'와 '까치 2호'로 이름을 붙였다. 지금 현재는 퇴역하였으며 지금도 시민의 안전을 위해 119항공대가 운영되고 있다.

① 소방청장 또는 소방본부장은 초고층 건축물 등에서 요구조자의 생명을 안전하게 구조하거나 도서·벽지에서 발생한 응급환자를 의료기관에 긴급히 이송하기 위하여 119항공대를 편성하여 운영한다.
② 항공대의 편성과 운영, 업무 및 항공대원의 자격기준, 그 밖에 필요한 사항은 대통령령으로 정한다.
③ 화재 진압 및 방역 또는 방재 업무도 하며, 소방청장은 119항공대를 소방본부에 설치하는 직할구조대에 설치할 수 있다.
④ 소방본부장은 시·도 규칙으로 정하는 바에 따라 119항공대를 편성하여 운영하되, 효율적인 인력 운영을 위하여 필요한 경우에는 시·도 소방본부에 설치하는 직할구조대에 설치할 수 있다.

06

다음은 24년 공고문이다. 설명으로 옳지 않은 것은? (단, 24년 4월 기준이고, 경채는 자격요건을 만족한 것으로 본다.)

2024년 소방공무원 채용시험 시행계획 공고
2024년 소방공무원 채용시험 시행계획을 아래와 같이 공고합니다.

2024년 1월 31일
소방청장

*시험개요
　선발예정인원 : 1683명
※법무, 항공 제외

시도	총계	공개경쟁채용 (이하 공채)			경력경쟁채용 (이하 경채)			
		소계	남성	여성	소계	남성	여성	양성
합계	1683	758	693	65	925	643	228	54
중앙	51	0	0	0	51	51	0	0
서울	227	67	61	6	160	111	38	11
부산	112	57	52	5	55	39	10	6
대구	61	32	26	6	29	19	7	3
인천	54	31	25	6	23	19	4	0
광주	59	34	32	2	25	14	11	0
대전	43	15	14	1	28	22	6	0
울산	44	20	16	4	24	18	3	3
세종	11	3	3	0	8	5	2	1
경기	390	200	195	5	190	105	85	0

① 1982년생 김동준은 군대를 6개월 갔다 와서 공채시험에 응시할 수 있다.
② 1981년생 김동준은 군대를 4년 6월 갔다 와서 경채시험에 응시할 수 있다.
③ 1979년생 김동준은 군대를 2년 2월 갔다 와서 공채시험에 응시할 수 있다.
④ 2006년생 김동준은 군대를 갔다 오지 않았지만 공채시험에 응시할 수 있다.

07

위험물 중 산화제에 대한 설명 중 옳지 않은 것은?

① 염소산나트륨은 조해성이 있으므로 습기를 주의해야 하며 주수에 의한 냉각소화는 적당하지 않다.
② 과산화수소는 직사광선에 분해하므로 갈색용기에 저장하고, 분해가스를 방출하기 위해 작은구멍을 뚫는다.
③ 과산화칼륨은 물과 접촉하게 되면 수산화칼륨과 산소가 발생이 되어서 주수소화를 금한다.
④ 과산화나트륨은 흡습성이 강하고 조해성이 있으며, 일반적으로 주수소화는 하지 않는다.

08

다음 그림에 대한 설명이다. 이에 대한 내용 중 〈보기〉에서 옳지 않은 것을 모두 고른 것은?

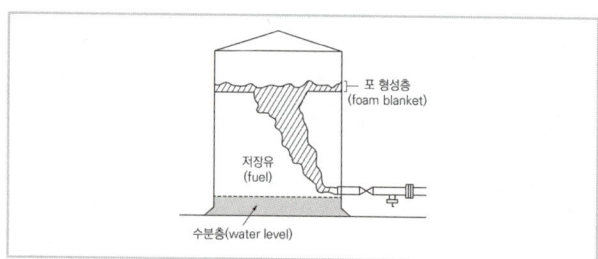

보기

ㄱ. 표면하주입방식으로 FRT탱크에 주로 사용된다.
ㄴ. Ⅲ형 방식으로 표면하부에서 상부로 방출하기 때문에 기름에 저항을 지닌 내유염성(내유성)이 요구되지 않는다.
ㄷ. 단친매성인 단백포는 적용이 가능하다.
ㄹ. 양친매성인 소화약제는 적용이 가능하다.

① ㄱ
② ㄱ, ㄴ
③ ㄱ, ㄴ, ㄷ
④ ㄱ, ㄴ, ㄷ, ㄹ

09

다음은 ○○언론에 보도된 내용이다. 밑줄 친 ㉠, ㉡에 대한 설명으로 적절한 것은?

> (가) 2024년 8월 1일 오전 6시 8분경, 인천 청라국제도시 OO주차장에 주차된 전기자동차 메르세데스-벤츠 차량의 배터리에서 발화로 추정되는 화재가 발생하여 이를 발견한 주민 1명이 이를 119에 신고했다. 지하 주차장에 주차되어 있던 차량 중 140여 대 이상이 ㉠ 전소되었다.
> (나) 다만 화재가 대규모로 확산된 것은 아파트 지하주차장의 소방 시설, 특히 스프링클러가 제대로 작동하지 않았기 때문인 것으로 확인되었다. 즉, 화재의 원인인 자동차에서의 발화는 자동차 화재 특성상 스프링클러로 진압이 불가능하겠지만, 만약 ㉡ 스프링클러가 제대로 작동했다면 140여 대가 전소될 정도로 화재가 기지지 않았을 수 있었다는 점에서 안타까운 부분이 있다.

① ㉠은 전소로 화재조사 및 보고규정상 전기자동차 화재이므로 화재유형은 전기화재로 자동차가 아닌 건물이 70% 이상 소실된 것을 의미한다. (단, 미만인 경우 재사용이 불가능한 것은 제외한다.)
② ㉠은 전소로 화재조사 및 보고규정상 전기자동차 화재이므로 화재유형은 자동차화재로 자동차가 70% 이상 소실된 것을 의미한다. (단, 미만인 경우 재사용이 불가능한 것은 제외한다.)
③ ㉡은 스프링클러설비로 준비작동식스프링클러설비가 감지기가 있으므로 습식스프링클러설비보다 신뢰성이 우수하다.
④ ㉡은 스프링클러설비로 습식스프링클러는 동파의 우려가 있으므로 주차장에는 설치가 금지된다.

10

밑줄 친 부분에 대한 설명으로 옳은 것을 〈보기〉에서 모두 고르시오.

> 최근 진주소방서에 따르면 최근 4년간(2020~2023) 경상남도에서 식용유 관련 화재는 73건으로 집계됐다. 부주의로 인한 화재는 57건(78%)이다.
> 음식물 조리 중 발생하는 식용유 화재 대부분이 '부주의'인 것으로 조사된 가운데 소방당국이 자연발화 잠재 위험성을 발견하면서 각별한 주의를 당부했다.

보기

ㄱ. 인화점과 발화점 차이가 적고 재발화 할 수 있다.
ㄴ. 식용유화재에 강화액소화약제를 방출시 금속비누를 만들고 비누가 거품을 생성하여 질식소화한다.
ㄷ. 최근 우리나라에서도 소화기구의 소화약제별 적응성에 보면 K급으로 분류하고 있으며, NFPA(미국방화협회)에서 F급 화재로 분류하고, UL(미국보험협회 안전시험소)는 K급 화재로 분류하고 있다.
ㄹ. 발화점이 비점보다 높아 비점 이상의 온도에서만 액면상의 증발을 통해 연소가 진행이 된다. 따라서 화염이 꺼지면 연소가 진행되지 않는다.

① ㄱ
② ㄱ, ㄴ
③ ㄱ, ㄴ, ㄷ
④ ㄱ, ㄴ, ㄷ, ㄹ

11

수동기동방식의 펌프가 수원의 수위보다 낮은 곳에 설치된 옥내소화전설비의 구성요소를 있는 대로 모두 고른 것은?

보기

ㄱ. 기동용수압개폐장치
ㄴ. 릴리프밸브
ㄷ. 동력제어반
ㄹ. 솔레노이드밸브
ㅁ. 물올림장치

① ㄱ, ㄴ, ㅁ
② ㄷ, ㄹ, ㅁ
③ ㄴ, ㄷ
④ ㄱ, ㄴ, ㄷ, ㅁ

12

다음은 시청광장 참사에 대한 설명이다. 〈보기〉에서 옳은 것을 모두 고르시오. (단, 보기는 사고가 난 이후에 대한 설명이다.)

2024년 7월 1일 오후 9시 27분쯤 A씨는 시청역 인근 웨스틴조선호텔 지하 주차장에서 차를 몰고 나오다가 가속하며 역주행했다. 이 사고로 9명이 숨지고 차씨 부부를 포함해 7명이 중·경상을 입었다.

보기

ㄱ. 「긴급구조대응활동 및 현장지휘에 관한 규칙」상 현장지휘관은 현장대응을 위한 긴급구조기관의 인력 및 장비를 확보하기 위하여 대응단계를 발령할 수 있다.
ㄴ. 「긴급구조대응활동 및 현장지휘에 관한 규칙」상 현장지휘소를 설치할 수 있다.
ㄷ. 「긴급구조대응활동 및 현장지휘에 관한 규칙」상 긴급구조통제단을 가동할 수 있다.
ㄹ. 「긴급구조대응활동 및 현장지휘에 관한 규칙」상 긴급통제단을 가동 후 빠르게 현장지휘와 조정 및 통제하기 위해 긴급구조지휘대에서 지휘한다.

① ㄱ, ㄴ
② ㄱ, ㄴ, ㄷ
③ ㄴ, ㄷ
④ ㄱ, ㄴ, ㄷ, ㄹ

13

다음 글은 재난관리 단계를 설명하고 있다. 이에 대한 내용 중 〈보기〉에서 옳지 않은 것을 모두 고른 것은? (단, 예방, 대비, 대응, 복구 중 하나이다)

경감이라고 하기도 하며, 재난이 실제로 발생하기 전에 재난 촉발요인을 제거하거나 재난요인이 표출되지 않도록 억제하는 활동이다.

보기

ㄱ. 관계 중앙행정기관의 장은 소관 분야의 국가핵심기반을 기준에 따라 조정위원회의 심의를 거쳐 지정할 수 있다.
ㄴ. 중앙행정기관의 장 또는 지방자치단체의 장은 재난이 발생할 위험이 높거나 재난예방을 위하여 계속적으로 관리할 필요가 있다고 인정되는 지역을 대통령령으로 정하는 바에 따라 특정관리대상지역으로 지정할 수 있다.
ㄷ. 재난관리책임기관에서 재난 및 안전관리업무를 담당하는 공무원이나 직원은 행정안전부장관이 실시하는 전문교육을 행정안전부령으로 정하는 바에 따라 정기적으로 또는 수시로 받아야 한다.
ㄹ. 대통령령으로 정하는 다중이용시설 등의 소유자·관리자 또는 점유자는 대통령령으로 정하는 바에 따라 위기상황에 대비한 매뉴얼을 작성·관리하여야 한다. 다만, 다른 법령에서 위기상황에 대비한 대응계획 등의 작성·관리에 관하여 규정하고 있는 경우에는 그 법령에서 정하는 바에 따른다.

① ㄱ
② ㄱ, ㄴ
③ ㄱ, ㄴ, ㄷ
④ ㄹ

14

다음 글은 「재난 및 안전관리기본법 시행령」상 재난관리주관기관에 대한 설명이다. 〈보기〉에서 재난관리주관기관이 일치하는 것을 모두 고르시오.

「댐건설·관리 및 주변지역지원 등에 관한 법률」제2조제1호에 따른 댐[산업통상자원부 소관의 발전(發電)용 댐은 제외한다]의 붕괴·파손 등으로 인해 대규모 피해가 발생하였다.

보기

ㄱ. 「미세먼지 저감 및 관리에 관한 특별법」제2조제1호에 따른 미세먼지로 인한 피해가 발생하였다.
ㄴ. 「수도법」제3조제5호에 따른 수도의 화재등으로 대규모 피해가 발생하였다.
ㄷ. 「생활화학제품 및 살생물제의 안전관리에 관한 법률」제3조제4호에 따른 안전확인대상생활화학제품 및 같은 조 제6호에 따른 살생물제 관련 사고(「제품안전기본법」제15조에 따른 제품사고에 해당하는 경우로 한정한다)로 인해 대규모 피해가 발생되었다.
ㄹ. 「산업안전보건법」제2조제1호 및 제44조제1항에 따른 산업재해 및 중대산업사고로 인해 대규모 피해가 발생되었다.
ㅁ. 「해양환경관리법」제2조제2호에 따른 해양오염으로 인해 대규모 피해가 발생되었다.

① ㄷ, ㄹ
② ㄱ, ㄴ
③ ㄱ, ㄴ, ㄷ
④ ㄴ, ㄷ, ㄹ

15

다음은 「재난 및 안전관리기본법」상 내용이다. (가)에 대한 설명으로 옳은 것을 〈보기〉에서 모두 고르시오.

재난관리주관기관의 장은 재난이 발생하거나 발생할 우려가 있는 경우에는 대통령령으로 정하는 바에 따라 재난상황을 효율적으로 관리하고 재난을 수습하기 위한 (가)를 신속하게 설치·운영하여야 한다.

보기

ㄱ. (가)의 장은 해당 재난관리주관기관의 장이 된다.
ㄴ. 행정안전부장관은 재난이나 그 밖의 각종 사고로 인한 피해의 심각성, 사회적 파급효과 등을 고려하여 필요하다고 인정하는 경우에는 재난관리주관기관의 장에게 (가)의 설치·운영을 요청할 수 있다. 이 경우 요청을 받은 재난관리주관기관의 장은 특별한 사유가 없으면 요청에 따라야 한다.
ㄷ. (가)의 장은 재난정보의 수집·분석, 상황관리, 재난발생 시 초동조치 및 통제 등을 위한 종합상황실을 설치·운영할 수 있다.
ㄹ. (가)의 장은 재난을 재난관리하기 위하여 필요하면 관계 재난관리책임기관의 직원에게 지원을 요청할 수 있다. 이 경우 요청을 받은 관계 재난관리책임기관의 직원은 특별한 사유가 없으면 요청에 따라야 한다.

① ㄱ
② ㄱ, ㄴ
③ ㄱ, ㄴ, ㄷ
④ ㄱ, ㄴ, ㄷ, ㄹ

16

다음 글과 같이 경보를 하여야 하는 소방시설을 〈보기〉에서 모두 고르시오.

층수가 11층(공동주택의 경우에는 16층) 이상의 특정소방대상물은 발화층에 따라 경보하는 층을 달리하여 경보를 발할 수 있도록 할 것

보기

ㄱ. 비상방송설비
ㄴ. 자동화재탐지설비
ㄷ. 자동화재속보설비
ㄹ. 옥내소화전

① ㄷ, ㄹ
② ㄱ, ㄴ
③ ㄱ, ㄴ, ㄷ
④ ㄴ, ㄷ, ㄹ

17

다음은 (가)와 (나)에 대한 설명이다. 옳지 않은 것을 고르시오. (단, (가), (나)는 각각 인화에 의한 발화와 자연발화 중 하나임)

(가) 외부의 점화원이 필요없다.
(나) 외부의 점화원이 필요하다.

① (가)는 물적 조건 + 에너지 조건이 필요하다.
② (나)는 열용량을 높임으로써 방지할 수 있다.
③ (가)의 원인으로 산화열에 의한 발화와 정전기 및 복사열이 있다.
④ (나)는 밀폐계보다는 개방계에서 존재하는 상태이다.

18

다음 글은 연기의 단층화에 대한 설명이다. 이에 대한 내용 중 〈보기〉에서 옳은 것을 모두 고른 것은?

화재강도가 작은 훈소성화재의 경우 그리고 천장이 높은 대공간화재에서 화재풀룸의 부력이 주변공기온도와 같아질 때 더 이상 상승하지 못하고 연기층을 형성하는 것을 의미한다.

보기
ㄱ. 천장분출흐름의 형성의 어렵다.
ㄴ. 감지기 작동이 늦어진다.
ㄷ. 대책은 RTI가 높은 헤드를 사용한다.
ㄹ. 대책은 특수감지기를 사용한다.

① ㄱ, ㄴ, ㄹ   ② ㄱ, ㄴ
③ ㄱ, ㄷ   ④ ㄱ, ㄴ, ㄷ, ㄹ

19

다음은 (가)와 (나)에 대한 설명이다. 옳은 것을 고르시오. (단, (가), (나)는 각각 열용량과 열관성 중 하나임.)

(가) 열을 저장하는 재료의 능력이다.
(나) 두꺼운 재료(2mm 이상)의 발화시간에 영향을 준다.

① (가)은(이) 어떤 물질의 온도를 100℃ 올리는 데 필요한 열량이다.
② (나)이 큰 스티로폼은 (나)이 작은 나무보다 쉽게 발화한다.
③ (가)은(이) 열의 이동에 따른 관성으로 물체의 표면에서 열의 이동 정도를 나타내며 열전도율, 밀도, 비열의 곱으로 나타낸다.
④ (나)은(이) 낮을수록, 발화온도가 낮을수록, 순열유속이 클수록 발화시간이 짧다.

20

다음 글은 폭발에 대한 설명이다. 이에 대한 내용 중 〈보기〉에서 옳은 것을 모두 고른 것은?

• 양적변화
• 상변화에 따른 폭발

보기
ㄱ. 박막폭발
ㄴ. UVCE
ㄷ. 액화가스 증기폭발
ㄹ. 블래비(최초폭발 당시)

① ㄷ, ㄹ   ② ㄱ, ㄴ, ㄹ
③ ㄱ, ㄴ   ④ ㄱ, ㄴ, ㄷ, ㄹ

21

다음 중 화재강도에 대한 설명으로 옳지 않은 것은?

① 화재실의 열방출률이 클수록 온도가 높아져서 화재강도는 크게 나타난다.
② 화재실의 단위면적당 축적되는 열의 양을 화재강도라고 한다.
③ 화재강도는 화재가 발생한 곳에서 발생되는 열발생률과 외부로 유출되는 열누설률에 의해 결정이 된다.
④ 열누설률에 미치는 요인은 벽의 단열성 및 내장재료 그리고 환기요소 등이 있다.

22

다음 글은 화재의 분류에 대한 설명이다. 이에 대한 내용 중 〈보기〉에서 옳은 것을 모두 고른 것은?

정전기인 전기적 발화원인에 의해 소파가 연소되어 화재가 되었다.

〈보기〉

ㄱ. 작동되지 않는 전기가 흐르지 않은 변전소에 화재가 발생이 되었다.
ㄴ. 전류가 흐르고 있는 컴퓨터에서 화재가 발생이 되었다.
ㄷ. 담배꽁초에 의해 불이 붙어 전기가 흐르고 있는 가연물에 화재가 발생되었다.
ㄹ. 전류가 흐르고 있는 가연물에 누전으로 연소가 발생이 되었지만, 전기가 차단되어 감전위험이 사라진 상태에서 가연물에 화재가 발생이 되었다.

① ㄱ, ㄹ
② ㄴ, ㄷ
③ ㄱ, ㄴ
④ ㄱ, ㄴ, ㄷ, ㄹ

23

다음 글은 아레니우스 방정식이다. 방정식에 관한 내용 중 〈보기〉에서 옳지 않은 것을 모두 고른 것은?

$$k = A \cdot e^{-Ea/R \cdot T}$$

〈보기〉

ㄱ. 화학반응의 속도를 나타내는 비례상수인 속도상수(k)는 활성화에너지(Ea)에 비례한다.
ㄴ. 온도(T)에는 지속적으로 반비례한다.
ㄷ. 연소반응에서 반응온도가 올라갈수록 연소반응의 속도도 빨라진다.
ㄹ. 연소반응에서 점화에너지를 가리키는 활성화에너지는 그 크기가 작을수록 연소반응이 용이하다.
ㅁ. 연소반응의 개시시 아주 작은 점화원으로도 쉽게 발화되며 주변 온도가 높을수록 연소반응속도 역시 증가하므로 냉각소화는 이런 요소들을 지연시키거나 제거함으로써 소화 작용을 나타낸다.

① ㄱ, ㄹ
② ㄴ, ㄷ
③ ㄱ, ㄹ, ㅁ
④ ㄱ, ㄴ

24

다음 그림에 대한 설명으로 옳은 것은?

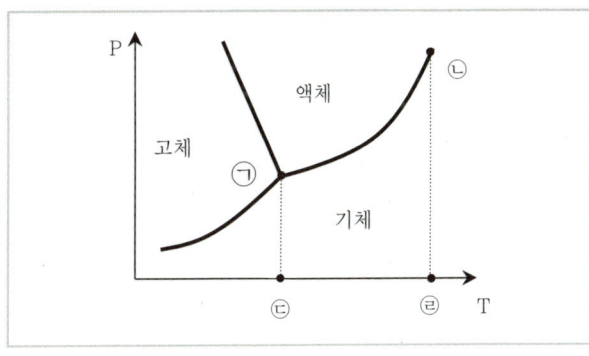

① 이산화탄소의 상태곡선으로 ㉠은 삼중점으로 상태가 특정한 압력 및 온도에서 고체상, 액체상, 기체상이 모두 평형을 이루어 공존하는 상태이다.
② ㉡은 순수 물질이 기액평형을 이루는 최고의 압력과 온도인 임계온도이다.
③ ㉢은 기체를 액화시킬 수 있는 최저온도이다.
④ 얼음에서 물로 변화할 때는 에너지를 흡수하고, 물에서 얼음으로 변화할 때는 에너지를 방출한다.

25

다음 글은 피난구조설비를 설명하고 있다. 이에 대한 내용 중 〈보기〉에서 옳은 것을 모두 고른 것은? (단, 피난기구만을 고르시오)

> 화재가 발생할 경우 피난하기 위하여 사용하는 기구 또는 설비이다.

보기

ㄱ. 간이완강기는 사용자의 몸무게에 따라 자동적으로 내려올 수 없는 기구 중 사용자가 연속적으로 사용할 수 없는 피난구조설비이다.
ㄴ. 공기안전매트는 화재 발생시 사람이 건축물 내에서 외부로 긴급히 뛰어내릴 때 충격을 흡수하여 안전하게 지상에 도달할 수 있도록 포지에 공기 등을 주입하는 구조로 되어 있는 것을 말한다.
ㄷ. 다수인피난장비는 화재시 2인 이상의 피난자가 동시에 해당층에서 지상 또는 피난층으로 하강하는 피난기구를 말한다.
ㄹ. 승강식피난기는 사용자의 몸무게에 의하여 자동으로 하강하고 내려서면 스스로 상승하여 연속적으로 사용할 수 있는 무동력 승강식피난기를 말한다.
ㅁ. 방열복, 방화복, 산소호흡기, 인공소생기를 인명구조기구라 하며, 소방대상물 안에 있는 사람을 구조하거나 쉽게 피난하기 위한 기구이다.

① ㄱ
② ㄴ, ㄷ
③ ㄴ, ㄷ, ㅁ
④ ㄴ, ㄷ, ㄹ

제2회 FINAL 동형 모의고사

01

기체연료의 연소형태에 대한 설명으로 옳지 않은 것은?

① 화염부근의 가스의 유동이 층류 혹은 난류인가에 따라 층류연소와 난류연소로 구분한다.
② 층류에서 난류로 변하면 화염이 성질이 크게 변화하여, 화염의 두께가 증가된다.
③ 예혼합연소는 층류에서 난류로 변화하면 화염전파속도가 증가한다.
④ 확산연소는 층류에서 난류로 변화하면 화염의 단위면적당의 연소율이 감소된다.

02

다음 그림에 대한 설명으로 〈보기〉에서 옳은 것을 모두 고르시오.

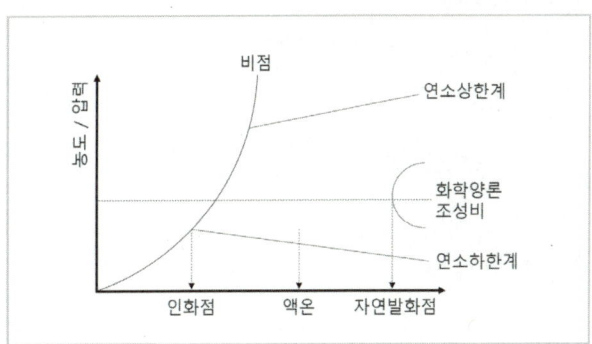

보기

ㄱ. 중질유의 연소형태이다.
ㄴ. 예혼합형전파이다.
ㄷ. 예열형전파이다.
ㄹ. 경질유의 연소형태이다.
ㅁ. 개방된 공간, 물 및 에멀젼, 열류층이 있는 경우 보일오버가 발생이 될 수 있다.

① ㄴ, ㄹ
② ㄱ, ㄷ
③ ㄴ, ㄹ, ㅁ
④ ㄱ, ㄴ

03

다음 중 NOAEL값이 높으며, 화학식에서 H가 1개 있고, F가 3개 있다. 다음 중 무엇인가?

① FIC-13I1
② HCFC-124
③ HFC-125
④ HFC-23

04

다음 〈보기〉에 대한 설명으로 옳지 않은 것은 무엇인가?

〈보기〉
(가) 한계산소농도(LOI ; Limited Oxygen Index)
(나) 최소산소농도
  (MOC ; Minimum Oxygen for Combustion)

① (가)는 가연물을 수직으로 한 상태에서 가장 윗부분에 점화하여 연소를 계속 유지할 수 있는 최저 산소농도를 말한다.
② (가)가 높은 섬유류나 건축물의 내장재료가 화재에 대한 안전성이 높다.
③ (나)는 공기와 가연가스의 혼합기 중 산소의 %이다.
④ 프로판의 (나)를 구하는 방식은 연소상한계 × 산소몰수이다. 그러므로 2.1 × 5가 되어 10.5이다.

05

다음 〈보기〉의 조건이 주어졌을 때 팽창비는 얼마인가?

〈보기〉
ㄱ. 소화원액 15L
ㄴ. 3% 합성계면활성제포 수용액
ㄷ. 발생시킨 포 부피 325m^3(단, ㄱ과 ㄴ을 이용하여 발생시킨 포임)

① 200
② 300
③ 400
④ 650

06

다음 〈보기〉의 조건이 주어졌을 때 2단위 분말소화기는 몇 개 필요한가?

〈보기〉
ㄱ. 창고이다.
ㄴ. 가로가 40000mm이고, 세로 10000mm이다.
ㄷ. 건축물의 주요구조부가 내화구조이고, 벽 및 반자의 실내에 면하는 부분은 불연재료임

① 1개
② 2개
③ 3개
④ 4개

07

전역방출방식의 이산화탄소소화설비에 대한 설명이다. 구성요소로 옳은 것을 모두 고르시오. (단, 저압식이며 방호구역은 2개이고, 기동방식은 전기식이다)

ㄱ. 선택밸브 ㄴ. 감지기
ㄷ. 기동용가스용기 ㄹ. 소화약제저장용기
ㅁ. 방출표시등

① ㄱ, ㄹ, ㅁ
② ㄴ, ㄷ, ㄹ, ㅁ
③ ㄱ, ㄴ, ㄹ, ㅁ
④ ㄱ, ㄴ, ㄷ, ㄹ, ㅁ

08

(가)와 (나)의 시기 사이에 있었던 사실로 옳은 것은?

(가) "경무청 관제 직장"을 확정하였는데 이때 화재에 관한 사항이 소관 사무임을 명백히 하였다.
(나) 경방단규칙을 공포하여 소방조와 수방단을 통합하여 경방단을 설치하였다.

① 경성에 소방펌프 1대를 비치하여 소방조를 설치한 것이 한국 내 일본인 소방의 효시이다.
② 중국으로부터 수총기를 수입하였으며, 최초의 장비 수입이 된 시기이다.
③ 남조선 과도정부 동위원회 집행기구로 소방청을 설치하였다.
④ 일본인이 한국 내에 화재보험회사 대리점을 설치하기 시작해서 우리나라 최초 화재보험회사를 설립하였다.

09

중앙119구조본부에 대한 설명이다. 밑줄 친 (가)의 시기에 있었던 일에 대한 설명으로 옳은 것은?

1995년 6월 29일 삼풍백화점 붕괴 사고가 일어났고, 사고 직후인 1995년 10월 중앙119구조대(서울 도봉구 방학동)에 대한 직제가 공포됐고 같은 해 12월 27일 발대식을 갖고 중앙소방학교 소속으로 설치·운영되어 오다가 1997년에는 국제구조대가 발족하였고, 1999년 7월 경기 남양주시에 청사가 준공돼 이전했고 (가) ○○○○년 중앙119구조단으로 명칭이 변경되었고, 2013년 9월 17일에는 중앙119구조본부로 승격되었다.

① 119구조·구급에 관한 법률 제정
② 재난관리법 제정
③ 화재예방법 제정
④ 소방기본법 제정

10

다음은 소방공무원 징계위원회의 징계의결서에 기록된 내용이다. ㉠에 들어갈 「국가공무원법」상 의무를 고르시오.

20××.××.×× A는 휴가 중 ○○도로에서 타인의 자전거를 훔쳐 타고 간 혐의로 절도죄로 기소되어 서울남부지방법원으로부터 벌금 50만원을 선고 받았다. 국가공무원법 ㉠ (   )를 위반한 것으로 동법 제78조 제1항의 징계사유에 해당하고, 소방공무원 징계령 제16조(징계등의 정도)에서 규정한 제 정상을 참작하여 감봉 1월에 처한다.

① 제63조(품위유지의 의무)
② 제57조(복종의 의무)
③ 제61조(청렴의 의무)
④ 제56조(성실 의무)

11

「의용소방대법」상 의용소방대에 대한 설명으로 옳지 않은 것은?

ㄱ. 시·도지사 또는 소방서장은 지역특수성에 따라 소방업무 관련 전문기술·자격자 등으로 구성하는 전담의용소방대를 설치해야 한다.
ㄴ. 의용소방대원의 정원은 시·도는 60명 이내이고, 읍·면은 50명 이내이다.
ㄷ. 대장과 부대장의 임기는 2년으로 하며, 한 차례만 연임할 수 있다.
ㄹ. 의용소방대의 숭고한 봉사와 희생정신을 알리고 그 업적을 기리기 위하여 매년 3월 19일을 의용소방대의 날로 정하여 기념행사를 한다.
ㅁ. 의용소방대의 날 기념행사에 관하여 필요한 사항은 소방청장 또는 시·도지사가 따로 정하여 시행할 수 있다.

① ㄱ, ㄹ, ㅁ
② ㄴ, ㄷ, ㄹ, ㅁ
③ ㄱ, ㄷ, ㄹ, ㅁ
④ ㄱ, ㄴ, ㄷ

12

다음은 ○○언론에 보도된 내용이다. 밑줄 친 ㉠, ㉡에 대한 설명으로 옳지 않은 것은?

(가) ○○소방서가 주관하는 ㉠ 119 시민수상구조대 발대식이 18일 ○○소방서 대회의실에서 소방공무원 및 119시민수상구조대원 등 50여명이 참여한 가운데 열렸다. 119 시민수상구조대는 수변 예찰 활동을 비롯한 위험 요소 제거, 수난 인명 구조함 점검, 환자 발생 시 응급처치·심폐소생술 조치를 하는 등 피서객의 안전지킴이 역할을 수행하게 된다.
(나) ○○소방서는 새내기 소방관들이 ㉡ 산악구조대 청사에서 봄철 산악사고를 대비해 훈련하며 연일 구슬땀을 흘리고 있다고 밝혔다. 산악구조대 3팀에서 근무 중인 새내기 소방관 2명은 각각 중앙소방학교에서 12주간의 강도 높은 훈련을 통과하고 4주간의 소방관서 실습을 마친 후 지난 2월과 4월에 임용됐다.

① 「119법 시행령」상 소방청장·소방본부장 또는 소방서장은 여름철 물놀이 장소에서의 안전을 확보하기 위하여 필요한 경우 민간 자원봉사자로 구성된 ㉠을 지원할 수 있다.
② 「119법 시행령」상 ㉠의 운영, 그 밖에 필요한 사항은 시·도의 조례로 정한다.
③ 「119법 시행령」상 ㉡은 특수구조대로 소방대상물, 지역 특성, 재난 발생 유형 및 빈도 등을 고려하여 시·도의 규칙으로 정하는 바에 따라 관할하는 소방본부 또는 소방서에 설치한다.
④ 「119법 시행령」상 ㉡은 「자연공원법」 제2조제1호에 따른 자연공원 등 산악지역에 설치한다.

13

「재난 및 안전관리 기본법」상 (가), (나)에 대한 설명으로 옳지 않은 것은? (단, (가), (나)는 각각 수습지원단, 수습본부 중 하나임.)

> (가) 재난관리주관기관의 장은 재난이 발생하거나 발생할 우려가 있는 경우에는 대통령령으로 정하는 바에 따라 재난상황을 효율적으로 관리하고 재난을 수습하기 위한 (가)를 신속하게 설치·운영하여야 한다.
> (나) 중앙대책본부장은 국내 또는 해외에서 발생하였거나 발생할 우려가 있는 대규모재난의 수습을 지원하기 위하여 관계 중앙행정기관 및 관계 기관·단체의 재난관리에 관한 전문가 등으로 (나)를 구성하여 현지에 파견할 수 있다.

① 행정안전부장관은 재난이나 그 밖의 각종 사고로 인한 피해의 심각성, 사회적 파급효과 등을 고려하여 필요하다고 인정하는 경우에는 재난관리주관기관의 장에게 (가)의 설치·운영을 요청할 수 있다. 이 경우 요청을 받은 재난관리주관기관의 장은 특별한 사유가 없으면 요청에 따라야 한다.
② (나)는(은) 재난을 수습하기 위하여 필요하면 관계 재난관리책임기관의 장에게 행정상 및 재정상의 조치, 소속 직원의 파견, 그 밖에 필요한 지원을 요청할 수 있다. 이 경우 요청을 받은 관계 재난관리책임기관의 장은 특별한 사유가 없으면 요청에 따라야 한다.
③ (가)의 장은 해당 재난관리주관기관의 장이 된다.
④ (나)의 구성과 운영 및 특수기동구조대의 편성과 파견 등에 필요한 사항은 대통령령으로 정한다.

14

「재난 및 안전관리 기본법」상 다음 글은 재난관리 단계를 설명하고 있다. 이에 대한 내용 중 〈보기〉에서 같은 것을 모두 고른 것은? (단, 예방, 대비, 대응, 복구 중 하나이다.)

> 관계 중앙행정기관의 장은 제26조제1항에 따라 국가핵심기반을 지정한 경우에는 대통령령으로 정하는 바에 따라 소관 분야 국가핵심기반 보호계획을 수립하여 해당 관리기관의 장에게 통보하여야 한다.

보기

> ㄱ. 중앙행정기관의 장 또는 지방자치단체의 장은 재난이 발생할 위험이 높거나 재난예방을 위하여 계속적으로 관리할 필요가 있다고 인정되는 지역을 대통령령으로 정하는 바에 따라 특정관리대상지역으로 지정할 수 있다.
> ㄴ. 재난관리책임기관에서 재난 및 안전관리업무를 담당하는 공무원이나 직원은 행정안전부장관이 실시하는 전문교육을 행정안전부령으로 정하는 바에 따라 정기적으로 또는 수시로 받아야 한다.
> ㄷ. 재난관리책임기관의 장은 재난을 효율적으로 관리하기 위하여 재난유형에 따라 위기관리 매뉴얼을 작성·운용하고, 이를 준수하도록 노력하여야 한다. 이 경우 재난대응활동계획과 위기관리 매뉴얼이 서로 연계되도록 하여야 한다.
> ㄹ. 행정안전부장관은 안전기준을 체계적으로 관리·운용하기 위하여 안전기준을 통합적으로 관리할 수 있는 체계를 갖추어야 한다.

① ㄱ
② ㄱ, ㄴ
③ ㄱ, ㄴ, ㄷ
④ ㄴ, ㄷ, ㄹ

15

「재난 및 안전관리기본법」상 다음에 들어갈 말로 옳은 것은?

(가) 재난 발생시 신속한 재난대응 활동 참여 등 중앙민관협력위원회의 기능을 지원하기 위하여 중앙민관협력위원회에 대통령령으로 정하는 바에 따라 (ㄱ)을 둘 수 있다.
(나) 중앙대책본부장은 국내 또는 해외에서 발생하였거나 발생할 우려가 있는 대규모재난의 수습을 지원하기 위하여 관계 중앙행정기관 및 관계 기관·단체의 재난관리에 관한 전문가 등으로 (ㄴ)을 구성하여 현지에 파견할 수 있다.

① (ㄱ) 재난긴급대응단 (ㄴ) 수습지원단
② (ㄱ) 수습지원단   (ㄴ) 재난긴급대응단
③ (ㄱ) 수습지원단   (ㄴ) 수습지원단
④ (ㄱ) 재난긴급대응단 (ㄴ) 재난긴급대응단

16

다음은 ○○언론에 보도된 내용이다. 밑줄 친 ㉠㉡에 대한 설명으로 옳지 않은 것은?

(가) ㉠ 통합자원봉사지원단이 29일 ○○안전체험관에서 단원 40여 명이 참여한 가운데 재난상황 대응 안전체험교육을 받았다.
(나) 통합자원봉사지원단은 다음 각호의 업무를 수행한다.
　1. 자원봉사자의 ㉡ (　　　)
　2. 자원봉사자의 배치 및 운영
　3. 자원봉사자에 대한 교육훈련
　4. 자원봉사자에 대한 안전조치
　5. 자원봉사 관련 정보의 수집 및 제공
　6. 그 밖에 자원봉사 활동의 지원에 관한 사항

① 행정안전부장관, 시·도지사 및 시장·군수·구청장은 통합자원봉사지원단의 원활한 운영을 위하여 필요한 경우 자원봉사 관련 업무 종사자에 대한 교육훈련을 실시할 수 있다.
② 행정안전부장관은 통합자원봉사지원단의 원활한 운영을 위하여 필요한 경우 지방자치단체에 대하여 행정 및 재정적 지원을 할 수 있다.
③ 수습본부장은 재난의 효율적 수습을 위하여 지역수습본부에 통합자원봉사지원단을 설치·운영한다.
④ ㉡은 모집·등록이다.

17

다음은 재난 및 안전관리기본법의 내용이다. 박스 ㉠~㉣에 들어갈 숫자 합은 얼마인가?

(가) 국무총리는 대통령령으로 정하는 바에 따라 (㉠)년마다 국가의 재난 및 안전관리업무에 관한 기본계획의 수립지침을 작성하여 관계 중앙행정기관의 장에게 통보하여야 한다.
(나) 행정안전부장관은 제71조제1항의 재난 및 안전관리에 관한 과학기술의 진흥을 위하여 (㉡)년마다 관계 중앙행정기관의 재난 및 안전관리기술개발에 관한 계획을 종합하여 조정위원회의 심의와 「국가과학기술자문회의법」에 따른 국가과학기술자문회의의 심의를 거쳐 재난 및 안전관리기술개발 종합계획을 수립하여야 한다.
(다) 시장·군수·구청장은 제41조에 따른 위험구역 및 「자연재해대책법」 제12조에 따른 자연재해위험개선지구 등 재난으로 인하여 사람의 생명·신체 및 재산에 대한 피해가 예상되는 지역에 대하여 그 피해를 예방하기 위하여 시·군·구 재난예보·경보체계 구축 종합계획을 (㉢)년 단위로 수립하여 시·도지사에게 제출하여야 한다.
(라) 재난관리기금의 매년도 최저적립액은 최근 (㉣)년 동안의 「지방세법」에 의한 보통세의 수입결산액의 평균연액의 100분의 1에 해당하는 금액으로 한다.

① 16　　　　② 18
③ 20　　　　④ 15

18

다음 <보기>의 조건이 주어졌을 때 연소하한계는 얼마인가?

보기
ㄱ. 메탄(CH_4)의 공기 중 연소하한계는 5%이고, 연소상한계는 15%이다.
ㄴ. 프로판(C_3H_8)의 공기 중 연소하한계는 2%이고, 연소상한계는 9.5%이다.
ㄷ. 메탄(CH_4)이 50% 농도와 프로판(C_3H_8)이 30% 혼합되어 있다.

① 4%　　　　② 3.2%
③ 5%　　　　④ 2%

19

다음 그림에 대한 설명 중 옳지 않은 것은?

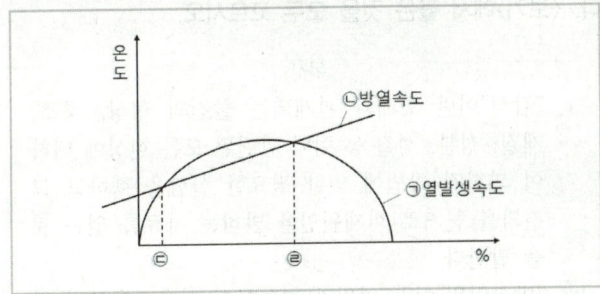

① 온도가 높아지면, 열의 발생속도>방열속도 → 연소범위가 넓어진다.
② 온도가 올라가면 분자의 운동이 활발해져서 분자 간 유효충돌 가능성이 커지기 때문에 연소범위는 넓어진다.
③ ⓒ은 연소점이고 점화원을 제거하더라도 계속 불이 붙는 지점이다. 또한, ⓒ에서 ⓔ사이는 발화점이다.
④ 온도가 낮아지면, 열의 발생속도<방열속도 → 연소범위가 좁아지거나 없어진다.

20

다음 중 Mccaffrey에 의한 3가지 영역에 해당되지 않는 것은?

① 부력플럼
② 간헐화염
③ 연속화염
④ 확산화염

21

<보기>의 당량비에 대한 설명으로 옳지 않은 것을 모두 고르시오.

보기

ㄱ. 당량비란 연소시 공기-연료의 비율을 알기 위한 것으로서, 연료 대비 공기의 과부족량을 나타낸 비율이라고 볼 수 있다.
ㄴ. 당량비는 온도조건인 에너지조건과 물적조건을 모두 의미한다.
ㄷ. $\theta > 1$ 공기부족, 환기지배형화재이다.
ㄹ. 불완전연소에 필요한 연료에 비해 실제 투입한 연료이다.
ㅁ. 완전연소에 공연비에 실제 투입한 공연비이다.

① ㄴ, ㄹ
② ㄱ, ㄷ
③ ㄴ, ㄹ, ㅁ
④ ㄱ, ㄴ, ㄹ, ㅁ

22

<보기>는 화재에 대한 설명이다. 옳은 것을 모두 고르시오.

보기

ㄱ. 화재하중은 화재의 규모를 결정하는 데 사용하며, 성능위주설계에 적용한다.
ㄴ. 방염을 처리한 대상물은 화재성장속도가 fast였고, 방염을 처리하지 않는 대상물의 화재성장속도는 midium이었다. (단, 나머지 조건은 동일하다)
ㄷ. 일반적으로 화재성장속도가 slow가 600초이다.
ㄹ. 감퇴기에 비해 최성기때는 화세가 쇠퇴하며, 지붕, 벽체, 대들보, 기둥도 무너져 떨어지고 연기는 흑색에서 백색이 된다.
ㅁ. 최성기때는 감퇴기에 비해 연기의 분출속도는 느리지만, 연기와 발열량이 감퇴기에 비해 크다.

① ㄴ, ㄹ
② ㄱ, ㄷ
③ ㄴ, ㄹ, ㅁ
④ ㄱ, ㄴ, ㅁ

23

다음은 4류 위험물에 대한 설명이다. 〈보기〉에서 옳은 것을 모두 고르시오.

보기

ㄱ. 시안화수소는 1석유류로서 비수용성이며 위험등급은 Ⅱ등급이다.
ㄴ. 트리메틸알루미늄은 물과 반응하여 가연성 가스인 메탄을 발생시킨다.
ㄷ. 글리세린은 수용성으로 4석유류이다.
ㄹ. 이황화탄소는 발화점이 100℃로 낮아 발화의 위험이 있다.
ㅁ. 대부분 발생하는 증기의 비중은 공기보다 가볍다.

① ㄴ, ㄹ   ② ㄴ, ㄷ
③ ㄴ, ㄹ, ㅁ   ④ ㄹ

24

다음은 3류 위험물에 대한 설명이다. 〈보기〉에서 옳은 것을 모두 고르시오.

보기

ㄱ. 알킬알루미늄, 알킬리튬, 유기금속화합물은 유기화합물이다.
ㄴ. 칼륨, 나트륨, 알킬알루미늄, 알킬리튬은 물보다 가볍다.
ㄷ. 황린은 지정수량이 20kg이고, 위험등급이 Ⅱ등급이다.
ㄹ. 금속분류, 철분, 마그네슘은 물(또는 뜨거운 물)과 반응하여 수소(H_2)가스를 발생시키고 묽은 산과 접촉에 의해 수소가스를 발생시킨다.
ㅁ. 금속분, 철분, 마그네슘, 황화인 등은 마른모래, 건조분말에 의한 질식소화를 한다.

① ㄱ, ㄴ   ② ㄴ, ㄷ
③ ㄴ, ㄹ   ④ ㄹ, ㅁ

25

「화재조사 및 보고규정」상 다음은 화재조사에 대한 설명이다. 〈보기〉에서 옳은 것을 모두 고르시오.

보기

ㄱ. "감식"이란 화재와 관계되는 물건의 형상, 구조, 재질, 성분, 성질 등 이와 관련된 모든 현상에 대하여 과학적 방법에 의한 필요한 실험을 행하고 그 결과를 근거로 화재원인을 밝히는 자료를 얻는 것을 말한다.
ㄴ. "발화열원"이란 열원과 가연물이 상호작용하여 화재가 시작된 지점을 말한다.
ㄷ. 소방서장은 사상자가 20명 이상인 때에는 소방서장이 화재합동조사단을 구성하여 운영하는 것을 원칙으로 한다.
ㄹ. "연소확대물"이란 연소가 확대되는 데 있어 결정적 영향을 미친 가연물을 말한다.
ㅁ. "최종잔가율"이란 피해물의 내용연수가 다한 경우 잔존하는 가치의 재구입비에 대한 비율을 말한다.

① ㄱ, ㄴ   ② ㄴ, ㄷ
③ ㄴ, ㄹ   ④ ㄹ, ㅁ

제3회 FINAL 동형 모의고사

소방학개론 김동준T

일시 / 권장 시간 25분 / 맞은 개수 /25

01

콘크리트 벽체를 관통하는 단위면적당 열유동율을 구하시오. (단, 벽의 두께는 0.05m, 벽 양면의 온도는 각각 40℃와 20℃이며, 콘크리트의 열전도율은 1W/m·K이며, 면적은 2m²이다.)

① 400
② 800
③ 500
④ 80

02

〈보기〉에서 설명하고 있는 이론과 주장한 사람으로 옳은 것은?

> **보기**
> ㄱ. 문제해결에 대해 개인적으로 책임을 져야 하는 상황을 좋아한다.
> ㄴ. 적당한 목표설정을 하고 계산된 위험을 감수하는 경향이 강하다.
> ㄷ. 진행한 일의 성과에 대한 평가(feedback)를 원한다.

① 욕구이론(A. H. Maslow)
② 성취욕구이론(D. C. McClelland)
③ E.R.G 이론(Alderfer)
④ X-Y 이론(D. M. McGregor)

03

조직의 업무에 따른 (가), (나)에 대한 설명으로 옳은 것은? (단, (가), (나)는 각각 일반행정조직, 소방행정조직 중 하나임.)

> (가) 재난 현장에서 인명 및 재산을 보호하는 현장중심 업무가 대부분을 차지함
> (나) 기획이나 정책개발처럼 이론적이거나 현장성이 낮은 업무가 대부분 차지함

① (가)는 비상소집을 하여 사태를 대응하는 민방위 대응방식이므로 위기에 많은 시간이 소요됨
② (나)는 상하간의 관계는 행정업무적인 관계와 전술적인 명령체계의 관계를 동시에 가짐
③ (나)는 위험성에 대해 도전적이며 전문지식과 전문기술이 필요함
④ (가)는 상시대기하므로 대응성이 매우 높으며, 가외성원리를 중요시함

04

소방역사에 대한 설명으로 옳지 않은 것은 무엇인가?

보기

(가) 자치소방체제로 남조선 과도정부 동위원회 집행기구로 소방청이 설치되었던 시기이다.
(나) 국가소방체제로 소방법이 제정되었으며, 지방세법 개정으로 소방공동시설세가 신설되었다.

① (가)시기에는 소방업무와 통신업무를 합쳐 소방과를 설치하였고 그 이후 1945년 11월 소방과에서 소방부로 변경하고, 도 경찰부 산하에 소방과를 설치하였다.
② (가)시기에는 소방부와 소방위원회를 설치하고 일시적으로 소방행정을 경찰로부터 분리하여 자치화 하였다.
③ (나)시기에는 중앙은 내무부 치안국 소방과에서 업무를 취급하였고, 각 도에는 경찰기구에 인수되어 소방행정은 경찰행정체제 속에 흡수되었다.
④ (나)시기에는 내무부에 민방위본부 설치로 민방위제도를 실시하게 되면서 치안본부 소방과에서 민방위본부 소방국으로 이관되면서 소방이 경찰로부터 분리되었다.

05

다음 〈보기〉 중 구획실에서 화재의 지속시간에 대한 설명으로 옳은 것을 모두 고르시오.

보기

ㄱ. 화재실 단위면적당 가연물의 양에 비례한다.
ㄴ. 화재실 바닥면적에 반비례한다.
ㄷ. 화재실 개구부 면적에 비례한다.
ㄹ. 화재실 개구부 높이의 제곱근에 반비례한다.

① ㄱ, ㄴ
② ㄴ, ㄷ, ㄹ
③ ㄱ, ㄹ
④ ㄱ, ㄴ, ㄷ

06

다음 〈보기〉에서 표면하주입방식이 가능한 것을 모두 고르시오.

보기

ㄱ. FRT(Floating roof tank)에서 Ⅱ형 고정포방출구에서 불화단백포소화약제
ㄴ. FRT(Floating roof tank)에서 Ⅲ형 고정포방출구에서 수성막포소화약제
ㄷ. CRT(Cone roof tank)에서 Ⅱ형 고정포방출구에서 불화단백포소화약제
ㄹ. CRT(Cone roof tank)에서 Ⅲ형 고정포방출구에서 불화단백포소화약제
ㅁ. CRT(Cone roof tank)에서 Ⅲ형 고정포방출구에서 불화단백형 알코올형포소화약제

① ㄱ, ㄴ, ㄷ, ㄹ
② ㄴ, ㄷ, ㄹ
③ ㄴ, ㄹ
④ ㄹ, ㅁ

07

다음 〈보기〉는 소방청에 대한 설명이다. 옳은 것을 모두 고르시오. (단, 소방청과 그 소속기관 직제에 규정된 것을 기준으로 한다.)

보기

ㄱ. 소방청에 운영지원과·119대응국·화재예방국 및 구조구급국을 둔다.
ㄴ. 청장 밑에 대변인 및 119종합상황실장 각 1명을 두고, 청장 밑에 기획조정관 및 감사담당관 각 1명을 둔다.
ㄷ. 119종합상황실장은 소방감으로 보한다.
ㄹ. 기획조정관은 소방감으로 보한다.
ㅁ. 대변인은 소방감으로 보한다.

① ㄱ, ㄴ, ㄷ
② ㄴ, ㄷ, ㄹ
③ ㄹ
④ ㄷ, ㄹ

08

「119법」상 (가)와 (나)에 대한 설명으로 옳은 것은? (단, (가), (나)는 각각 구조, 구급 중 하나임)

> (가) 화재, 재난·재해 및 테러, 그 밖의 위급한 상황에서 외부의 도움을 필요로 하는 사람의 생명, 신체 및 재산을 보호하기 위하여 수행하는 모든 활동을 말한다.
> (나) 응급환자에 대하여 행하는 상담, 응급처치 및 이송 등의 활동을 말한다.

① (나)를 하기 위하여 119구급대를 편성할 수 있으며 탐색 및 구조활동에 필요한 장비를 갖추고 소방공무원으로 편성된 단위조직을 말한다.
② (가)를 하기 위해 소방청장 등은 위급상황에서 발생한 응급환자를 응급처치하거나 의료기관에 긴급히 이송하는 등의 구급업무를 수행하기 위하여 대통령령으로 정하는 바에 따라 119구급대를 편성하여 운영하여야 한다.
③ (가)를 하기 위하여 소방청장은 국외에서 대형재난 등이 발생한 경우 재외국민의 보호 또는 재난발생국의 국민에 대한 인도주의적 구조 활동을 위하여 국제구조대를 편성하여 운영할 수 있지만, (나)를 위한 국제구급대는 없다.
④ (나)를 하기 위한 구급대의 종류, 구급대원의 자격기준, 이송대상자, 그 밖에 필요한 사항은 대통령령으로 정한다.

09

「긴급구조대응활동 및 현장지휘에 관한 규칙」상 긴급구조지휘대에 대한 설명 중 옳은 것은?

① 긴급구조지휘대는 소방청, 소방본부 및 소방서에 상시 구성·운영하여야 한다.
② 긴급구조지휘대는 통제단이 가동되면 정신이 없기 때문에 재난초기에는 현장지휘를 한다.
③ 긴급구조지휘대의 기능에는 광범위한 지역에 걸친 재난발생시 전진지휘도 있다.
④ 긴급구조지휘대의 기능에는 긴급구조기관인 경찰청과 합동으로 현장지휘의 조정·통제를 수행한다.

10

〈보기〉는 재난 및 안전관리 기본법 재난사태 선포(법 36조)에 대한 내용이다. 〈보기〉에 들어갈 말로 옳은 것은?

> **보기**
> (ㄱ) 및 (ㄴ)은 36조 제1항에 따라 재난사태가 선포된 지역에 대하여 다음 각 호의 조치를 할 수 있다.
>
> 1. 재난경보의 발령, 재난관리자원의 동원, 위험구역 설정, 대피명령, 응급지원 등 이 법에 따른 응급조치
> 2. 해당 지역에 소재하는 행정기관 소속 공무원의 비상소집
> 3. 해당 지역에 대한 여행 등 이동 자제 권고
> 4. 「유아교육법」제31조, 「초·중등교육법」제64조 및 「고등교육법」제61조에 따른 휴업명령 및 휴원·휴교 처분의 요청
> 5. 그 밖에 재난예방에 필요한 조치

① ㄱ : 행정안전부장관　ㄴ : 지방자치단체의 장
② ㄱ : 지역통제단장　ㄴ : 시장·군수·구청장
③ ㄱ : 행정안전부장관　ㄴ : 재난관리주관기관의 장
④ ㄱ : 재난관리책임기관의 장　ㄴ : 지역통제단장

11

「재난 및 안전관리 기본법」및 시행령상 특별재난지역 선포 절차를 바르게 나열한 것은? (단, 중앙안전관리위원회의 심의를 거칠 시간적 여유가 없다고 위원장이 인정하는 경우가 아님)

> (가) 중앙대책본부장 필요성 인정
> (나) 대통령에게 건의
> (다) 중앙안전관리위원회 심의
> (라) 대통령이 선포
> (마) 지역대책본부장이 중앙대책본부장에게 건의 요청

① (가) → (나) → (다) → (마) → (라)
② (가) → (마) → (다) → (나) → (라)
③ (마) → (가) → (나) → (다) → (라)
④ (마) → (가) → (다) → (나) → (라)

12

다음은 대한민국 정책브리핑 내용이다. 밑줄 친 ㉠, ㉡에 대한 설명으로 옳지 않은 것은?

> (가) 행정안전부는 지난 27일 중부지방과 일부 남부내륙을 중심으로 대설특보가 발효된 가운데, 경보 지역이 확대됨에 따라 이날 오후 2시부로 중앙재난안전대책본부를 2단계로 격상하고 대설 ㉠ <u>위기경보</u> 수준을 '주의'에서 '경계'로 상향했다.
> [출처] 대한민국 정책브리핑(www.korea.kr)
>
> (나) 아울러 ㉡ <u>중앙재난안전대책본부장</u>인 ○○○ 행정안전부 장관은 대설로 인한 인명·재산 등 피해를 예방하기 위해 관계기관에 안전조치에 철저를 기할 것을 지시했다.
> [출처] 대한민국 정책브리핑(www.korea.kr)

① 「재난 및 안전관리 기본법」상 ㉠은 대응파트에 기술되어 있다.

② 「재난 및 안전관리 기본법」상 ㉠은 재난 피해의 전개 속도, 확대 가능성 등 재난상황의 심각성을 종합적으로 고려하여 관심·주의·경계·심각으로 구분할 수 있다. 다만, 다른 법령에서 재난 위기경보의 발령 기준을 따로 정하고 있는 경우에는 그 기준을 따른다.

③ 「재난 및 안전관리 기본법」상 ㉡은 구조·구급·수색 등의 활동을 신속하게 지원하기 위하여 행정안전부가 아닌 소방청 또는 해양경찰청 소속의 전문 인력으로 구성된 특수기동구조대를 편성하여 재난현장에 파견할 수 있다.

④ 「재난 및 안전관리 기본법」상 ㉡은 행정안전부장관이 되며, 중앙대책본부장은 중앙대책본부의 업무를 총괄하고 필요하다고 인정하면 중앙재난안전대책본부회의를 소집할 수 있다. 다만, 해외재난의 경우에는 외교부장관이, 「원자력시설 등의 방호 및 방사능 방재 대책법」 제2조제1항제8호에 따른 방사능재난의 경우에는 같은 법 제25조에 따른 중앙방사능방재대책본부의 장이 각각 중앙대책본부장의 권한을 행사한다.

13

A 광역시에 사회재난이 발생하여 A 광역시 재난안전대책본부의 본부장인 甲은 A 광역시가 특별재난지역으로 선포되기를 원하고 있다. 「재난 및 안전관리 기본법령」상 이에 대한 설명으로 옳지 않은 것은?

① 甲은 중앙재난안전대책본부장에게 특별재난지역의 선포를 요청할 수 있고, 중앙재난안전대책본부장은 甲의 요청이 타당하다고 인정하는 경우에는 중앙안전관리위원회의 심의를 거쳐 A 광역시를 특별재난지역으로 선포할 수 있다.

② A 광역시의 재정능력으로는 재난의 수습이 곤란하여 피해를 효과적으로 수습하기 위하여 특별한 조치가 필요하다고 인정될 때는 A 광역시를 특별재난지역으로 선포할 수 있다.

③ A 광역시를 특별재난지역으로 선포하는 경우 국가는 A 광역시에 대하여 대통령령으로 정하는 바에 따라 응급대책 및 재난구호와 복구에 필요한 행정상·재정상·금융상·의료상의 특별지원을 할 수 있다.

④ A 광역시를 특별재난지역으로 선포하는 경우 국가는 A 광역시에 대하여 의료·방역·방제(防除) 및 쓰레기 수거 활동 등에 대한 지원을 할 수 있다.

14

난류화염으로부터 전달되는 대류 열전달에 대한 설명으로 옳지 않은 것은?

① 대류 열전달의 원인이 되는 밀도는 화염의 온도에 따라 달라진다.
② 화염입자 자체의 움직임에 의해 열에너지가 전달되는 것이다.
③ 화염의 유동에 의하여 연소 확대의 원인이 된다.
④ 뉴턴의 냉각법칙에 영향을 받으며 물질을 매개로 하지 않고 화염과 이격된 가연물에 발화가 된다.

15

다음 중 화재에 대한 설명으로 옳지 않은 것은?

① 화재란 "사람의 의도에 반하거나 고의에 의해 발생하는 연소현상으로서 소화시설 등을 사용하여 소화할 필요가 있거나 또는 화학적인 폭발현상"으로 정의할 수 있다.
② 가연물의 종류 및 성상에 따라 화재의 종류를 일반화재, 유류화재, 전기화재 등으로 분류한다.
③ 일반화재(A급 화재)의 가연물의 종류로는 나무, 섬유, 종이 등이 있으며, 타고 나서 재가 남지 않는 특징이 있다.
④ 단순한 상변화에 따른 물리적 폭발이 발생을 한 경우 화재로 취급하지는 않는다.

16

박스는 기체의 연소에 대한 내용이다. 박스와 관련된 연소를 〈보기〉에서 모두 고르시오. (단, 확산연소와 예혼합연소 중 하나이다)

> 기체연소의 가장 일반적인 연소로서 연료가스와 공기가 혼합하면서 연소하는 형태로서 산소가 들어온 부분만큼밖에 반응이 일어나지 않는다.

보기

> ㄱ. 공기와의 혼합과정이 필요하기 때문에 연소속도는 느리다.
> ㄴ. 화염(불꽃)은 황색이나 적색을 나타낸다.
> ㄷ. 연료노즐에서 흐름이 난류(turbulent)인 경우, 화염의 높이는 분출속도에 비례하지 않는다.
> ㄹ. 분젠버너의 연소, 불꽃점화식의 내연기관 연소실 내에서의 연소가 있다.
> ㅁ. 예열대가 존재한다.

① ㄱ, ㄴ, ㄷ ② ㄴ, ㄷ, ㄹ
③ ㄹ   ④ ㄷ, ㄹ

17

가연성 가스에 대한 설명이다. (가), (나)에 대한 설명으로 옳은 것은? (단, (가), (나)는 각각 메테인(CH_4), 뷰테인(C_4H_{10}) 중 하나임)

> (가) $2m^3$ 완전연소시 산소부피는 4이다.
> (나) $1m^3$ 완전연소시 이산화탄소의 부피는 4이다.

① (나)보다는 (가)가 연소범위가 좁고 하한계는 낮다.
② (가)보다는 (나)가 증기압이 감소하고 비점은 상승한다.
③ (나)보다는 (가)가 인화점이 높아진다.
④ (가)보다는 (나)가 발화점이 높아진다.

18

버너에서 메탄(CH_4) 100mol을 연소시키기 위하여 실제 연소에 사용된 공기량이 1,200mol일 때 공기비 값은? (단, 산소가 20%이다)

① 1.2
② 2
③ 4
④ 3

19

다음 중 폭발에 대한 설명으로 옳지 않은 것은?

① 폭발을 일으키는 원인물질의 상태에 따라 기상폭발로 분류된다.
② 분무폭발은 물리적 폭발이며 공기 중에 분출된 가연성 액체의 미세한 액적이 무상으로 되어 공기 중에 부유하고 있을 때에 발생한다.
③ 수소, 일산화탄소, 메탄, 프로판, 아세틸렌 등의 가연성 가스와 지연성 가스(공기 또는 산소)와의 혼합기체가 존재할 때 발화원이 있으면 폭발한다.
④ 분자온도 상승수단은 분진폭발은 전도와 복사이고, 가스폭발은 전도이다.

20

유류화재에 대한 설명으로 〈보기〉에서 옳은 것을 모두 고르시오.

보기

ㄱ. 대부분 인화성액체의 화재를 의미하는 것으로 연소 후 재를 남기지 않는다.
ㄴ. 한국산업표준에서는 가연성가스도 B급화재이다.
ㄷ. 한국산업표준에서는 액화할 수 있는 고체도 B급화재이다.
ㄹ. 소화를 위해서는 물을 이용한 냉각소화가 가장 효과적이다.
ㅁ. 그 형태가 아주 다양하며 원인규명이 상당히 어려운 화재로 주로 누전, 과전류, 합선 혹은 단락 등의 발화가 그 원인이다.

① ㄱ
② ㄱ, ㄴ
③ ㄱ, ㄴ, ㄷ
④ ㄱ, ㄹ

21

〈보기〉 괄호 안에 들어갈 물질에 대한 설명으로 옳은 것은?

보기

$(CH_3)_3Al + 3H_2O \rightarrow Al(OH)_3 + 3(\quad)$

① 탄화알루미늄(Al_4C_3)이 물과 반응하여 생성되는 물질이다.
② 인화칼슘(인화석회, Ca_3P_2)은 물과 반응하여 생성되는 물질이다.
③ 알칼리금속이 물과 반응하여 생성되는 물질이다.
④ 인화칼슘(인화석회, Ca_3P_2)은 묽은 산과 반응하여 생성되는 물질이다.

22

다음 「위험물안전관리법령」상 위험물에 대한 설명 중 옳은 것은?

> ㄱ. 4류 위험물은 대부분 발생하는 증기의 비중은 공기보다 무겁다.
> ㄴ. 3류 위험물에 칼륨(K), 나트륨(Na)은 무르며, 칼륨(K), 나트륨(Na), 알킬알루미늄(R-Al), 알킬리튬(R-Li)을 제외하고 물보다 무겁다.
> ㄷ. 4석유류는 아세톤, 휘발유 그 밖에 1기압에서 인화점이 섭씨 21도 미만인 것이다.
> ㄹ. 6류 위험물 중 질산은 비중이 1.49 이하인 것으로 물과 에테르, 알코올에 잘 녹는다.

① ㄱ, ㄴ
② ㄱ, ㄹ
③ ㄴ, ㄷ
④ ㄱ, ㄷ

23

소화기구에 대한 설명으로 옳지 않은 것은?

① 수계소화기에는 물소화기, 산·알칼리소화기, 강화액소화기, 포소화기가 있다.
② 분말소화기의 축압식은 분말소화기의 용기 안에 소화약제를 방사시키기 위한 압력원(가스)을 축압시킨 후 방사시키는 소화기로 현재 소화기는 대부분 축압식이다. 또한 압력지시계(지시압력계)가 부착되어 있고 압력지시계 내(內) 게이지의 눈금이 녹색의 범위 내에 있는 경우가 정상상태이며 압력 가스는 질소이다.
③ 분말식 자동소화장치는 소화기구이다.
④ 간이소화용구는 소화기구이다.

24

다음 중 소화설비에 대한 설명이다. 〈보기〉에서 옳은 것을 모두 고르시오.

> 보기
>
> ㄱ. "주거용 주방자동소화장치"란 주거용 주방에 설치된 열발생 조리기구의 사용으로 인한 화재 발생시 열원(전기 또는 가스)을 수동으로 차단하며 소화약제를 방출하는 소화장치를 말한다.
> ㄴ. 간이소화용구에는 에어로졸식 소화용구, 투척용 소화용구, 소공간용 소화용구 및 소화약제의 것을 이용한 소화용구를 말한다.
> ㄷ. 강화액소화기는 탄산칼륨과 첨가제를 넣어 물의 소화력을 높이고 물이 동결되는 단점을 보완한 소화기로 영하 20도에서도 사용이 가능하다.
> ㄹ. "상업용 주방자동소화장치"란 상업용 주방에 설치된 열발생 조리기구의 사용으로 인한 화재 발생시 열원(전기 또는 가스)을 수동으로 차단하며 소화약제를 방출하는 소화장치를 말한다.
> ㅁ. "주방화재용자동확산소화기"란 음식점, 다중이용업소, 호텔, 기숙사, 의료시설, 업무시설, 공장 등의 주방에 설치되는 자동확산소화기를 말한다.

① ㄱ, ㅁ
② ㄱ, ㄴ, ㄷ, ㅁ
③ ㄷ
④ ㄷ, ㅁ

25

수성막포에 대한 설명 중 옳지 않은 것은?

① 수성막포는 유류표면 위에 있는 기포에서 배출하는 불소계 계면활성제수용액이 유류표면에 물과 유류의 중간 성질을 가지는 수성막(水性膜)을 형성하고, 이 수성막이 유면 위에서 발생하는 유류의 증기발생을 억제함과 동시에 공기 중 산소의 공급을 차단함으로써 재착화를 방지한다.
② 유동성이 우수한 포와 수성막을 형성하므로 초기 소화속도가 신속하여 유출유의 화재에 가장 적합하다.
③ 유류에 오염되지 않고, 내유성이 강하며 표면하주입방식에 의한 설비를 할 수 있다.
④ 내열성이 약하여 열화현상은 발생될 우려가 있지만, 윤화(Ring Fire)현상이 발생될 우려가 없다.

제 4 회 FINAL 동형 모의고사

01

(가) 시기에 대한 설명으로 옳은 것은?

> (가) 시기에는 중앙은 내무부 치안국 소방과에서 업무를 취급하였고, 각 도에는 경찰기구에 인수되어 소방행정은 경찰행정체제 속에 흡수되었다.

① 국가소방과 자치소방의 이원화 시기였으며, 정부조직법의 개정으로 자치사무로 하도록 하였으나 제도의 미비로 완벽한 자치사무는 시행되지 못하였다.
② 소방본부가 일제히 설치되면서 소방사무는 시·도지사의 책임으로 일원화 되었다.
③ 소방법이 제정되었고, 지방세법 개정으로 소방공동시설세가 신설되었고, 다시 치안국에 소방과를 설치하였다.
④ 소방업무와 통신업무를 합쳐 소방과를 설치하였고 그 이후 소방과에서 소방부로 변경하고, 도 경찰부 산하에 소방과를 설치하였다.

02

(가), (나) 시기 사이에 있었던 사실로 옳은 것은?

> (가) 시기에는 상비 소방제도로서의 관서는 아니지만 화재를 방비하는 독자적 기구로서 우리나라 최초의 소방기구가 나왔다.
> (나) 시기에 나온 조직은 금화군을 개편한 것으로 도끼, 쇠갈고리, 불 덮개 등 구화기구를 의무적으로 갖춘 50명의 일정 인원으로 구성된 구화조직이다. 임진왜란을 거치는 동안 없어졌다.

① 총무국 분장 사무에 "수화소방은"이라 하여 처음으로 '소방'이라는 용어를 사용하였다.
② 우리나라 최초의 소방법규라 볼 수 있는 금화령(禁火令)이 호조의 건의에 의해 시행되었다.
③ 운흥창의 화재를 계기로 수도 개성과 각 창고 소재지에 일반 관리 외에 별도로 방화(防火)전담 관리를 둔 것으로 우리나라 최초의 소방행정의 근원이다.
④ 성문도감과 금화도감은 상시로 다스릴 일이 없는데 각각 따로 설치하여 모든 사령을 접대하는 폐단이 있어 이를 병합하여 공조 소속으로 수성금화도감을 설치하였다.

03

「소방장비관리법 시행령」상 자체에 동력원이 부착되어 자력으로 이동하거나 견인되어 이동할 수 있는 장비를 모두 고르시오.

ㄱ. 소방펌프차	ㄴ. 구조차
ㄷ. 행정 및 교육지원차	ㄹ. 지휘정
ㅁ. 고정익항공기	

① ㄷ
② ㄱ, ㄴ, ㄷ, ㄹ
③ ㄴ, ㄷ, ㅁ
④ ㄱ, ㄴ, ㄷ, ㄹ, ㅁ

04

GHS 그림 문자 중 물리적 위험성에 따른 물반응성 물질 및 혼합물을 고르시오.

①
②
③
④

05

「119법 시행령」상 ○○구조대에 대한 설명이다. ○○구조대에 관계되는 것을 〈보기〉에서 모두 고르시오.

소방대상물, 지역 특성, 재난 발생 유형 및 빈도 등을 고려하여 시·도의 규칙으로 정하는 바에 따라 다음 각 목의 구분에 따른 지역을 관할하는 소방서에 다음 각 목의 구분에 따라 설치한다. 다만, 고속국도구조대는 직할구조대에 설치할 수 있다.

보기

ㄱ. 시·도의 규칙으로 정하는 바에 따라 소방서마다 1개 대(隊) 이상 설치하되, 소방서가 없는 시·군·구(자치구를 말한다. 이하 같다)의 경우에는 해당 시·군·구 지역의 중심지에 있는 119안전센터에 설치할 수 있다.
ㄴ. 석유화학제품이 있는 지역의 화학구조대
ㄷ. 「내수면어업법」 제2조제1호의 따른 내수면지역의 수난구조대
ㄹ. 대형·특수 재난사고의 구조, 현장 지휘 및 테러현장 등의 지원 등을 위하여 소방청 또는 시·도 소방본부에 설치하되, 시·도 소방본부에 설치하는 경우에는 시·도의 규칙으로 정하는 바에 따른다.
ㅁ. 테러 및 특수재난에 전문적으로 대응하기 위하여 소방청과 시·도 소방본부에 각각 설치하며, 시·도 소방본부에 설치하는 경우에는 시·도의 규칙으로 정하는 바에 따른다.

① ㄷ
② ㄴ, ㄷ
③ ㄴ, ㄷ, ㅁ
④ ㄱ, ㄴ, ㄷ, ㄹ, ㅁ

06

(가), (나)는 학자에 따른 재해분류에 대한 설명이다. 옳은 것은? (단, (가), (나)는 각각 존스(Jones)의 재해분류, 아네스(Anesth)의 재해분류 중 하나임)

> (가) 대기오염, 수질오염과 같이 장기간에 걸쳐 완만히 전개되고 인명피해를 발생시키지 않는 일반행정관리 분야의 재해는 제외하였다.
> (나) 재해를 자연재해, 준자연재해, 인위재해로 분류하였다.

① (가)는 지구물리학적 재해에 지진, 화산, 쓰나미가 있다.
② (나)는 눈사태와 홍수는 준자연재해이다.
③ (가)는 해일은 기상학적 재해이다.
④ (나)는 인위재해에 테러, 폭동, 전쟁은 계획적 재해이다.

07

다음 글은 재난관리 단계를 설명하고 있다. 이에 대한 내용 중 〈보기〉에서 옳지 않은 것을 모두 고른 것은? (단, 보기는 재난 및 안전관리기본법상 예방, 대비, 대응, 복구 중 하나이다)

> ○○화재가 발생하였다. 재난관리기관의 각종 임무 및 기능을 실제 적용하는 단계이다.

보기

ㄱ. 중앙대책본부장은 대통령령으로 정하는 규모의 재난이 발생하여 국가의 안녕 및 사회질서의 유지에 중대한 영향을 미치거나 피해를 효과적으로 수습하기 위하여 특별한 조치가 필요하다고 인정하는 경우에는 중앙위원회의 심의를 거쳐 해당 지역을 특별재난지역으로 선포할 것을 대통령에게 건의할 수 있다.
ㄴ. 시·도지사는 관할 구역에서 재난이 발생하거나 발생할 우려가 있는 등 대통령령으로 정하는 경우 사람의 생명·신체 및 재산에 미치는 중대한 영향이나 피해를 줄이기 위하여 긴급한 조치가 필요하다고 인정하면 시·도위원회의 심의를 거쳐 재난사태를 선포할 수 있다. 이 경우 시·도지사는 지체 없이 그 사실을 행정안전부장관에게 통보하여야 한다.
ㄷ. 재난관리주관기관의 장은 대통령령으로 정하는 재난에 대한 징후를 식별하거나 재난발생이 예상되는 경우에는 그 위험 수준, 발생 가능성 등을 판단하여 그에 부합되는 조치를 할 수 있도록 위기경보를 발령할 수 있다.
ㄹ. 재난관리책임기관의 장은 사람의 생명·신체 및 재산에 대한 피해가 예상되면 그 피해를 예방하거나 줄이기 위하여 재난에 관한 예보 또는 경보 체계를 구축·운영할 수 있다.

① ㄱ
② ㄱ, ㄴ
③ ㄱ, ㄴ, ㄷ
④ ㄴ, ㄷ, ㄹ

08

다음 글은 「재난 및 안전관리기본법 시행령」상 재난관리주관기관에 대한 설명이다. 〈보기〉에서 재난관리주관기관이 일치하는 것을 모두 고르시오.

「난민법」 제41조에 따른 난민신청자의 주거시설 및 같은 법 제45조에 따른 난민지원시설에 화재가 발생이 되어 대규모피해가 발생하였다.

보기

ㄱ. 「형의 집행 및 수용자의 처우에 관한 법률」 제2조 제1호에 따른 교정시설 붕괴가 발생이 되어 대규모 피해가 발생하였다.
ㄴ. 「보호관찰 등에 관한 법률」 제14조에 따른 보호관찰소 및 같은 법 제65조제3항에 따른 갱생보호시설에 다중운집인파사고에 따른 대규모 피해가 발생하였다.
ㄷ. 「소방기본법」 제2조제1호에 따른 소방대상물의 화재로 인해 대규모 피해가 발생되었다.
ㄹ. 「위험물안전관리법」 제2조제1항제1호에 따른 위험물의 누출·화재·폭발 등으로 인해 대규모 피해가 발생되었다.
ㅁ. 「국방·군사시설 사업에 관한 법률」 제2조제1호에 따른 국방·군사시설의 화재 등으로 인해 대규모 피해가 발생되었다.

① ㄷ, ㄹ
② ㄱ, ㄴ
③ ㄱ, ㄴ, ㅁ
④ ㄴ, ㄷ, ㄹ

09

「재난 및 안전관리 기본법」상 '안전기준'의 정의로 옳은 것은?

① 재난이 발생할 우려가 현저하거나 재난이 발생하였을 때에 국민의 생명·신체 및 재산을 보호하기 위하여 필요한 긴급한 조치
② 재난이나 그 밖의 각종 사고로부터 사람의 생명·신체 및 재산의 안전을 확보하기 위하여 하는 모든 활동
③ 각종 시설 및 물질 등의 제작, 유지관리 과정에서 안전을 확보할 수 있도록 적용하여야 할 기술적 기준을 체계화 한 것
④ 모든 유형의 재난에 공통적으로 활용할 수 있도록 재난관리의 전 과정을 통일적으로 단순화·체계화 한 것

10

「재난 및 안전관리 기본법」상 중앙안전관리위원회에 대한 설명으로 옳지 않은 것은?

① 재난사태 선포 및 특별재난지역 선포에 관한 사항은 중앙안전관리위원회 심의사항이다.
② 국무총리 소속기관으로, 재난안전의무보험의 관리·운용 등에 관한 사항도 심의한다.
③ 중앙안전관리위원회에 간사 1명을 두며, 간사는 행정안전부장관이 된다.
④ 중앙안전관리위원회에 상정될 안건을 사전에 검토하기 위하여 실무위원회를 둔다.

11

프로판이 50%, 수소가 30%, 메탄이 20%가 공기 중에서 혼합되어 있다. 이때 연료가스의 하한계는 약 얼마인가? (단, 르샤틀리에 법칙에 따라서 계산하며, 가장 가까운 것을 찾는다.)

① 1.82%
② 1.52%
③ 2.83%
④ 6.23%

12

다음 설명 중 발화온도의 순서로 옳은 것은? (단, 낮은 온도에서 높은 온도 순이다.)

① 에탄(Ethane)＜메탄(Methane)＜헥산(Hexane)＜부탄(Butane)
② 옥탄(Octane)＜메탄(Methane)＜펜탄(Pentane)＜프로판(Propane)
③ 헵탄(Heptane)＜펜탄(Pentane)＜프로판(Propane)＜메탄(Methane)
④ 펜탄(Pentane)＜메탄(Methane)＜프로판(Propane)＜부탄(Butane)

13

연소에 대한 설명이다. 옳은 것만을 〈보기〉에서 있는 대로 고른 것은?

보기

ㄱ. 미리 혼합된 분젠버너의 연소는 예혼합연소이다.
ㄴ. 확산연소는 폭발에서 나타날 수 있는 형태로 예열대에서 반응대로 넘어가면서 연소한다.
ㄷ. 레이놀즈수가 낮은 곳은 교란이 없는 층류확산화염이 형성된다.
ㄹ. 확산연소는 기체의 일반적인 연소형태로 미리 가연성기체와 공기가 혼합되어 있는 기상 중에 연소이다.

① ㄱ, ㄴ　　② ㄷ, ㄹ
③ ㄱ, ㄷ　　④ ㄱ, ㄷ, ㄹ

14

다음 글은 폭발에 대한 설명이다. 〈보기〉에서 폭발의 분류와 일치하는 것을 모두 고르시오.

질적변화에 따른 폭발이며 종류는 증기운폭발이 있다.

보기

ㄱ. 분진폭발
ㄴ. 알루미늄 전선폭발
ㄷ. 감압폭발
ㄹ. 분무폭발
ㅁ. 증기폭발

① ㄷ, ㄹ　　② ㄱ, ㄴ
③ ㄴ, ㄷ, ㄹ　　④ ㄱ, ㄹ

15

〈보기〉에서 기상폭발에 대한 설명 중 옳은 것을 모두 고르시오.

보기

ㄱ. 공기 중에 분출된 가연성 액체의 미세한 액적이 무상으로 되어 공기 중에 부유하고 있을 때에 발생한다.
ㄴ. 수소, 일산화탄소, 메탄, 프로판, 아세틸렌 등의 가연성 가스와 지연성 가스(공기 또는 산소)와의 혼합기체가 존재할 때에 항상 폭발이 발생하는 것은 아니고 다음의 두 가지 조건이 동시에 만족될 때에 발생한다.
ㄷ. 액화가스(LPG, LNG 등)가 사고로 인해 물 위에 분출되었을 때에는 조건에 따라서 급격한 기화에 동반하는 비등현상을 나타내는 것으로 액상에서 기상으로의 급격한 상변화에 의한 폭발현상이다.
ㄹ. 가연성 고체의 미분이 공기 중에 부유하고 있을 때에 어떤 착화원에 의해 에너지가 주어지면 폭발하는 현상으로 탄광에서 발생이 잘 된다.
ㅁ. 대기 중에 가연성 기체 또는 기화하기 쉬운 가연성 액체가 유출되어서 대량의 가연성 혼합기체가 형성되어 발생하는 폭발이다.

① ㄱ, ㄴ, ㄹ, ㅁ　　② ㄷ
③ ㄴ, ㄷ, ㄹ, ㅁ　　④ ㄱ, ㄴ, ㄷ, ㄹ, ㅁ

16

다음은 (가)와 (나)에 대한 설명이다. 옳은 것을 고르시오.
(단, (가), (나)는 각각 화재강도와 화재심도 중 하나임.)

> (가) 화재가 발생한 곳에서 발생하는 열발생률과 외부로 유출되는 열누설률에 의해 결정이 된다.
> (나) 최고온도(질) × 지속시간(량)으로 표현될 수 있다.

① (가)는 단위면적당 가연물의 중량이다(단위 : kg/m^2).
② (나)를 줄이기 위해선 주수시간과 주수율을 높여야 한다.
③ (가)는 화재실의 열방출률이 작을수록 온도가 높아져 (가)는 커진다.
④ (나)는 단위면적당 가연물의 발열량을 목재(등가 가연물)의 무게로 환산한 것으로 성능위주설계와 밀접한 관계가 있다.

17

산화성고체에 대한 일반적인 설명으로 옳은 것은?

> ㄱ. 염소산염류는 유독성물질로 대부분 물에 녹는다.
> ㄴ. 황린은 공기와 접촉하면 자연발화하여 유독성 가스인 오산화인을 생성하므로 물속에 저장한다.
> ㄷ. 휘발유는 인화점 및 연소하한계가 낮아 적은 양으로는 화재의 위험이 있다.
> ㄹ. 대부분 산소를 가지고 있는 무기화합물로 산화제로 작용한다.
> ㅁ. 아염소산염류는 위험등급이 1등급이다.

① ㄱ, ㄹ, ㅁ
② ㄴ, ㄷ, ㄹ, ㅁ
③ ㄱ, ㄷ, ㄹ, ㅁ
④ ㄱ, ㄴ, ㄷ, ㄹ, ㅁ

18

위험물의 류별 소화방법으로 옳지 않은 것은?

① 3류 위험물인 CaC_2 화재 시 다량의 물로 냉각소화할 수 없다.
② 4류 위험물인 CH_3OH 화재에는 내알코올포를 사용한다.
③ P는 다량의 물로 냉각소화하며, 소량의 P의 경우에는 마른모래나 이산화탄소 소화약제도 일시적인 효과가 있다.
④ 트리나이트로톨루엔(TNT)은 마른모래, 팽창질석, 팽창진주암으로 소화한다.

19

다음은 (가)와 (나)에 대한 설명이다. 옳지 않은 것을 고르시오. (단, (가), (나)는 각각 경질유와 중질유 중 하나임.)

> (가) 액온이 인화점보다 높다.
> (나) 액온이 인화점보다 낮다.

① (가)는 FRT탱크를 적용한다.
② (나)는 다성분 액체이다.
③ (가)는 예혼합형전파를 한다.
④ (나)는 중유, 원유로 등유에 비해 비점이 낮다.

20

「화재조사 보고 규정」상 건물 등 자산에 대한 최종잔가율이 20%인 것을 고르시오.

- ㄱ. 건물
- ㄴ. 부대설비
- ㄷ. 그 외 자산
- ㄹ. 구축물
- ㅁ. 가재도구

① ㄱ, ㄴ, ㄹ, ㅁ
② ㄴ, ㄷ, ㄹ, ㅁ
③ ㄷ
④ ㄱ, ㄴ, ㄷ, ㄹ

21

소화설비에 대한 설명으로 옳은 것을 고르시오.

보기

- ㄱ. 산·알칼리 소화기는 수계 소화기로 분류된다.
- ㄴ. CO_2 소화설비는 화재감지기, 선택밸브, 엑셀레이터, 압력스위치 등으로 구성된다.
- ㄷ. 자동확산소화기는 일반화재용, 주방화재용, 전기설비용이 있다.
- ㄹ. 순환배관은 옥내소화전설비의 펌프 체절운전 시 수온 하강 방지를 위해 설치한다.

① ㄱ, ㄴ, ㄹ
② ㄱ, ㄷ
③ ㄷ
④ ㄱ, ㄴ, ㄷ, ㄹ

22

포(foam)에 대한 일반적인 설명으로 옳은 것은?

① 불화단백포 및 수성막포는 표면하주입방식에 사용할 수 없다.
② 불소를 함유하고 있는 합성계면활성제포는 친수성이므로 유동성과 내유성이 좋다.
③ 단백포는 유동성은 좋으나, 내화성은 좋지 않다.
④ 알콜형포 사용 시 비누화현상이 일어나면 소화능력이 좋아진다.

23

다음 중 농도변화 없이 소화할 수 있는 것으로 옳은 것은?

① 다량의 물을 주수하여 소화한다.
② 할로겐화합물을 방사하여 부촉매효과로 소화한다.
③ 연소물이나 화원을 제거하여 소화한다.
④ 포를 이용하여 소화한다.

24 회독☐☐☐

소화약제에 대한 설명 중 옳지 않은 것은?

① 제3종 소화분말인 제1인산암모늄으로부터 유리되어 나온 활성화된 암모늄이온(NH^+)이 가연물질 내부에 함유되어 있는 활성화된 수산이온(OH)과 반응하여 연속적인 연소의 연쇄반응을 억제·차단함으로써 화재를 소화한다.
② CDC분말소화약제에 사용되는 포는 수성막포와 불화단백포이다.
③ 제2종 소화분말의 주성분은 탄산수소칼륨으로 적응화재에 대해 제1종 소화분말이 가지는 소화성능 값의 2배 정도이며, 냉각·질식·부촉매소화작용 등에 의해서 화재를 소화하며, 분말의 색상은 담회색(담자색 : 보라색)이다.
④ 제4종 소화분말은 제1종 소화분말인 탄산수소칼륨과 요소가 혼합되어 있으므로 제2종 소화분말의 소화작용과 같이 냉각·질식·부촉매소화작용 및 열전달방지 소화작용을 갖는다.

25 회독☐☐☐

다음 소화기구 중 일반화재의 적응성이 가장 떨어지는 것은?

① 이산화탄소소화약제
② 고체에어로졸화합물소화약제
③ 강화액소화약제
④ 포소화약제

제 5 회 FINAL 동형 모의고사

일시 / 권장 시간 25분 / 맞은 개수 /25

01

다음 〈보기〉는 폭연과 폭굉에 대한 설명이다. ( ) 안에 들어갈 내용으로 옳은 것은?

보기
(1) 폭연의 압력증가는 (㉠)이고 폭굉은 폭연의 (㉡)이다.
(2) 폭연은 충격파가 (㉢), 폭굉은 충격파가 (㉣)

	㉠	㉡	㉢	㉣
①	8배	10배 이상	없다	있다
②	없다	10배 이상	있다	없다
③	없다	없다	있다	없다
④	없다	10배 이하	없다	있다

02

다음 〈보기〉에서 「재난 및 안전관리 기본법」상 자연재난에 해당하는 것을 모두 고르시오.

보기
㉠ 강풍   ㉡ 가뭄
㉢ 황사(黃砂)   ㉣ 제방붕괴(폭발로 인한)
㉤ 미세먼지로 인한 피해   ㉥ 폭발
㉦ 조류인플루엔자   ㉧ 화산활동

① ㉠, ㉡, ㉧
② ㉠, ㉡, ㉢, ㉧
③ ㉡, ㉣, ㉥, ㉦, ㉧
④ ㉠, ㉡, ㉣, ㉤, ㉥, ㉦

03

다음 중 메탄(CH_4)의 연소특성을 설명한 것으로 옳지 않은 것은?

① 에탄에 비해서 하한계가 높고, 부탄에 비해 발화점이 높다.
② 연소 하한계는 헵탄보다 높다.
③ 연소 시 메탄 $1m^3$에 산소 $2m^3$가 필요하다.
④ 프로판과 비교하여 연소에 필요한 공기가 상대적으로 크다.

04

푸리에(Fourier)의 열전도 법칙으로 옳지 않은 것은?

① 열유속(열전달속도)은 열전도율에 비례한다.
② 열유속(열전달속도)은 열전달면적에 비례한다.
③ 열유속(열전달속도)은 고온부와 저온부의 온도 차이에 비례한다.
④ 열유속(열전달속도)은 시간과 거리에는 반비례한다.

05

다음 〈보기〉는 이산화탄소에 대한 설명이다. 옳은 것을 모두 고르시오.

보기
- ㉠ 이산화탄소는 고압이므로 저장용기 충전비는 저압식은 없고 고압식만 있으며, 외부에 동력없이 자체 압력으로 방사 가능하다.
- ㉡ 인체의 질식우려가 있으며, 온실가스로 지구온난화를 유발하지 않는다.
- ㉢ 수계에 비해 소화 후 소화약제에 의한 오손이 없고, 비전도성이다.
- ㉣ 흰색운무로 가시도를 저하시켜서 피난에 장애를 줄 수 있다.

① ㉠, ㉢, ㉣ ② ㉠, ㉡, ㉢
③ ㉢, ㉣ ④ ㉢

06

「소방장비관리법 시행령」상 박스에서 설명하고 있는 장비를 〈보기〉에서 고르시오.

자체에 동력원이 부착되어 자력으로 이동하거나 견인되어 이동할 수 있는 장비

보기
- ㉠ 고정익항공기 ㉡ 차량이동기
- ㉢ 교육지원차 ㉣ 무인방수차

① ㉠, ㉣ ② ㉠, ㉡, ㉢, ㉣
③ ㉢, ㉣ ④ ㉠, ㉢, ㉣

07

이황화탄소 1몰이 완전연소하기 위한 이론 산소량은 몇 g인가? (단, 이황화탄소의 화학식은 CS_2이며, C는 질량이 12, S의 질량은 32이다.)

① 32 ② 96
③ 128 ④ 64

08

다음 분말 소화약제의 특성을 설명한 것으로 옳지 않은 것은?

① 약제가 운무를 형성하여 화염으로부터 복사열(방사열)을 차단하는 효과가 있다.
② 피연소 물질에 영향을 끼치는 단점을 가지고 있다.
③ 전기절연성이 높아 고전압의 전기화재에도 적합하다.
④ 약 850℃에서 $2NaHCO_3 \rightarrow Na_2CO_3 + H_2O + CO_2$ 이다.

09

2류 위험물 중 물로 소화할 수 있는 것으로 옳은 것은?

① 황화인
② 철분
③ 인화성고체
④ 유기과산화물

10

다음 그림을 설명하고 있는 방식으로 옳은 것은?

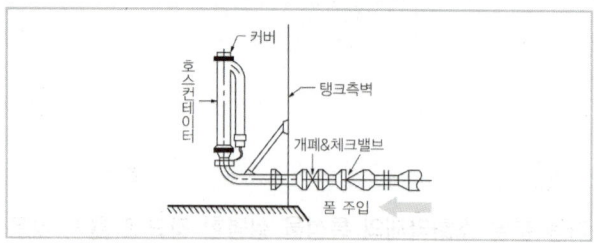

① Ⅳ형
② Ⅲ형
③ Ⅰ형
④ Ⅱ형

11

〈보기〉에서 수격작용방지대책으로 옳은 것을 모두 고르시오.

보기

㉠ 수격을 흡수하는 수격방지기를 설치한다.
㉡ 관로에 서지탱크(Surge tank)를 설치한다.
㉢ 플라이휠(flywheel)을 부착하여 펌프의 급격한 속도변화를 억제한다.
㉣ 관경의 확대를 통해 유체의 유속을 감소시켜 압력변동치를 감소시킨다.

① ㉠, ㉢
② ㉡, ㉣
③ ㉠, ㉢, ㉣
④ ㉠, ㉡, ㉢, ㉣

12

다음 중 〈보기〉에서 연소범위에 관한 설명으로 옳지 않은 것을 모두 고르시오.

보기

㉠ 물질이 발화, 연소하는 데는 물적조건과 에너지조건을 만족하여야 하는데 이 물적조건을 연소범위라 하며, 에너지조건을 발화온도나 발화에너지, 충격감도라 한다.
㉡ 연소하한계는 공기 중에서 가장 낮은 농도에서 연소할 수 있는 부피로서 가연물의 최저 용량비라 하며 연소상한계는 지연성가스는 적으나 가연성가스는 많아지게 되고 그 이상에서는 연소할 수 없는 한계치를 말한다.
㉢ 고체의 물질이 가연성가스를 내면서 연소할 때 연소하한계 이하에서는 증기압 및 농도가 낮아 기상에서 반응이 일어나지 못하고 표면에서 산화반응을 하기 때문에 화염전파를 하지 못하고 불꽃이 있는 작열연소를 하게 된다.
㉣ 외부의 입열로 계 내의 온도가 상승하게 되면 물적조건인 농도, 압력도 상승하게 되는데 일정한 농도인 연소범위에 도달하게 되면 화염을 전파하게 된다. 이때 시작되는 점이 물적 조건과 에너지조건의 최댓값에서 시작된다.

① ㉠, ㉢
② ㉢, ㉣
③ ㉠, ㉢, ㉣
④ ㉠, ㉡, ㉢, ㉣

13

다음 중 보일오버(Boil-over) 현상을 설명한 것으로 옳지 않은 것은?

① 열류층의 온도는 200~300℃로 열류층 아래로 열 흐름이 생기고, 이 열 흐름에 의해 반대 방향으로 물질이 이동하여 고온층은 천천히 하강한다.
② 다성분 액체인 중질유는 끓는점이 달라 저장 탱크에 화재가 장기간 진행되면 유류 중 가벼운 성분은 유류 표면층에서 증발하여 연소되고, 무거운 성분은 화염의 온도에 의해 가열, 축적되어 200~300℃의 열류층을 형성한다.
③ 보일오버의 조건은 개방공간, 중질유, 물과 에멀젼, 열파가 있다.
④ 보일오버의 방지대책은 물의 배출과 물의 가열방지, 내용물의 기계적 교반방지가 있다.

14

「119법」상 119항공대에 대한 설명으로 옳지 않은 것을 모두 고르시오. (단, 법기준상이다)

〈보기〉

㉠ "119항공대"란 항공기, 구조장비(구급장비 제외) 및 119항공대원으로 구성된 단위조직을 말한다.
㉡ "119항공대원"이란 구조를 위한 119항공대에 근무하는 조종사, 정비사, 항공교통관제사, 운항관리사, 119구조대원(구급대원 제외)을 말한다.
㉢ 소방청장 또는 시·도지사는 초고층 건축물 등에서 요구조자의 생명을 안전하게 구조하거나 도서·벽지에서 발생한 응급환자를 의료기관에 긴급히 이송하기 위하여 119항공대를 편성하여 운영한다.
㉣ 항공대의 편성과 운영, 업무 및 항공대원의 자격기준, 그 밖에 필요한 사항은 대통령령으로 정한다.

① ㉠, ㉢
② ㉢, ㉣
③ ㉠, ㉡, ㉢
④ ㉠, ㉡, ㉢, ㉣

15

박스에서 설명하고 있는 설비와 같은 설비를 〈보기〉에서 모두 고르시오. (단, 박스는 습식, 건식, 준비작동식, 일제살수식 중 하나이다.)

스프링클러설비 중에서 가장 먼저 개발된 시스템으로 신뢰성이 좋으며, 구성도 다른 설비방식에 비하여 간단한 것으로 가장 많이 이용하는 표준설비방식이나 동결의 위험이 있으므로 주의하여야 한다.

〈보기〉

㉠ 평상시 물이 없는 드라이파이프의 부분에 물이 분출하는 것을 억제하고 있는 밸브이다. 밸브의 1차측은 가압송수장치에 연결되어 있고, 밸브까지 공기가 충만되어 있다.
㉡ 액셀러레이터의 중요한 역할은 2차측의 공기를 신속하게 배출시켜서 클래퍼를 빨리 열리게 하는 보조장치이다.
㉢ 알람밸브 중심으로 1차측과 2차측에 각 1개씩의 압력계가 부착되어 항상 같은 압력 값을 지시하고 있다가 헤드가 개방되면 2차측의 압력이 감소되면서 알람밸브가 개방되어 수신반에 화재표시등을 점등시킴과 동시에 경보를 발령하게 된다.
㉣ 화재감지기의 화재신호에 의하여 작동되며, 작동과 동시에 가압부의 충압수를 배출함으로써 클래퍼를 개방시키는 역할을 하는 밸브이다.

① ㉠, ㉣
② ㉠, ㉡, ㉢, ㉣
③ ㉢
④ ㉢, ㉣

16

다음 중 목조건축물의 화재를 설명한 것으로 옳은 것은? (단, 내화건축물에 비해)

① 목조건축물은 내화건축물보다 연소속도가 빠르고 연소시간이 짧으며, 화재 최고온도는 비슷하나 유지시간이 긴 특징이 있다.
② 목조건축물은 골조 등 불타기 쉽고 개구부가 많아 내화건축물에 비해 플래시오버(Flash Over)에 도달하는 시간이 빠르며 비화에 의한 화재확대의 위험성이 높다.
③ 화재 원인에서 발화까지를 화재의 전기, 발염착화에서 진화까지를 화재의 후기라 하며, 보통 화재의 전기는 시간적으로 일정한 경로로 진행되나 후기는 여러 상황에 따라 시간적으로 일정하지 않은 특징이 있다.
④ 목조건축물의 옥내출화로는 불연천장이나 불연벽체인 경우 실내의 그 뒷면에서 발염착화, 창, 출입구 등에서 발염착화 등이 있다.

17

다음 〈보기〉에서 불꽃연소에 관한 설명으로 옳은 것을 모두 고르시오. (단, 작열연소에 비해)

〈보기〉

㉠ 화염에서의 온도는 약간 낮거나 높게 나타나는 현상이 반복되며, 연소반응은 화염 온도가 충분히 높아야 지속된다.
㉡ 연료의 표면에서 화염이 발생하지 않고 작열하면서 연소하는 현상으로 표면연소라고도 하며 화재의 양상은 산소의 공급이 불충분한 상태에서 진행되는 연소로 심부화재라고도 한다.
㉢ 고체의 열분해, 액체의 증발에 따른 기체의 확산에 의한 연소, 연소속도가 매우 빠르며 시간당 방출 열량이 많다.
㉣ 연소 시 가연성가스와 산소가 높은 농도에서 낮은 농도로 이동한다는 Fick의 법칙에 따라 가연성가스와 산소가 반응에 의해 농도가 영(0)이 되는 화염 쪽으로 이동되는 확산이라는 과정을 통해 연소한다.
㉤ 낮은 휘발분의 경우 증기압이 낮아 거의 대류를 일으키지 못하고 산소가 높은 농도에서 낮은 농도로 이동하는 원칙에 따라 표면에서 산소와 반응하면서 일어나는 연소형태이다.
㉥ 흡열을 통해 열분해 생성물을 방출하지 않고 진동에너지에 의해 고상 결합이 결렬되면서 일어나는 연소형태이다.

① ㉠, ㉢, ㉣
② ㉡, ㉣, ㉤, ㉥
③ ㉠, ㉡, ㉢, ㉤, ㉥
④ ㉠, ㉡, ㉢, ㉣, ㉤, ㉥

18

다음 중 「재난 및 안전관리 기본법 및 그 하위법령」상 중앙안전관리위원회에 관한 설명으로 옳지 않은 것은?

① 재난 및 안전관리에 관한 사항을 심의하기 위하여 행정안전부 소속으로 중앙안전관리위원회를 두며 재난안전의무보험의 관리 및 운용에 관한 사항도 심의할 수 있다.
② 중앙위원회의 위원장이 사고 또는 부득이한 사유로 직무를 수행할 수 없어 행정안전부장관이 중앙안전관리위원회 위원장의 직무를 대행할 때에는 행정안전부의 재난안전관리사무를 담당하는 본부장이 중앙안전관리위원회 간사의 직무를 대행한다.
③ 중앙안전관리위원회의 회의는 재적위원 과반수의 출석으로 개의하고, 출석위원 과반수의 찬성으로 의결하며 그 밖에 중앙안전관리위원회의 운영에 필요한 사항은 위원회의 의결을 거쳐 위원장이 정한다.
④ 중앙안전관리위원회의 위원 중 공무원인 위원의 임기는 해당 직위에 재임하는 기간으로 하고, 공무원인 위원이 업무와 직접 관련하여 회의에 출석하는 경우에는 수당, 여비 또는 그 밖의 실비를 지급할 수 없다.

19

다음 〈보기〉는 소방조직에 관한 설명이다. ( ) 안에 들어갈 내용으로 옳은 것은?

보기

( )는 그동안 제기되어 왔던 소방행정 수요에 비해 절대 부족한 현장활동 인력을 확충하여 소방업무의 효율성을 높이고 국민의 생명과 재산을 보호하기 위해 2001년 8월 14일 도입된 제도이다.

① 의용소방대 ② 의무소방대
③ 자체소방대 ④ 자위소방대

20

「재난 및 안전관리 기본법」상 각종 시설 및 물질 등의 제작, 유지관리 과정에서 안전을 확보할 수 있도록 적용하여야 할 기술적 기준을 체계화한 것으로 옳은 것은?

① 안전기준
② 재난관리정보
③ 재난안전데이터
④ 국가재난관리기준

21

소방행정에 관한 설명 중 옳지 않은 것은?

① 1978년 소방학교 직제가 제정·공포, 소방교육이 체계화되었다.
② 1975년 경찰에 소방이 흡수되었다.
③ 1977년 소방공무원법이 제정되었다.
④ 1972년 서울과 부산은 소방본부를 설치하였고, 다른 지역은 국가소방체제였다.

22

다음은 위험물안전관리자에 대한 설명이다. 빈칸에 들어갈 ㉠과 ㉡의 합으로 알맞은 것은?

〈선임·신고〉
① 해임·퇴직한 때: 해임·퇴직한 날부터 (㉠)일 이내에 선임
② 선임한 때: 선임한 날부터 (㉡)일 이내 소방본부장 또는 소방서장에게 신고

① 15 ② 32
③ 44 ④ 62

23

다음 중 이상기체 상태방정식을 유도하기 위한 기체의 운동에 관한 가정을 설명한 것으로 옳지 않은 것은?

① 기체 분자가 차지하는 부피는 없다.
② 기체 분자는 불규칙한 직선운동을 한다.
③ 충돌에 의한 에너지의 변화가 없는 완전탄성체이다.
④ 기체 분자들의 평균 운동 에너지는 절대 온도에 반비례한다.

24

박스에서 설명하고 있는 현상의 형성에 미치는 요인을 〈보기〉에서 모두 고르시오. (단, 잘 발생되는 조건이다)

액화가스의 탱크가 파열하면 주위의 공기와 만나 불이 공모양으로 되고 더욱 상승하면 버섯형화염이 된다.

보기
㉠ 넓은 폭발범위
㉡ 높은 증기밀도
㉢ 높은 연소열
㉣ 유출되는 가연성 혼합물 중량

① ㉠, ㉣ ② ㉠, ㉢, ㉣
③ ㉠, ㉡, ㉢, ㉣ ④ ㉢, ㉣

25

「화재조사 및 보고규정」상 소방본부장이 운영하는 화재합동조사단의 기준으로 옳은 것은?

① 사상자가 30명 이상이거나 2개 시·도 이상에 걸쳐 발생한 화재
② 사상자가 20명 이상이거나 2개 시·군·구 이상에 발생한 화재
③ 사망자가 5명 이상이거나 사상자가 10명 이상 또는 재산피해액이 100억원 이상 발생한 화재
④ 사망자가 5명 이상 발생한 화재

제 6 회 FINAL 동형 모의고사

일시 / 권장 시간 25분 / 맞은 개수 /25

01

다음 〈보기〉는 소방업무의 특징을 설명한 것이다. ( ) 안에 들어갈 내용으로 옳은 것은?

보기

(1) (㉠) : 긴급구조통제단이 가동된 경우 긴급구조통제단장이 긴급구조요원에게 강력한 지휘 명령권을 통해 지휘통제를 쉽게 할 수 있으며, 긴급한 상황시 소방대장이 엄격한 명령을 함으로써 명령을 받은 소방대원이 국민의 생명을 구조한다.

(2) (㉡) : 한 기능이 여러 기관에 혼합된 중첩성과 동일 기능이 여러 기관에서 독립적으로 수행되는 중복성 등을 포괄하는 개념으로 비상시를 대비하여 현재 필요한 소방력보다 많은 소방력이 필요하다. 따라서 재난이 일어나지 않았지만, 언제 일어날지 모르는 재난상황에 대해 미리 준비한다.

(3) (㉢) : 화재 또는 재난이 발생하였을 때 신속한 출동 및 현장 도착 여부는 당해 사고로부터 피해를 최소화하는 데 결정적인 관건이 되며, 소방관은 골든타임확보를 위한 최선을 다하여야 한다.

	㉠	㉡	㉢
①	규제성	효율성	기술성
②	일체성(계층성)	가외성	신속정확성(긴급성)
③	신속대응성	상호연관성	획일성
④	전문성	효율성	기술성

02

다음 중 조선시대의 소방조직을 설명한 것으로 옳지 않은 것은?

① 이 시기에 처음으로 각 관아에서는 금화하는 일을 엄격히 하도록 하고 화재사고가 있을 때에는 이를 규찰하며 대창에는 금화를 담당하는 관리를 배치하고 화재를 방어케 하기 위하여 지하에 창고를 쌓았으며 사요(私窯)를 설치하여 최초의 소방행정이 시작된 시기이다.

② 기본법전인 경국대전의 편찬으로 금화법령이 제정되었다. 금화(禁火)는 병조, 의금부, 형조, 한성부, 수성금화사 및 5부의 숙식하는 관원이 행순(行巡)하여 화재를 단속하는 일을 말한다. 여기서는 화재 시 종을 치는 것, 구화패발급, 화재감시, 순찰경계, 구화시설(救火施設) 등을 정하고 있다.

③ 종로 인경각 근처에서의 대화재 발생 등의 계기로 이조에서 건의하여 병조 소속으로 금화도감이 설치되었다. 금화도감은 오늘날과 같은 상비 소방제도는 아니지만 독자적으로 화재를 방비하는 역할을 한 우리나라 최초의 소방관서이다.

④ 금화도감 이후에도 화재가 줄지 않아 세종13년(1431년)에는 화재를 진압하는 임무를 맡은 금화군을 창설하였다.

03

박스에서 설명하는 소방조직의 분류가 같은 것을 모두 고르시오. (단, 박스에 조직의 분류는 중앙소방행정조직, 지방소방행정조직, 민간소방조직 중 하나이다.)

제조소등[제6조제3항의 규정에 따라 허가를 받지 아니하는 제조소등과 이동탱크저장소(차량에 고정된 탱크에 위험물을 저장 또는 취급하는 저장소를 말한다)를 제외한다.]의 관계인은 위험물의 안전관리에 관한 직무를 수행하게 하기 위하여 제조소등마다 대통령령이 정하는 위험물의 취급에 관한 자격이 있는 자를 위험물안전관리자로 선임하여야 한다.

보기
㉠ 의용소방대　　㉡ 의무소방대
㉢ 한국소방안전원　㉣ 소방안전관리자
㉤ 소방본부　　　　㉥ 자체소방대
㉦ 국립소방연구원　㉧ 한국소방산업기술원

① ㉠㉣㉥
② ㉡㉢㉤㉦㉧
③ ㉠㉡㉢㉣㉤㉥㉧
④ ㉠㉡㉢㉣㉤㉥㉦㉧

04

현대사회의 재난관리의 행정환경으로 옳은 것은?

① 확실성, 급박성, 단순성, 개인주의, 인지성
② 불확실성, 누적성, 단순성, 상호작용성, 인지성
③ 불확실성, 누적성, 복잡성, 상호작용성, 인지성
④ 확실성, 비누적성, 단순성, 개인주의, 인지성

05

다음 〈보기〉에서 「재난 및 안전관리 기본법」상 재난사태의 선포에 관한 설명으로 옳은 것을 모두 고르시오.

보기
㉠ 재난사태를 선포하려면 반드시 중앙안전관리위원회의 승인을 거쳐야 한다. (단, 긴급하거나 시간적 여유가 없을 때는 제외한다.)
㉡ 위원회의 승인을 받지 못하면 선포된 재난사태를 즉시 해제하여야 한다.
㉢ 재난사태가 선포된 지역에 대하여 행정안전부장관 및 지방자치단체의 장은 재난관리자원을 동원할 수 있다.
㉣ 재난사태가 선포된 지역에 대하여 행정안전부장관 및 지방자치단체의 장은 해당 지역에 소재하는 행정기관 소속 공무원을 비상소집할 수 있다.
㉤ 행정안전부장관 또는 시·도지사는 재난이 추가적으로 발생할 우려가 없어진 경우에는 선포된 재난사태를 즉시 해제하여야 한다.
㉥ 재난사태가 선포된 지역에 대하여 행정안전부장관 및 지방자치단체의 장은 해당 지역에 대한 여행 등 이동 자제를 권고할 수 있다.
㉦ 국가는 재난사태가 선포된 지역에 대하여 대통령령으로 정하는 바에 따라 재난구호와 복구에 필요한 행정상·재정상·금융상·의료상의 특별지원을 할 수 있다.

① ㉠㉡㉣㉦
② ㉡㉢㉣㉤㉥
③ ㉠㉢㉣㉤㉦
④ ㉠㉡㉢㉣㉤㉥㉦

06

다음 〈보기〉에서 「재난 및 안전관리 기본법 시행령」상 재난관리주관기관이 행정안전부장 및 소방청인 재난의 유형을 모두 고르시오.

보기
- ㉠ 「자연재해대책법」 제2조제3호에 따른 풍수해(조수로 인해 발생하는 재해는 제외한다)
- ㉡ 「소방기본법」 제2조제1호에 따른 소방대상물의 화재로 인해 발생하는 대규모 피해
- ㉢ 「영유아보육법」 제2조제3호에 따른 어린이집의 화재등으로 인해 발생하는 대규모 피해
- ㉣ 「위험물안전관리법」 제2조제1항제1호에 따른 위험물의 누출·화재·폭발등으로 인해 발생하는 대규모 피해
- ㉤ 「공연법」 제2조제4호에 따른 공연장의 화재등으로 인해 발생하는 대규모 피해
- ㉥ 「공항시설법」 제2조제3호에 따른 공항의 화재등으로 인해 발생하는 대규모 피해
- ㉦ 「국토의 계획 및 이용에 관한 법률」 제2조제9호에 따른 공동구의 화재등으로 인해 발생하는 대규모 피해

① ㉠
② ㉡㉣
③ ㉢㉤㉥
④ ㉠㉢㉤㉥㉦

07

다음 〈보기〉의 업무를 수행하는 위원회로 옳은 것은?

보기
1) 국가안전관리집행계획의 심의
2) 국가핵심기반의 지정에 관한 사항의 심의
3) 재난 및 안전관리기술 종합계획의 심의

① 중앙안전관리위원회
② 중앙안전관리분과위원회
③ 안전정책조정위원회
④ 안전관리민관협력위원회

08

다음 중 「재난 및 안전관리 기본법」상 용어를 설명한 것으로 틀린 것은?

① 긴급구조지원기관이란 긴급구조에 필요한 인력·시설 및 장비, 운영체계 등 긴급구조능력을 보유한 기관이나 단체로서 대통령령으로 정하는 기관과 단체를 말한다.
② 안전기준이란 각종 시설 및 물질 등의 제작, 유지관리 과정에서 안전을 확보할 수 있도록 적용하여야 할 기술적 기준을 체계화한 것을 말한다.
③ 국가재난관리기준이란 재난 유형별 특성에 맞게 활용할 수 있도록 재난관리의 전 과정을 재난별로 단순화·체계화한 것으로서 행정안전부장관이 고시한 것을 말한다.
④ 재난관리정보란 재난관리를 위하여 필요한 재난상황정보, 동원가능 자원정보, 시설물정보, 지리정보를 말한다.

09

다음은 수소(H_2)의 연소범위와 위험도에 관한 내용이다. ( ) 안에 들어갈 내용으로 옳은 것은? (단, 계산결과 소수점 이하의 수는 반올림한다.)

가연물	연소범위	위험도
수소(H_2)	(㉠)	(㉡)

	㉠	㉡
①	5~15	4
②	4~75	9
③	5~15	2
④	4~75	18

10

다음 〈보기〉는 인화점과 연소점 및 발화점을 설명한 것이다. 옳은 것을 모두 고르시오.

> 보기
>
> ㉠ 일반적인 온도 관계는 인화점<연소점<발화점이다.
> ㉡ 인화점, 발화점의 온도가 낮을수록 위험도는 증가하나 연소점은 관계없다.
> ㉢ 인화점이 낮으면 발화점이 낮아지는 경향이 있다. 즉, 인화점과 발화점은 밀접한 관계에 있다.
> ㉣ 분무된 액체는 발화점 미만에서 자연발화할 수 있다.
> ㉤ 가열된 증기발생속도가 연소속도보다 빠를 때를 연소점이라 한다.
> ㉥ 인화점과 발화점의 차이는 외부점화원을 제거했을 경우 화염 전파의 지속성 여부에 따라 구분된다.
> ㉦ 인화점과 발화점이 가까운 액체일수록 재점화가 쉽다.

① ㉠㉤㉦
② ㉡㉢㉣㉥
③ ㉠㉡㉢㉣㉦
④ ㉠㉡㉢㉣㉤㉥㉦

11

다음 중 건물 내부에 익숙한 사람이 피난에 지장을 느낄 정도의 감광계수 및 가시거리로 옳은 것은?

① 감광계수 : 0.1, 가시거리 10m
② 감광계수 : 0.3, 가시거리 5m
③ 감광계수 : 0.5, 가시거리 3m
④ 감광계수 : 1, 가시거리 1~2m

12

다음 중 연소시 발생하는 연소가스에 대한 설명으로 틀린 것은?

① 이산화탄소 자체는 독성이 거의 없으나 다량이 존재할 때 사람의 호흡속도를 증가시키고 혼합된 유해가스의 흡입을 증가시켜 위험을 가중시킨다.
② 일산화탄소의 독성 허용농도는 50ppm으로서 헤모글로빈과 결합하지 않고도 호흡의 저해를 통한 질식을 유발한다.
③ 불화수소는 물에 잘 녹고 부식성이 있으며, 인화성 폭발성 가스를 발생시킨다. 독성의 허용농도는 3ppm이다.
④ 포스겐은 열가소성 수지인 폴리염화비닐, 수지류 등이 연소할 때 발생되는 연소생성물로서 발생량은 그리 많지 않다. 유독성이 큰 맹독성 가스로서 독성의 허용농도는 0.1ppm이다.

13

박스는 ○○폭발에 대한 설명이다. 다음 〈보기〉의 박스에서 설명하고 있는 ○○폭발을 일으키는 물질을 모두 고르시오.

> 가연성 고체의 미분이 공기 중에 부유하고 있을 때에 어떤 착화원에 의해 에너지가 주어지면 폭발하는 현상으로 탄광에 있어서의 ○○폭발이 대표적인 예이다.

> 보기
>
> ㉠ 알루미늄   ㉡ 쌀, 보리 등의 곡물
> ㉢ 유황   ㉣ 가성소다(NaOH)
> ㉤ 석회석($CaCO_3$)   ㉥ 생석회(CaO)
> ㉦ 소석회($Ca(OH)_2$) ㉧ 산화알루미늄(Al_2O_3)

① ㉠㉡㉢
② ㉠㉡㉧
③ ㉡㉢㉤㉥㉧
④ ㉡㉢㉣㉤㉦㉧

14

다음 〈보기〉에서 식용유 화재에 관한 내용으로 옳은 것을 모두 고르시오.

보기

㉠ UL(미국보험협회 안전시험소)는 F급 화재로 분류하고 있으며 국내 화재안전기준에서는 주방에서 동식물유를 취급하는 조리기구에서 일어나는 화재로서 주방화재(K급 화재)로 분류하고 있다.
㉡ 식용유는 비점보다 발화점이 높기 때문에 소화 후 재발화 위험이 있다.
㉢ 소화약제는 비누화작용을 하는 강화액소화약제나 1종 분말소화약제가 주로 사용된다.
㉣ 식용유의 액면상에서 연소하는 화재를 액면화재(Pool Fire)라고 하며, 발생한 화염으로부터 열이 액면에 전달되어, 액체의 온도가 상승됨과 더불어 증기가 발생하며 예혼합연소를 하는 것이다. 따라서 빠른 시간에 온도를 낮추어야 하므로 물로 소화해야 한다.
㉤ 액면화재 현상은 화염으로부터 액면으로의 열전달과 액체의 증발에 지배된다.

① ㉠㉢
② ㉠㉢㉤
③ ㉡㉢㉣㉤
④ ㉠㉡㉢㉣㉤

15

다음 중 목조건축물의 화재 확대 요인을 설명한 것으로 틀린 것은?

① 접촉 : 화염의 접촉(접염)이라고 하며 불꽃의 직접접촉을 말한다.
② 비화 : 불티가 되어 날아가 발화하는 것을 말한다.
③ 복사열 : 열이 중간 매질을 통하지 않고 공간을 날아서 전자파 형태로 이동하는 현상으로 화재 시 가장 크게 작용한다.
④ 습도 : 습도는 촉매 역할을 하기 때문에 습도가 35% 이상일 때는 출화의 위험이 커지고 화재가 발생하면 화재확대 및 비화위험이 커진다.

16

다음 중 피난대책의 일반원칙을 설명한 것으로 옳지 않은 것은?

① 피난수단은 과학적이고 공학적인 방법에 의한 것을 원칙으로 한다.
② 피난대책은 풀 프루프(Fool Proof)와 페일 세이프(Fail Safe)의 원칙을 중시하여야 한다.
③ 수평동선과 수직동선으로 구분되어야 하며, 상호 반대방향으로 다수의 출구와 연결되는 것이 좋다.
④ 피난경로는 간단명료하게 해야 하며, 복도와 통로 말단부에서 출구나 계단 등이 있는 것이 이상적이다.

17

다음 중 위험물 화재의 소화방법을 설명한 것으로 옳지 않은 것은?

① 제1류 위험물 중 알칼리금속의 과산화물(무기과산화물), 무수크롬산(삼산화크롬)은 금수성이 있으므로 물을 사용하여서는 안 되고 마른모래 등을 사용한다.
② 제2류 위험물 화재시는 다량의 열과 유독성의 연기가 발생하므로 반드시 방호의와 공기호흡기를 착용하여야 하며, 황화인은 주수에 의한 냉각소화가 적당하다.
③ 제3류 위험물은 발화·금수성 물질이므로 물을 충전한 소화기구는 사용할 수 없다. 다만, 황린의 화재 시에는 물에 의한 소화가 가장 효과적이다.
④ 수용성 가연물질인 알코올류·알데히드류·케톤류·에테르류·에스테르류 이외의 제4류 위험물은 포말·이산화탄소·할론·분말소화약제를 이용한 소화방법이 적합하다.

18

다음 〈보기〉는 할로겐 화합물 소화 약제별 화학식이다. 최대허용설계농도[NOAEL(%)]가 높은 것부터 낮은 순으로 옳은 것은?

보기
㉠ CHF_3
㉡ C_4F_{10}
㉢ $CF_3CH_2CF_3$
㉣ C_2HF_5
㉤ $CF_3CF_2C(O)CF(CF_3)_2$
㉥ CF_3I

① ㉠>㉡>㉢>㉣>㉤>㉥
② ㉣>㉠>㉢>㉡>㉥>㉤
③ ㉥>㉤>㉣>㉢>㉡>㉠
④ ㉤>㉥>㉡>㉢>㉠>㉣

19

다음 〈보기〉는 분말 소화 약제의 열분해 반응식이다. ( ) 안에 들어갈 내용으로 옳은 것은?

보기
(270℃) $2NaHCO_3 \rightarrow$ (㉠) $+ H_2O + CO_2 - Q[kcal]$
(850℃) $2NaHCO_3 \rightarrow Na_2O + H_2O +$ (㉡) $- Q[kcal]$

	㉠	㉡
①	Na_2CO_3	$2CO_2$
②	Na_2CO_4	CO_2
③	Na_2O	$3CO_2$
④	Na_2O_3	$2CO_2$

20

다음 〈보기〉에서 피난구조설비에 관한 설명으로 옳은 것을 모두 고르시오.

보기
㉠ 피난구조설비는 화재가 발생할 경우 피난 및 구조하기 위하여 사용하는 기구 또는 설비이다.
㉡ 구조대는 사용자의 몸무게에 의하여 자동으로 하강하고 내려서면 스스로 상승하여 연속적으로 사용할 수 있는 무동력 승강식 기기를 말한다.
㉢ 공기안전매트는 화재 발생 시 사람이 건축물 내에서 외부로 긴급히 뛰어내릴 때 충격을 흡수하여 안전하게 지상에 도달할 수 있도록 포지에 공기 등을 주입하는 구조로 되어있는 것을 말한다.
㉣ 간이완강기는 사용자가 연속적으로 사용할 수 없다.
㉤ 완강기는 사용자의 몸무게에 따라 자동적으로 내려올 수 있는 기구는 아니지만 사용자가 교대하여 연속적으로 사용할 수 있는 것을 말한다.
㉥ 하향식 피난구용 내림식 사다리는 하향식 피난구 해치에 격납하여 보관하고 사용 시에는 사다리 등이 소방대상물과 접촉되는 내림식 사다리를 말한다.

① ㉠㉤
② ㉢㉣
③ ㉡㉤㉥
④ ㉠㉡㉣㉤㉥

21

다음 〈보기〉에서 연결살수설비에 관한 설명으로 옳은 것을 모두 고르시오.

보기
㉠ 물 또는 그 밖의 소화약제를 사용하여 소화하는 기계·기구 또는 설비이다.
㉡ 송수구, 배관, 방수기구함, 방수구, 소방용 호스, 방사형관창 등으로 구성되어 있다.
㉢ 외부의 소방차 등으로부터 수원을 공급받아 화재를 소화할 수 있게 되어 있다.
㉣ 전력 또는 통신사업용의 지하 공동구 내에 연소를 방지하기 위하여 설치하는 수막설비와 유사한 설비이다.
㉤ 송수구역마다 선택 밸브가 설치되어 있어 선택 밸브를 개폐하여 물이 뿌려지도록 하고 있다.
㉥ 고층에 스프링클러설비, 물분무소화설비, 옥내소화전설비 등을 도와 소화 활동을 원활하게 하기 위해서 설치하는 설비이다.

① ㉢㉤
② ㉡㉣㉥
③ ㉠㉡㉢㉥
④ ㉢

22

다음 중 열, 연기 또는 불꽃 등을 감지하여 소화약제를 방사하여 소화하도록 형식승인을 받아야 하는 소화장치로 틀린 것은?

① 주거용 주방자동소화장치
② 캐비닛형 자동소화장치
③ 분말 자동소화장치
④ 고체에어로졸 자동소화장치

23

다음 〈보기〉에서 일반화재(A급 화재)에 적응성 있는 소화기의 소화약제를 모두 고르시오. (단, 전역 방출은 제외한다.)

〈보기〉
㉠ 할론 소화약제
㉡ 이산화탄소 소화약제
㉢ 산알칼리 소화약제
㉣ 인산염류 소화약제
㉤ 중탄산염류 소화약제
㉥ 고체에어로졸 화합물 소화약제

① ㉡㉤
② ㉠㉢㉤
③ ㉠㉢㉣㉥
④ ㉠㉢㉣㉤㉥

24

물 20°C를 화씨온도(°F)와 랭킨온도(°R)로 나타낸 값으로 가까운 것은 무엇인가?

① 68°F 528°R
② -6°F 454°R
③ 6°F 534°R
④ 68°F 341°R

25

다음 〈보기〉는 전동기를 이용한 펌프방식에서 펌프의 흡입측에 설치하는 부속품의 기능을 설명한 것이다. 옳지 않은 것을 모두 고르시오.

〈보기〉
㉠ 후드 밸브(foot valve) 수조 내에 설치되며 소화수의 역류를 방지하는 역할을 한다.
㉡ 스트레이너는 후드 밸브에서 여과한 소화수를 2차적으로 여과시킨다.
㉢ 후렉시블 조인트는 펌프 및 전동기에서 발생한 진동 및 충격을 배관에 전달되지 않도록 도와주는 것이다.
㉣ 압력계 및 연성계는 펌프의 흡입압을 측정한다.
㉤ 순환배관은 체절운전 시 수온의 상승을 방지하기 위하여 설치한다.
㉥ 펌프 성능시험배관은 정격부하 운전 시 펌프의 성능을 시험하기 위하여 설치한다.
㉦ 편심레듀서는 펌프의 토출구와 토출 배관이 다를 경우에 배관 내 공기 고임의 발생과 공동현상이 발생되지 않도록 한다.

① ㉠, ㉡, ㉢
② ㉤, ㉥, ㉦
③ ㉣, ㉤
④ ㉣, ㉤, ㉥, ㉦

제7회 FINAL 동형 모의고사

01

다음 중 소방청 및 그 소속기관에 관한 내용으로 옳지 않은 것은?

① 소방청장의 계급은 소방총감이며, 차장의 계급은 소방준감이다. 소방청의 하부조직과 소속기관의 조직 구성과 사무분장은 「소방청과 그 소속기관 직제」에서 규정하고 있으며 소방청의 하부조직으로는 예방국·재난대응국·소방행정국 및 장비관리국이 있다.

② 중앙소방학교는 1978년 9월 4일 경기도 수원시에 소방학교가 설립되었다. 수원에 설립된 소방학교는 1986년 12월 31일 충남 천안시로 신축 이전하였고, 1995년(대통령령 제14649호) 중앙소방학교로 개칭하였다. 중앙소방학교는 소방교육기관으로서 소방공무원에 대한 교육훈련을 실시하는 것이 주요 업무이며 학교장의 계급은 소방감이다.

③ 중앙119구조본부의 하부조직은 기획협력과·특수대응훈련과 및 특수장비항공과, 119구조견교육대, 119구조상황실이 있으며, 각 과의 과장은 소방정으로, 119구조상황실장 및 119구조견교육대장은 소방령으로 보한다.

④ 국립소방연구원장은 "나"등급의 고위공무원으로 하며 하부조직인 연구기획지원과·화재안전연구실·대응기술연구실, 소방정책연구실과 함께 소방사무를 관장한다. 주요 업무로는 화재원인 및 위험성 화학물질에 대한 과학적 조사·연구·분석 및 감정에 관한 사항이 있다.

02

다음 중 지방소방행정조직 중 소방서 및 119안전센터에 관한 내용으로 옳지 않은 것은?

① 소방서장은 소방정으로 보한다. 다만, 인구 100만명 이상의 시에 설치된 소방서장의 직급은 소방준감으로 할 수 있다. 이 경우 해당 시에 2개 이상의 소방서가 설치된 경우에는 그 중 1개의 소방서로 한정하여 그 장의 직급을 소방준감으로 할 수 있다.

② 소방서장은 소방청장의 명을 받아 소관사무를 통할하고 소속공무원을 지휘·감독하며, 소방서의 과·단·담당관과 그 하부조직 및 분장 사무에 관하여 필요한 사항은 소방청장이 정하여 고시한다. 다만, 소방서의 사무 분장은 소방서장에 따라 다르게 할 수 있다.

③ 소방서는 시·군·구 단위로 설치하는 것이 원칙이다. 그리고 소방서의 관할구역에 설치된 119안전센터의 수가 5개를 초과하는 경우에는 소방서를 추가로 설치할 수 있으며, 석유화학단지·공업단지·주택단지 또는 관광단지의 개발 등으로 대형화재의 위험이 있거나 소방수요가 급증하여 특별한 소방대책이 필요한 경우에는 해당 지역마다 소방서를 설치할 수 있다.

④ 특별시의 경우 인구 5만명 이상 또는 면적 $2km^2$ 이상, 광역시나 인구 50만명 이상의 시는 인구 3만명 이상 또는 면적 $5km^2$ 이상, 인구 5만명 미만의 지역인 경우 인구 1만명 이상 또는 면적 $20km^2$ 이상에 해당하는 경우에 119안전센터를 설치할 수 있도록 하고 있다.

03

「재난 및 안전관리기본법」상 재난의 예방단계에 이루어지는 활동을 모두 고르시오.

> ㉠ 재난예방을 위한 긴급안전점검 등
> ㉡ 국가재난관리기준의 제정·운용 등
> ㉢ 안전취약계층에 대한 안전 환경 지원
> ㉣ 재난분야 위기관리 매뉴얼 작성·운용
> ㉤ 재난관리 실태 공시 등
> ㉥ 안전기준의 등록 및 심의 등
> ㉦ 재난대비훈련 기본계획 수립
> ㉧ 위험구역의 설정

① ㉠㉢㉤
② ㉡㉣㉥㉦
③ ㉡㉤㉥㉦㉧
④ ㉠㉢㉣㉤㉥㉧

04

다음 중 재난관리 방식 중 통합관리방식의 특징에 관한 내용으로 틀린 것은?

① 재난 발생 시 총괄적 자원 동원과 신속한 대응성 확보 및 자원봉사자 등 가용자원의 효과적 활용이 가능하다.
② 모든 재난에 대한 종합적 관리활동과 독립적 활동의 병행이 가능하다.
③ 한 재해 유형을 한 부처가 지속적으로 담당하므로 경험축적 및 전문성 제고가 쉬운 편이다.
④ 부처 이기주의 및 기존 조직들의 반대 가능성이 높고 업무와 책임이 과도하게 한 조직에 집중될 수 있다.

05

다음 〈보기〉에서 「재난 및 안전관리 기본법」상 중앙안전관리민관협력위원회 기능에 해당하는 것을 모두 고르시오.

> 보기
> ㉠ 평상시 재난 및 안전관리 위험요소 및 취약시설의 모니터링·제보
> ㉡ 재난 발생 시 재난관리자원의 동원, 인명구조·피해복구 활동 참여, 피해주민 지원서비스 제공 등에 관한 협의
> ㉢ 재난 및 안전관리 사업 관련 중기사업계획서, 투자우선순위 의견 및 예산요구서에 관한 협의
> ㉣ 재난 및 안전관리 민관협력활동사업의 효율적 운영방안의 협의
> ㉤ 재난안전의무보험의 관리·운용 등에 관한 협의
> ㉥ 중앙행정기관의 장이 시행하는 대통령령으로 정하는 재난 및 사고의 예방사업 추진에 관한 협의
> ㉦ 재난이나 그 밖의 각종 사고가 발생하거나 발생할 우려가 있는 경우 이를 수습하기 위한 관계 기관 간 협력에 관한 중요 사항 협의

① ㉠㉡㉣
② ㉡㉢㉣㉦
③ ㉠㉡㉣㉤㉦
④ ㉠㉡㉢㉣㉥㉦

06

다음 〈보기〉에서 연소의 필수요소인 가연물의 구비조건에 대한 설명이다. 옳은 것을 모두 고르시오.

> 보기
> ㉠ 화학적 활성도가 높아야 한다. 화학적 활성도가 높으면 물질의 안정도가 높아지기 때문이다.
> ㉡ 한계산소농도(LOI)가 높을수록 낮은 농도의 산소 조건에서도 연소가 가능하므로 가연물이 되기 쉽다.
> ㉢ 산소와 접촉할 수 있는 비표면적이 작은 물질이어야 한다.
> ㉣ 일반적으로 산화되기 쉬운 물질로서 산소와 결합할 때 발열량 및 열전도율이 작아야 한다.
> ㉤ 조연성(지연성) 가스인 산소·염소와의 결합력이 강하고 연속적으로 연쇄반응을 일으키는 물질이어야 한다.
> ㉥ 연소반응을 일으키는 점화원의 활성화에너지(최소발화에너지)의 값이 적어야 한다.

① ㉠㉡㉢
② ㉤㉥
③ ㉢㉣㉤㉥
④ ㉡㉢

07

다음 중 자연발화에 영향을 주는 요인을 설명한 것으로 가장 옳지 않은 것은?

① 온도가 높으면 열의 축적속도가 빨라지기 때문에 자연발(화)열 발생이 늦어진다.
② 적당한 수분은 촉매 역할을 하기 때문에 반응속도를 빠르게 하여 자연발화가 쉽다.
③ 공기의 유통이 잘 될수록 열의 축적이 어려워 자연발화가 어렵다.
④ 열의 축적이 용이하게 퇴적될수록 자연발화가 쉽다.

08

다음 〈보기〉에서 확산연소에 대한 내용으로 옳은 것을 모두 고르시오.

> 보기
> ㉠ 연소속도는 공기와의 혼합과정이 필요하기 때문에 예혼합연소보다 느리다.
> ㉡ 화염(불꽃)은 청색이나 백색을 나타내고 화염의 온도도 예혼합연소에 비해 높다.
> ㉢ 확산연소의 예로 분젠버너의 연소, 불꽃점화식의 내연기관 연소실 내에서의 연소가 있다.
> ㉣ 층류확산화염에서는 화염의 길이(화염의 높이)와 화염의 속도는 함께 증가한다.
> ㉤ 연료노즐에서 흐름이 난류인 경우, 확산연소에서 화염의 높이는 분출속도에 비례하지 않는다.
> ㉥ 연소속도가 빠를 경우 정상 연소인 역화의 우려가 있다.
> ㉦ 레이놀즈 수가 일정하게 유지되는 곳에서는 교란이 있는 층류 확산화염이 형성된다.

① ㉠㉣㉤
② ㉡㉢㉥㉦
③ ㉠㉢㉣㉤㉦
④ ㉠㉡㉢㉣㉤㉥

09

다음 중 화재시 천장제트흐름(Ceiling Jet Flow)에 관한 내용으로 옳지 않은 것은?

① 높은 온도의 연소가스는 큰 상승 기류를 형성하므로 일반적으로 천장제트흐름은 화재 최성기에 존재한다.
② 흐름의 두께는 천장에서 화염까지 높이의 5~12% 내외 정도 범위로서 스프링클러헤드를 유효범위 내에 설치하는 근거가 된다.
③ 고온의 연소생성물이 부력에 의해 힘을 받아 천장면 아래에 얇은 층을 형성하는 빠른 가스흐름을 말한다.
④ 천장열류보다 온도가 낮은 천장재와 유입 공기쪽에서 일어나는 열손실에 의해 천장열류의 온도는 감소한다.

10

다음 〈보기〉는 화학적 폭발을 설명한 것이다. 옳은 것을 모두 고르시오.

> **보기**
> ㉠ 산화폭발이란 인화성이 강한 액체연료에서 기화된 증기가 신속한 산화반응에 의해 화재와 폭발이 동시에 발생되는 현상을 말한다.
> ㉡ 4불화에틸렌, 프로파디엔, 오존, 아산화질소, 산화질소, 히드라진, 비닐아세틸렌, 메틸아세틸렌, 에틸렌 등은 산화폭발을 한다.
> ㉢ 반응폭주란 화학반응기 내에 압력, 온도 혼합물의 질량 등의 제어상태가 규정조건을 벗어나서 화학반응속도가 지수 함수적으로 증가함으로써 화학반응이 과격해지는 현상으로 화학적 폭발을 한다.
> ㉣ 산화폭발은 일반적으로 급격한 연소반응에 의한 압력의 발생으로 일어나는 폭발로서 종류로는 가스폭발, 분무폭발, 분진폭발 등이 있다.
> ㉤ 분해폭발은 압력과 온도의 영향을 받아 분해되며, 분해 반응시 발생하는 열과 압력에 의해서 주위에 많은 재해를 주는 폭발을 말한다.
> ㉥ 아세틸렌은 연소범위가 공기 중에서 2.5~81%로서 연소범위가 넓어도 폭발을 일으킬 위험성이 높은 가스이며, 압축하면 산화 발열하여 이 열에 의하여 폭발이 일어난다.
> ㉦ 중합폭발은 불포화탄화수소 등이 급격한 중합반응을 일으켜 중합열에 의해 폭발하는 경우를 말하며 산화에틸렌, 부타디엔, 염화비닐, 시안화수소 등이 있다.

① ㉠㉡㉤㉥
② ㉡㉤㉥㉦
③ ㉠㉢㉣㉤㉦
④ ㉡㉢㉣㉤㉥

11

다음 중 유류화재의 이상현상을 설명한 것으로 옳은 것은?

① 오일오버(Oil-over)란 액체 가연물질인 제4류 위험물의 저장탱크에서 화재가 발생하는 경우 나타나는 이상 현상으로서 저장탱크 내에 저장된 제4류 위험물의 양이 내용적의 1/2 이상 충전되어 있을 때 화재로 인하여 저장탱크 내의 유류를 외부로 분출하면서 탱크가 파열되는 것을 말한다.
② 슬롭오버(Slop-over)란 물보다 끓는점(비점)이 낮은 점성을 가진 석유류나 식용유에 물이 접촉될 때 석유류·식용유의 표면온도에 의해 물이 수증기가 되어 팽창·비등함에 따라 주위에 있는 뜨거운 석유류·식용유의 일부를 외부로 비산시키는 현상을 말한다.
③ 프로스오버(Froth-over)는 뜨거운 아스팔트가 물이 가득 채워진 무개(無蓋) 탱크차에 옮겨질 때 일어날 수 있는데 처음엔 아스팔트가 조금 냉각될 뿐 아무런 변화가 없다가 탱크차 속의 물이 가열되고 끓기 시작하면 아스팔트가 상당량 주입되면서부터 화재를 수반하여 프로스오버(Froth-over)가 발생한다.
④ 보일오버(Boil-over)란 점성이 크고 비점이 높은 중질유의 저장탱크에 화재가 발생하여 장기간 화재에 노출되면 열류층(고온층)이 형성되어 그 열이 아래로 내려오게 되는데 외부로부터 침투하거나 원유 자체에 함유된 수분이나 기름의 에멀션이 열을 공급받아 급격한 부피 팽창을 하게 되고 이때 부피 팽창으로 상층의 유류를 밀어 올리며 기름과 함께 비산하게 되는 현상을 말한다.

12

다음 〈보기〉는 물과 반응하여 가연성 또는 조연성 가스를 발생하는 물질에 관한 내용이다. ( ) 안에 들어갈 내용으로 옳은 것은?

보기
1) 칼륨은 물과 반응하여 (㉠)가 발생한다.
2) 무기과산화물은 물과 반응하여 (㉡)가 발생한다.
3) 탄화칼슘은 물과 반응하여 (㉢)가 발생한다.
4) 인화칼슘은 물과 반응하여 (㉣)가 발생한다.

	㉠	㉡	㉢	㉣
①	H_2	O_2	C_2H_2	PH_3
②	KOH	O_3	C_2H_4	PH_4
③	C_2H_2	H_2O_2	KOH	PH_3
④	KOH	H_2O_2	C_2H_4	PH_2

13

다음 중 구획실 화재에서 화재가혹도에 관한 설명으로 옳지 않은 것은?

① 화재가혹도는 화재하중과 화재강도로 구성되며, 화재강도는 단위면적당 가연물의 양으로 계산한다.
② 화재가혹도를 낮추기 위해서는 가연물을 최소단위로 저장하고 불연성 밀폐용기에 보관한다.
③ 화재가혹도에 견디는 내력을 화재저항이라고 하며 건축물의 내화구조, 방화구조 등을 의미한다.
④ 화재가혹도는 최고온도의 지속시간으로 화재가 건물에 피해를 입히는 능력의 정도를 나타낸다.

14

다음 중 바닥면적이 100m²인 창고에 고무제품 100kg이 적재되어 있는 경우 완전연소되었을 때 화재하중이 2kg/m²이다. 이때 고무제품의 발열량[kcal/kg]은 얼마인가? (단, 목재의 발열량은 4,500kcal/kg이다.)

① 4,500 ② 9,000
③ 13,500 ④ 18,000

15

다음 〈보기〉는 화재시 불에 견디는 성능은 없어도 화염의 확산을 막을 수 있는 정도와 성능을 가진 구조에 관한 내용이다. ( ) 안에 들어갈 내용으로 옳은 것은?

보기
1) 철망모르타르로서 그 바름두께가 (㉠) 이상인 것
2) 석고판 위에 시멘트모르타르 또는 회반죽을 바른 것으로 그 두께의 합계가 (㉡) 이상인 것
3) 시멘트모르타르 위에 타일을 붙인 것으로서 그 두께의 합계가 (㉢) 이상인 것
4) 산업표준화법에 따른 한국산업표준이 정하는 바에 따라 시험한 결과 (㉣) 이상에 해당하는 것

	㉠	㉡	㉢	㉣
①	1.2cm	2cm	2.5cm	난연 1급
②	2cm	2cm	2.5cm	난연 2급
③	2cm	2.5cm	2.5cm	방화 2급
④	2cm	2.5cm	3.2cm	방화 1급

16

다음 중 자기반응성 물질에 대한 화재 시 소화대책을 설명한 것으로 옳은 것은?

① CO_2, 포, 할론, 분말에 의한 질식소화는 효과가 적으므로 사용에 주의해야 하며 질산염류의 화재 시 유독가스가 발생하므로 소화작업에 특별한 주의가 요구된다.
② 마른모래, 팽창질석, 건조석회 및 D급화재용 분말소화기로 질식소화하며, K, Na은 적절한 소화약제가 없으므로 연소확대 방지에 주력해야 한다.
③ 연소물 자체는 연소하지 않으나 고농도의 위험물은 물과 작용하여 비산하며 인체에 접촉하면 화상을 입으므로 주의하도록 하며 발생증기는 유해한 것이 많으므로 활동 중 공기호흡기를 장착한다.
④ 화재 시 폭발위험이 상존하므로 화재진압시에는 충분히 안전거리를 유지하고, 접근시에는 엄폐물을 이용하며 방수시에는 무인방수포 등을 이용하여 화재를 소화한다.

17

다음 중 가연물의 냉각소화 방법을 설명한 것으로 옳은 것은?

① 연소의 3요소 또는 4요소 중의 점화원을 이용한 소화의 원리로서 연소 중인 가연물질의 온도를 연소점 이하로 냉각시켜 소화하는 것을 말한다.
② 가연물질의 종류 및 성상에 따라 활성화에너지 값은 다르지만 고체, 액체 및 기체상태의 가연물질은 냉각소화와 밀접한 관계가 있다.
③ 아레니우스 방정식은 한계산소농도와 온도와의 관계를 나타낸다. 그러므로 아레니우스 방정식은 소화원리 중 냉각소화와 밀접한 관계가 있다.
④ 가연성 분해물질의 생성을 억제하고 연소반응의 속도를 지연시키기 위한 것으로서 소화약제로는 물, 강화액, CO_2, 할론, 포 소화약제 등이 있다.

18

다음 〈보기〉는 물소화약제의 물리적·화학적 성질에 관한 내용이다. 옳은 것을 모두 고르시오.

보기

㉠ 물이 기체가 될 경우 공기나 이산화탄소 등을 흡수하는 성질을 가진다.
㉡ 물의 용융열은 80cal/g이며, 융점은 -4℃, 비점은 100℃이다.
㉢ 물의 분자간 결합은 수소결합이며, 물이 비교적 큰 표면장력, 비열을 갖는 것도 수소결합을 분리하는 데 많은 에너지가 들기 때문이다.
㉣ 물은 수소 1분자와 산소 1/2분자로 무극성 공유결합을 하고 있다.
㉤ 물 1g을 1℃ 올리는 데 필요한 열량인 비열은 15℃에서 1cal/g·℃이다.
㉥ 20℃의 물 1g을 100℃까지 가열하기 위해서는 539cal의 열이 필요하다.
㉦ 물소화약제는 수증기가 될 때 약 715배로 팽창하여 공기 중의 산소의 농도를 희석하여 질식소화한다.

① ㉠㉢㉤
② ㉡㉣㉥㉦
③ ㉠㉡㉣㉥㉦
④ ㉠㉡㉢㉣㉤㉥

19

다음 상황이 나타난 시기를 연표에서 옳게 고른 것은?

대구 도시철도 1호선 중앙로역에서 발생한 방화사건으로 사망자 192명 실종 6명으로 2월 18일 발생한 참사이다.

(가)	(나)	(다)	(라)
소방법 제정	삼풍백화점 붕괴	소방기본법 제정	소방기본법 시행	재난안전법 제정

① (가)
② (나)
③ (다)
④ (라)

20

다음 중 금속화재용 분말소화약제에 대한 설명으로 옳은 것은?

① TMB((BOOCH$_3$)$_3$) : 금속화재용의 액체 소화약제로서 자신이 타서 유리상의 피막을 형성하여 질식소화한다. 이 소화약제 사용 후 물 또는 포소화약제의 사용도 가능하다.
② Na-X : Na 화재를 위해서 특별히 개발된 것이다. 염화나트륨을 주성분으로 하고 여기에 흡습성과 유동성을 향상시킬 수 있는 첨가제를 더한 약제이다.
③ Met-L-X : 탄산나트륨을 주성분으로 하고 분말의 유동성을 높이기 위해 제3인산칼슘과 가열되었을 때 염화나트륨 입자들을 결합하기 위하여 열경화성 고분자 물질을 첨가한 약제이다.
④ G-1 : 코크스를 주성분으로 하고 여기에 유기 인산염을 첨가한 약제로 리튬이온 배터리화재용으로 개발되었다.

21

할로겐화합물 및 불활성기체 소화약제의 종류 중 HCFC 계열로 〈보기〉에서 옳은 것을 모두 고르시오.

보기
ㄱ. HFC-125   ㄴ. CF$_3$CHFCF$_3$
ㄷ. CHClFCF$_3$ ㄹ. HFC-23
ㅁ. CF$_3$I

① ㄷ
② ㄱ, ㄴ, ㄷ
③ ㄱ, ㄴ, ㄷ, ㄹ
④ ㄱ, ㄴ, ㄷ, ㅁ

22

다음 중 준비작동식 스프링클러설비의 구성에 관한 설명으로 틀린 것은?

① 수동기동밸브(긴급해제밸브)는 수동방식에 의하여 강제적으로 가압부의 충압수를 배출시킴으로써 다이아프램 내 기밀부인 클래퍼를 개방시켜 밸브를 작동시키는 밸브이다.
② 익져스터(Exhauster)는 유수검지장치 2차측의 스프링클러헤드가 작동되어 공기압력이 설정압력보다 낮아지면 공기배출기로 2차측의 압축공기를 대기 중으로 신속하게 방출하여 클레퍼가 신속히 개방되도록 하는 장치이다.
③ 슈퍼비조리 패널(Supervisory Panel)은 스프링클러설비의 제어 기능을 하며 밸브를 작동시키고 (스위치 작동시 솔레노이드밸브를 전기적으로 개방함으로써 가압부의 압력배출 및 클래퍼 개방) 전원차단, 자체고장시 경보장치 작동 및 개구부 폐쇄작동 기능도 한다.
④ 감지기(Detector)는 스프링클러에 사용되는 감지장치로 차동식, 정온식 및 복합형 감지기, 연기감지기 등을 사용하고 감지기회로는 교차회로로 각 회로상의 감지기가 동시감지에 의하여 유수검지장치의 밸브가 작동하도록 되어 있다.

23

「재난 및 안전관리 기본법 시행령」상 긴급구조기관의 장이 수립하는 긴급구조대응계획에 대한 설명이다. 다음 글에서 설명하고 있는 계획과 〈보기〉에서 일치하는 계획을 모두 고르시오.

재난 발생 단계별 주요 긴급구조 대응활동 사항

보기
ㄱ. 주요 재난 유형별 대응 매뉴얼에 관한 사항
ㄴ. 비상경고 방송메시지 작성 등에 관한 사항
ㄷ. 긴급구조대응계획의 목적 및 적용범위
ㄹ. 긴급구조대응계획의 운영책임에 관한 사항
ㅁ. 긴급구조대응계획의 기본방침과 절차

① ㄱ, ㄴ
② ㄱ
③ ㄱ, ㅁ
④ ㄴ, ㄷ

24

다음 중 포소화설비의 포소화원액의 혼합장치를 설명한 것으로 옳은 것은?

① 라인 프로포셔너 방식(Line Proportioner Type)은 위험물제조소 등에 주로 사용되며, 펌프와 발포기의 중간에 설치된 벤츄리관의 벤츄리작용에 의하여 약제를 흡입·혼합하는 방식이다. 압력손실이 커 혼합기의 흡입을 할 수 있는 높이가 4.5m 이하로 한정된다.

② 펌프 프로포셔너 방식(Pump Proportioner Type)은 펌프의 토출관과 흡입관 사이의 배관에 설치된 흡입기로 펌프에서 토출된 물의 일부를 보내고 농도조절밸브에서 조절된 포소화약제의 필요량을 포소화약제 탱크에서 펌프 토출측으로 보내어 혼합하는 방법이다. 위험물제조소 등의 포소화설비에 주로 사용하며 특히 농도조절밸브가 있어 원액을 사용하기 위한 손실이 적고 보수가 용이하다.

③ 프레져 사이드 프로포셔너 방식(Pressure Side Proportioner Type)은 펌프의 토출관에 흡입기를 설치하여 포소화약제 흡입용 펌프로 혼합하는 방식이다. 가압송수용 펌프와 소화원액펌프가 별도로 설치되어 있고 압력이 변동되면 농도조절밸브에서 자동조절, 즉 약제펌프를 가동시켜 송수관로에 소화원액을 강제로 유입시켜 주는 방식으로 수용액의 혼합비율을 가장 정확하게 하여 주며 소화원액이 용량 800L 이상 되는 대형설비에서 주로 적용되는 방식이다.

④ 프레져 프로포셔너 방식(Pressure Proportioner Type)은 펌프와 발포기의 중간에 설치된 벤츄리관의 벤츄리작용과 펌프 가압수의 포소화약제 저장탱크에 대한 압력에 의해 약제를 흡입·혼합하는 방식으로 위험물제조소 등에 제일 많이 사용되고 있는 혼합방식이다.

25

박스의 (가)와 (나)가 일어난 시기의 사이에 있었던 사실을 〈보기〉에서 모두 고르시오.

(가) 재난관리법을 제정하였다.
(나) 국민안전처가 신설되었다.

보기
ㄱ. 중앙119구조대가 직제를 공포했다.
ㄴ. 중앙119구조단에서 중앙구조본부로 승격되었다.
ㄷ. 소방방재청이 신설되었다.
ㄹ. 중앙119구조대가 중앙119구조단이 되었다.
ㅁ. 소방청을 신설하였다.

① ㄱ, ㅁ
② ㄱ, ㄴ
③ ㄱ, ㄴ, ㄷ
④ ㄱ, ㄴ, ㄷ, ㄹ

제8회 FINAL 동형 모의고사

소방학개론 김동준T

일시 / 권장 시간 25분 / 맞은 개수 /25

01

다음 〈보기〉에서 민간소방조직인 한국소방산업기술원의 업무를 모두 고르시오.

―― 보기 ――
㉠ 소방장비의 품질 확보, 품질 인증 업무
㉡ 소방산업에 관한 데이터베이스의 구축·운영
㉢ 탱크안전성능시험
㉣ 소방용 기계·기구, 소방시설에 관한 조사
㉤ 소방기술과 안전관리에 관한 조사·연구
㉥ 국내외 소방안전 연구기관과의 교류협력 및 공동연구에 관한 사항
㉦ 소방정책의 연구와 소방안전기술의 연구·개발
㉧ 화재진압·구조·구급 등 재난 대응기술 연구·개발

① ㉠㉡㉢㉣
② ㉤㉥㉦㉧
③ ㉢㉣㉤㉥
④ ㉠㉡㉦㉧

02

다음 중 소방공무원의 징계에 관한 설명으로 옳은 것은? (단, 소극행정, 음주운전, 성폭력, 성희롱 또는 성매매가 아니다.)

① 감봉은 1월 이상 3월 이하의 기간 중 보수의 3분의 1을 감하는 징계로서 일정기간 12개월간 승진을 제한한다.
② 정직은 1월 이상 3월 이하의 기간 중 공무원의 신분은 보유하나 직무에 종사하지 못하며 그 기간 중 보수의 3분의 2를 감하고, 18개월간 승진이 제한된다.
③ 강등은 1계급 아래로 직급을 내리고 공무원신분은 보유하나 1월 이상 3월 이하의 기간 중 직무에 종사하지 못하며 그 기간 중 보수의 전액을 감하고, 18개월간 승진이 제한된다.
④ 해임은 공무원의 신분을 배제하는 징계로서 처분일로부터 3년간 공무원으로 임용 자격이 제한되며, 훈계는 전과에 대하여 회개하게 하는 징계로서 6개월간 승진이 제한된다.

03

다음 중 소방대상물, 지역 특성, 재난 발생 유형 및 빈도 등을 고려하여 시·도의 규칙으로 정하는 바에 따라 설치하는 구조대의 종류를 설명한 것으로 틀린 것은?

① 화학구조대 : 「산업입지 및 개발에 관한 법률」에 따른 산업단지
② 수난구조대 : 「내수면어업법」에 따른 내수면지역
③ 산악구조대 : 「자연공원법」 자연공원 등 산악지역
④ 지하철구조대 : 「도시철도법」 도시철도의 역사 및 역 시설

04

다음 중 「재난 및 안전관리 기본법」상 기상 요인으로 인하여 하천이 범람하거나 내륙지역의 우수배제 불량 등으로 발생되는 침수에 의해 인명 및 재산피해를 유발하는 재난으로 옳은 것은? (단, 존스에 따른 분류에서는 준자연재해 이다)

① 태풍
② 호우
③ 홍수
④ 해일

05

박스에서 설명하고 있는 사건에 대해 〈보기〉에서 옳은 것을 고르시오.

2007년 12월 7일 오전 충청남도 만리포 북서방 8km 해상에서의 허베이 스피리트(Hebei Sprit)호(유조선)의 약 12,547㎘의 원유가 해상으로 유출되는 국내 최대 해양 오염사고가 발생하였다. [행정안전부 국가기록원 자료]

보기

ㄱ. 해양오염사고는 현재 「재난 및 안전관리기본법」상 사회재난이다.
ㄴ. 해양오염사고는 현재 재난관리주관기관은 환경부이다.
ㄷ. 재난 및 안전관리기본법이 생기고 3년 후에 허베이 스피리트호 사고가 발생되었다.
ㄹ. 허베이 스피리트호 사고가 발생 후 4년 후 초고층 재난관리법이 생겼다.

① ㄱ, ㄷ, ㄹ
② ㄱ, ㄴ
③ ㄱ, ㄷ
④ ㄱ, ㄹ

06

다음 중 「재난 및 안전관리 기본법 시행령」상 재난 및 그 밖의 각종 사고 유형별 재난관리주관기관을 설명한 것으로 틀린 것은?

① 사회재난 유형이 복합적으로 발생하는 경우에는 각 사회재난 유형별 시설사무관장기관 또는 재난사무관장기관이 각각 재난관리주관기관이 된다.
② 사회재난 유형이 복합적으로 발생하는 경우로서 신속대응 등이 필요한 경우에는 신속대응 등이 필요한 사무를 주관하는 재난관리주관기관이 신속대응 등을 우선적으로 수행해야 한다.
③ 신속대응 등의 필요 여부 및 신속대응 등을 우선적으로 수행하는 재난관리주관기관이 불분명한 경우에는 행정안전부장관이 재난관리주관기관이 된다.
④ 자연재난 유형의 경우에는 「정부조직법」, 관계 법령 및 중앙행정기관별 직제에 따라 해당 재난에 관한 사무를 관장하는 재난사무관장기관이 재난관리주관기관이 된다.

07

탄화수소(C_mH_n)로 이루어진 가연물이 완전연소하면 이산화탄소(CO_2)와 수증기(H_2O)가 생성된다. 프로판(C_3H_8) 1몰(mol)이 완전연소될 때 필요한 공기의 몰(mol) 수로 옳은 것은? (단, 공기 중 산소량은 21(vol)%이며, 계산결과 소수점 이하는 반올림한다)

① 10mol
② 17mol
③ 24mol
④ 31mol

08

다음 중 전기적 점화원인 정전기에 관한 내용으로 틀린 것은?

① 어떤 물질이 다른 물질과 마찰 또는 접촉하면서 각 물질 표면에 양전하 또는 음전하가 축적되는데 이 축적된 전기를 정전기라고 하며, 마찰전기라고도 한다.
② 정전기는 유속이 높거나, 비전도성 부유 물질이 많을 때 또는 와류가 생성될 때 발생이 잘 된다.
③ 정전기란 전하가 정지 상태에 있어 흐르지 않고 머물러 있는 전기를 말하며 머물러 있는 전하가 축적되고 방전함으로써 발화하게 된다.
④ 정전기는 접지를 해제하거나 습도를 70% 이상하여 방지할 수 있으며 접촉하는 전기의 전위차를 크게 하여 정전기의 발생을 억제하기도 한다.

09

다음 〈보기〉는 연소의 3요소 중 가연물의 종류이다. 발화점이 낮은 것부터 높은 순으로 옳은 것은?

보기
㉠ 등유
㉡ 적린
㉢ 가솔린
㉣ 황린
㉤ 황화린
㉥ 톨루엔

① ㉠ < ㉡ < ㉢ < ㉣ < ㉤ < ㉥
② ㉥ < ㉤ < ㉣ < ㉢ < ㉡ < ㉠
③ ㉣ < ㉤ < ㉠ < ㉡ < ㉢ < ㉥
④ ㉥ < ㉢ < ㉡ < ㉠ < ㉤ < ㉣

10

폭발 성립 조건은 밀폐된 공간에서 산소와 점화원이 존재할 때 가연성 가스나 분진, 증기가 폭발 가능한 범위 내에 있을 때 성립하며, 폭발 등급은 1등급부터 3등급으로 구분할 수 있다. 다음 〈보기〉의 가연성 물질 중 폭발 3등급(안전간격 0.4mm 이하)의 물질로 옳은 것을 모두 고르시오.

보기
㉠ 이황화탄소
㉡ 메탄
㉢ 일산화탄소
㉣ 아세틸렌
㉤ 에틸렌
㉥ 아세톤
㉦ 암모니아
㉧ 수소

① ㉤
② ㉠㉣㉧
③ ㉡㉢㉥㉦
④ ㉡㉢㉥㉤㉦

11

다음 중 산림화재의 형태에 관한 내용으로 틀린 것은?

① 지중화는 낙엽 속에 있는 무기물층, 갈탄층 등에서 화재가 발생하는 현상이다.
② 지표화는 습도가 50% 이하일 때 소나무, 삼나무, 편백나무 등에서 잘 일어난다.
③ 수간화는 나무 줄기가 타는 불로서 주로 수목에서 화재가 발생하는 현상이다.
④ 수관화는 인화물질인 수지가 많은 소나무 같은 침엽수에 잘 발생한다.

12

다음 〈보기〉에서 가연성 물질 및 연소특성에 관한 내용으로 옳은 것을 모두 고르시오.

보기

㉠ 모는 동물성 섬유로 발화점이 낮고 단백질로 이루어져 있어서 연소속도가 빠르고 연소되기 쉽다.
㉡ 면은 식물성으로 주성분이 셀룰로오스이기 때문에 연소속도가 빠르나 소화도 면에서는 모에 비하여 용이하다.
㉢ 열경화성은 폴리염화비닐(polyvinyl chloride, PVC), 폴리에틸렌(polyethylene, PE), 폴리스틸렌(polystyrene), 폴리프로필렌(polypropylene, PP) 등이 있으며 고에너지 화재에 속한다.
㉣ 알루미늄, 금속나트륨 등은 물과 접촉했을 때 수소가스를 생성시키고, 인화석회는 포스핀을 발생시킨다.
㉤ 훈소는 톱밥이나 매트리스의 연소에서 보듯이 산소의 부족으로 불꽃을 내지 않고 연기만 나는 연소를 말한다.
㉥ 플라스틱 연소시 이산화탄소, 일산화탄소 및 암모니아 등 질소가 포함된 가스가 생성된다.
㉦ 섬유화재는 모직물, 견직물의 화재로서 연소시 일산화탄소 및 이산화탄소와 암모니아 등 질소가 함유된 가스를 방출한다.

① ㉠㉡㉢
② ㉣㉤㉥㉦
③ ㉢㉣㉤㉥㉦
④ ㉠㉡㉣㉤㉥㉦

13

「의용소방대 설치 및 운영에 관한 법령」상 의용소방대에 대한 설명으로 옳지 않은 것은?

① 의용소방대는 비상근이고, 소방본부장 또는 소방서장은 소방업무를 보조하기 위하여 필요한 때에는 의용소방대원을 소집할 수 있다.
② 의용소방대에는 대장, 부대장, 부장, 반장 또는 대원을 둔다.
③ 1958년 의용소방대의 설치 규정이 마련되었으며, 의용소방대법은 2014년 제정되었다.
④ 소방본부장은 지역특수성에 따라 소방업무 관련 전문기술·자격자 등으로 구성하는 전담의용소방대를 설치할 수 있다.

14

다음은 피난경로에 따른 특징을 나타낸 것이다. ( ) 안에 들어갈 내용으로 옳은 것은?

(㉠)	양방향으로 피난할 수 있는 확실한 형태
(㉡)	피난자에게 피난경로를 확실히 알려주는 형태
(㉢)	피난자의 집중으로 패닉현상이 일어날 우려가 있는 형태
(㉣)	중앙복도형 건축물에서의 피난경로로서 코너식 중 제일 안전한 형태

	㉠	㉡	㉢	㉣
①	X형	T형	H형	Z형
②	Z형	H형	T형	X형
③	H형	Z형	X형	T형
④	T형	H형	Z형	X형

15

다음 〈보기〉는 플래시오버 발생에 영향을 주는 요인에 관한 내용이다. 옳은 것을 모두 고르시오.

보기

㉠ 실외 산소분압이 높을수록 발생이 쉽다.
㉡ 벽에 비하여 천장재가 플래시오버 발생에 미치는 영향이 크다.
㉢ 가연물의 열전도율이 클수록 빨리 진행한다.
㉣ 층고가 높은 대규모 공간에서 층고가 낮은 소규모 공간보다 빠르게 진행한다.
㉤ 내장재료에서 불연재료<난연재료<가연재료 순으로 빨리 진행한다.
㉥ 점화원의 크기가 크고 강할수록 빨리 진행한다.
㉦ 일반적인 구획건물에서 개구부가 클수록 빨리 진행한다.

① ㉠㉢㉣
② ㉡㉤㉥㉦
③ ㉠㉡㉢㉤㉥㉦
④ ㉠㉡㉢㉣㉤㉥㉦

16

다음 포소화설비에 대한 설명이다. 옳은 것은 무엇인가?

① 기계포(공기포)소화설비와 화학포소화설비가 있고, 현재는 화학포소화설비가 많이 쓰이고 있다.
② 프레져프로포셔너는 펌프와 발포기의 중간에 설치된 벤추리관의 벤추리작용에 따라 포소화약제를 흡입 및 혼합하는 방식이다.
③ 고발포는 합성계면활성제포가 주로 쓰이며 고발포로 쓰이는 포방출구는 포헤드가 있다.
④ 콘루프탱크는 원추형의 고정지붕을 가진 탱크로 표면상주입도 가능하고, 표면하주입도 가능하다.

17

다음 중 물소화약제의 무상주수에 관한 내용으로 틀린 것은?

① 물을 구름 또는 안개모양으로 방사하는 방법으로서 물을 방사하는 부분이 특수하게 제작되어 있으며, 고압으로 방사되기 때문에 물입자가 서로 이격되어 있고 입자의 직경이 0.01~1.0mm로 적어 대기에 방사되면 안개모양을 갖는다.
② 전기의 전도성이 없어 전기화재의 소화에도 이용되며, 비점이 비교적 높은 제4류 위험물 중 제3석유류인 중질유(중유) 및 고비중을 가지는 윤활유・아스팔트유 등의 화재시 유류표면에 엷은 유화층을 형성하여 공기 중의 산소의 공급을 차단하는 유화효과(에멀션효과)를 나타내기도 한다.
③ 안개모양의 물입자는 공기 중의 산소의 공급을 차단하기 때문에 질식소화가 요구되는 가솔린화재의 소화에도 적합하며, 물과 반응하여 발열하거나 가연성 가스를 발생하는 물질인 제2류・제3류 위험물 또는 과산화물과 같은 특수한 소화방법이 요구되는 물질에도 적합하다.
④ 물분무는 설비의 표면 보호를 목적으로 하며, 미분무는 구획된 작은 공간에 대한 보호를 목적으로 한다. 물방울 입자의 크기는 스프링클러>물분무> 미분무의 순으로 미분무가 가장 작다.

18

다음 〈보기〉에서 강화액 소화기에 관한 내용으로 옳은 것을 모두 고르시오.

보기

㉠ 물의 유동성 때문에 소방대상물에 부착성이 떨어지므로, 물의 유실을 방지하고 장기간 체류하게 함으로써 소화력을 증대시키기 위한 것이다.
㉡ 소화력을 향상시키기 위해 탄산칼륨, 인산암모늄을 첨가해 만든 것으로 황색 또는 무색의 점성이 있는 알칼리 금속염을 주성분으로 하는 수용액이다.
㉢ 이산화탄소를 압력원으로 사용하며, 알카리금속염이 물의 소화능력을 강화시킨 것으로 일반화재에 적응성이 있고, 무상일 때는 전기화재에도 가능하다.
㉣ 알칼리성이므로 사용 후 세척하지 않으면 배관이 막히거나 용기가 부식될 수 있으며, 식용유화재에도 사용할 수 있다.
㉤ 점성이 강하므로 침투성이 떨어지며, 물방울 직경이 커지고, 마찰손실이 증가하나 물의 사용을 줄일 수 있다.
㉥ 물의 침투성을 증가시키는 Wetting Agents(합성계면활성제)를 혼합한 경우에는 물의 침투가 용이하지 않은 원면화재 등 심부화재에 대한 적응성을 높여준다.

① ㉡㉣
② ㉠㉢㉤
③ ㉡㉣㉤㉥
④ ㉠㉢㉣㉤

19

다음 중 수성막포 소화약제의 특징으로 틀린 것은?

① 일반적으로 25% 환원시간(포가 깨져서 원래의 포수용액으로 돌아가는 시간)이 수성막포는 60초 이상이다.
② 유류화재에 대해 질식소화작용·냉각소화작용을 가지며, 포가 없는 수성막 단독으로는 일반화재의 진압이 어려우나 이산화탄소와 겸용하면 포의 생성을 도와 7~8배 소화효과가 있다.
③ 소화성능이 우수하여 기계포소화기의 소화약제로의 사용이 가능하며, 소화성능은 단백포소화약제에 비하여 5배 정도되며, 소화에 사용되는 소화약제의 양도 1/3밖에 되지 않는다.
④ 유동성이 우수한 포와 수성막을 형성하므로 초기 소화속도가 신속하여 유출유 화재에 가장 적합하며 유류에 오염되지 않고, 내유성이 강하여 표면하주입방식에 의한 설비를 할 수 있다.

20

다음 중 제1종 분말소화약제의 소화작용 및 적응화재에 관한 내용으로 옳은 것은?

① 제1종 소화분말인 탄산수소나트륨으로부터 열분해시 발생된 이산화탄소와 수증기가 화재로부터 발생되는 열의 전달을 차단시켜 화재의 전파를 방지케 함으로써 열전달방지 소화작용을 하며, 특히 식용유화재에서 나트륨을 가하면 지방을 가수분해하는 비누화작용을 일으켜서 질식소화한다.
② 제1종 소화분말의 부촉매소화작용은 제2종·제3종 소화분말에 비하여 그 진행속도가 완만하며, 성능면에서는 제2종 소화분말에 비하여 미약한 편이나 제1종 소화분말은 일반가연물로 인한 A급 화재에도 부촉매소화작용을 일으킨다는 점이 다른 소화분말에 비하여 우수하다.
③ 탄산수소나트륨은 탄산수소칼륨보다 낮은 온도에서 열분해를 하며, 금속나트륨이 금속칼륨에 비하여 반응성이 크므로 냉각소화작용이 우수하다.
④ 중탄산수소나트륨으로부터 360℃ 이상의 온도에서 열분해하는 과정에서 생성되는 액체상태의 점성을 가진 메타인산(HPO_3)이 일반 가연물질인 나무·종이·섬유 등의 연소과정인 잔진상태의 숯불표면에 유리(glass)상의 피막을 이루어 공기 중의 산소의 공급을 차단시킨다.

21

다음 〈보기〉에서 해당 용도의 바닥면적 $50m^2$마다 능력단위 1단위 이상 소화기를 설치하여야 하는 대상을 모두 고르시오. (단, 건축물의 주요구조부가 내화구조가 아니다.)

보기

㉠ 근린생활시설　　㉡ 위락시설
㉢ 판매시설　　　　㉣ 숙박시설
㉤ 장례식장　　　　㉥ 의료시설
㉦ 문화재　　　　　㉧ 공연장

① ㉠㉡㉢㉣
② ㉤㉥㉦㉧
③ ㉠㉢㉤㉦
④ ㉡㉣㉥㉧

22

다음 중 옥외소화전설비에 관한 내용으로 옳은 것은?

① 노즐 선단에서의 방수압력은 0.25MPa 이상(0.7MPa 초과할 경우 호스접결구의 인입측에 감압장치 설치), 방수량은 250L/min 이상이어야 한다.
② 호스접결구는 특정소방대상물의 각 부분으로부터 하나의 호스접결구까지의 수평거리가 40m 이하가 되도록 설치하여야 하며, 호스는 구경 65mm의 것으로 하여야 한다.
③ 옥외소화전이 10개 이하일 때는 5m 이내마다 소화전함을 1개 이상 설치하며, 옥외소화전이 11~30개 이하일 때는 옥외소화전 3개마다 1개 이상의 소화전함을 설치한다.
④ 옥외소화전설비의 함은 소방청장이 정하여 고시한 「소화전함의 형식승인 및 제품검사의 기술기준」에 적합한 것으로 설치하되 밸브의 조작, 호스의 수납 등에 충분한 여유를 가질 수 있도록 해야 한다.

23

다음 중 비상경보설비에 관한 내용으로 틀린 것은?

① 지구음향장치는 특정소방대상물의 층마다 설치하되, 해당 특정소방대상물의 각 부분으로부터 하나의 음향장치까지의 수평거리가 25m 이하가 되도록 하고, 해당 층의 각 부분에 유효하게 경보를 발할 수 있도록 설치하여야 한다.
② 발신기는 특정소방대상물의 층마다 설치하되, 해당 층의 각 부분으로부터 하나의 발신기까지의 수평거리가 25m 이하가 되도록 하고, 복도 또는 별도로 구획된 실로서 보행거리가 40m 이상일 경우에는 추가로 설치해야 한다.
③ 음향장치의 음량은 부착된 음향장치의 중심으로부터 1m 떨어진 위치에서 90dB 이상이 되는 것으로 하여야 한다.
④ 비상경보설비에는 그 설비에 대한 감시상태를 60분간 지속한 후 유효하게 10분 이상 경보할 수 있는 축전지설비(수신기에 내장하는 경우를 포함한다) 또는 전기저장장치를 설치하여야 한다.

24

다음 〈보기〉는 자동화재탐지설비의 경계구역에 관한 내용이다. ( ) 안에 들어갈 내용으로 옳은 것은?

〈보기〉

하나의 경계구역의 면적은 (㉠) 이하로 하고 한 변의 길이는 (㉡) 이하로 한다. 다만, 당해 소방대상물의 주된 출입구에서 그 내부 전체가 보이는 것에 있어서는 한 변의 길이가 (㉢)의 범위 내에서 (㉣) 이하로 할 수 있다.

	㉠	㉡	㉢	㉣
①	$500m^2$	40m	60m	$1,000m^2$
②	$600m^2$	50m	50m	$1,000m^2$
③	$600m^2$	40m	60m	$1,500m^2$
④	$500m^2$	50m	50m	$1,500m^2$

25

다음 글은 재난관리 단계를 설명하고 있다. 이에 대한 내용 중 〈보기〉에서 옳은 것을 모두 고른 것은?

재난이 실제로 발생하기 전에 재난 촉발요인을 제거하는 단계로, 재난 및 안전관리 기본법에서 지방자치단체에 대한 지원이 있다.

〈보기〉

ㄱ. 에너지, 정보통신, 교통수송, 보건의료 등 국가경제, 국민의 안전·건강 및 정부의 핵심기능에 중대한 영향을 미칠 수 있는 시설, 정보기술시스템 및 자산 등을 말하는 것을 지정하는 단계이다.
ㄴ. 재난관리책임기관의 장은 안전취약계층이 재난이나 그 밖의 각종 사고로부터 안전을 확보할 수 있는 생활환경을 조성하기 위하여 안전용품의 제공 및 시설 개선 등 필요한 사항을 지원하기 위하여 노력하여야 한다.
ㄷ. 재난관리책임기관에서 재난 및 안전관리업무를 담당하는 공무원이나 직원은 행정안전부장관이 실시하는 전문교육을 행정안전부령으로 정하는 바에 따라 정기적으로 또는 수시로 받아야 한다.
ㄹ. 재난관리주관기관의 장은 재난을 효율적으로 관리하기 위하여 재난유형에 따라 위기관리 매뉴얼을 작성·운용하고, 이를 준수하도록 노력하여야 한다.

① ㄱ
② ㄱ, ㄴ
③ ㄱ, ㄴ, ㄷ
④ ㄴ, ㄷ, ㄹ

김동준 소방학개론
FINAL
동형 모의고사

김동준 소방학개론
FINAL
동형 모의고사

김동준
소방학개론
FINAL
동형모의고사

김동준 소방학개론

공/경채

정답 및 해설

2025 최신판

FINAL 동형모의고사 8회

QR코드를 찍으시면 김동준선생님을 다음카페「김동준 소방&방재 아카데미」에서 바로 만나실 수 있습니다

동영상강의 소방단기

서울고시각

수험가의 새로운 신화!
당신의 미래를 **서울고시각 수험서**로 시작하십시오.

김동준 교수님

약력

現
- 소방방재학박사
- 재난행정박사 수료
- 중앙소방학교 간부후보생 교수
- 중앙소방학교 신임소방사 교수
- 중앙소방학교 전문교육 교수
- 경북소방학교 전문교육 교수
- 경기소방학교 신임교육 교수
- 충청소방학교 신임교육 교수
- 충남 정책자문위원회위원
- 소방청 소방행정연찬대회 지도교수
- 한국화재소방학회 평생회원
- 한국건축학회 정회원
- 한국건축시공학회 정회원
- 한국터널공학회 정회원
- 일본소방학회 정회원
- 일본건축학회 정회원
- 진도군 재난재해대책위원
- 법무부 화재재난전문위원
- 공간인증평가위원
- 성능위주설계심의위원

前
- 소방공무원 출제위원
- 소방시설관리사 출제위원
- 소방공무원 면접위원
- 소방시설관리사 검토위원
- 세한 소방 근무(공사, 소방시설관리업)
- 소방공무원 검토위원
- 명성 소방 근무(설계, 감리)
- 한국소방안전원 근무
- 세한대학교 소방행정학과 학과장

주요저서

- 김동준 소방학개론(서울고시각)
- 김동준 소방학개론 동형모의고사(서울고시각)
- 김동준 소방관계법규 동형모의고사-공채(서울고시각)
- 김동준 소방관계법규 동형모의고사-경채(서울고시각)
- 김동준 김[동준 기출] 원[O·X] 빈[칸] 소방학개론(서울고시각)
- 김동준 김[동준 기출] 원[O·X] 빈[칸] 소방관계법규(서울고시각)
- 김동준 소방면접가이드(서울고시각)
- 김동준 소방관계법규1(두빛나래)
- 김동준 소방관계법규2(두빛나래)
- 김동준 소방 슬림노트(두빛나래)
- 김동준 소방학개론 객관식 문제집(두빛나래)
- 김동준 소방관계법규 객관식 문제집-공채(두빛나래)
- 김동준 소방관계법규 객관식 문제집-경채(두빛나래)
- 김동준 소방학개론 합격 노트(두빛나래)
- 김동준 소방학개론 빈칸 노트(두빛나래)
- 김동준 소방관계법규 합격 노트(두빛나래)
- 김동준 소방관계법규 빈칸 노트(두빛나래)
- 김동준 재난관리론 객관식 문제집(두빛나래)
- 김동준 재난관리론 연도별 기출문제집(두빛나래)
- 김동준 안전관리론 객관식 문제집(두빛나래)
- 김동준 안전관리론 연도별 기출문제집(두빛나래)

김동준 공/경채
소방학개론
FINAL 동형모의고사

소방학개론
김동준 T

FINAL 동형 모의고사

정답 및 해설

2025

제1회 정답 및 해설

빠른 정답	1 ③	2 ④	3 ③	4 ②	5 ③	6 ③	7 ①	8 ④	9 ②	10 ②	11 ③	12 ②	13 ④
	14 ③	15 ②	16 ②	17 ③	18 ①	19 ④	20 ①	21 ②	22 ①	23 ④	24 ④	25 ④	

01 연소이론 2) 연기 및 화염 - 열전달 방식 등 연소관련 내용

다음 글은 그레이엄 법칙에 대한 설명이다. 이에 대한 내용 중 〈보기〉에서 옳은 것을 모두 고른 것은?

그레이엄(Graham's law)의 법칙은
$$\frac{V_A}{V_B} = \sqrt{\frac{M_B}{M_A}} = \sqrt{\frac{d_B}{d_A}}$$

보기

ㄱ. 분자량이 작을수록 기체의 확산속도가 빨라진다.
ㄴ. 밀도가 작을수록 기체의 확산속도가 빨라진다.
ㄷ. 표준상태에서 수소는 산소보다 약 4배 빠른 확산속도를 갖는다.
ㄹ. 같은 온도, 압력에서 두 기체의 분출속도는 그들 기체의 분자량의 제곱근에 비례한다.

① ㄱ
② ㄱ, ㄴ
③ ㄱ, ㄴ, ㄷ
④ ㄱ, ㄴ, ㄷ, ㄹ

정답 ③

그레이엄(Graham's law)의 법칙은 같은 온도, 압력에서 두 기체의 분출속도는 그들 기체의 분자량의 제곱근에 반비례한다.
$$\frac{V_A}{V_B} = \sqrt{\frac{M_B}{M_A}} = \sqrt{\frac{d_B}{d_A}}$$
여기서, V_A, V_B : 기체 A, B의 분출속도
M_A, M_B : 기체 A, B의 분자량
d_A, d_B : 기체 A, B의 밀도

ㄱ. 분자량이 작을수록 기체의 확산속도가 빨라진다.(○)
ㄴ. 밀도가 작을수록 기체의 확산속도가 빨라진다.(○)
ㄷ. 표준상태에서 수소는 산소보다 4배 빠른 확산속도를 갖는다.(○)
ㄹ. 같은 온도, 압력에서 두 기체의 분출속도는 그들 기체의 분자량의 제곱근에 비례한다.(×)
→ 같은 온도, 압력에서 두 기체의 분출속도는 그들 기체의 분자량의 제곱근에 반비례한다.

02 소방조직 1) 소방조직 - 소방의 발전과정

다음 중 소방역사를 과거부터 시대순으로 알맞게 짝지은 것은?

㉠ 방재국 신설
㉡ 소방학교 설립(중앙소방학교의 전신)
㉢ 소방국 내 구조구급과 신설
㉣ 소방법 제정

① ㉠ - ㉣ - ㉢ - ㉡
② ㉡ - ㉣ - ㉢ - ㉠
③ ㉢ - ㉠ - ㉣ - ㉡
④ ㉣ - ㉡ - ㉠ - ㉢

정답 ④

㉠ 방재국 신설 : 1994년
㉡ 소방학교 설립(중앙소방학교의 전신) : 1978년
㉢ 소방국 내 구조구급과 신설 : 1995년
㉣ 소방법 제정 : 1958년

03

(가)~(다)가 일어난 순서대로 옳게 나열한 것은?

(가) 대연각호텔화재는 사망자 166명(추락사 38명), 부상자 68명, 실종 25명이다. 이를 계기로 소방장비를 보강하였다.
(나) 삼풍백화점이 무너지는 대형 참사는 502명이 숨지고 937명이 다쳤다. 이를 계기로 119중앙구조대가 설치되었다.
(다) 충주호 유람선화재로 승무원을 포함한 132명 중 절반인 66명의 사상자(사망 30명, 부상 33명)가 발생했다. 따라서 내수면에 의한 수난구호업무도 소방관서에 부여하게 되었다.

① (가) - (나) - (다)
② (나) - (다) - (가)
③ (가) - (다) - (나)
④ (다) - (가) - (나)

정답 ③

(가) 대연각호텔화재는 사망자 166명(추락사 38명), 부상자 68명, 실종 25명이다. 이를 계기로 소방장비를 보강하였다.
→ 1971년 12월 25일
(나) 삼풍백화점이 무너지는 대형 참사는 502명이 숨지고 937명이 다쳤다. 이를 계기로 119중앙구조대가 설치되었다.
→ 1995년 6월 29일
(다) 충주호 유람선화재로 승무원을 포함한 132명 중 절반인 66명의 사상자(사망 30명, 부상 33명)가 발생했다. 따라서 내수면에 의한 수난구호업무도 소방관서에 부여하게 되었다.
→ 1994년 10월 24일

04

다음 글은 언론에 나온 기사이다. 밑줄 친 내용으로 거리가 먼 것을 고르시오.

(가) 119 구급차를 타고 응급실로 옮겨졌으나 치료를 받지 못해 다른 병원으로 재이송되던 중 심정지가 온 응급환자가 올해 들어 8월까지 12명에 이르는 것으로 확인됐다. 최근 '응급실 뺑뺑이'가 심화되고 있기 때문이라는 지적이 나온다.
(나) 응급실 뺑뺑이를 막기 위해 소방청에 따르면 최근 '119 구조·구급에 관한 법률 시행규칙'이 시행됐다.
(다) 개정된 사항은 구급대원은 연간 40시간 이상 다음 각 호의 내용을 포함하는 특별교육훈련을 받아야 한다. 다만, 소방청장은 법 제23조의2제1항에 따른 감염병환자 등이 대규모로 발생하는 등의 사유로 구급대원의 업무과중이 우려되는 경우에는 구급대원이 이수해야 하는 연간 특별교육훈련 시간을 줄임할 수 있다.

① 임상실습 교육훈련
② 그 밖에 소방대원과 관련된 교육훈련
③ 「응급의료법」 제31조의4제1항 및 같은 법 시행규칙 제18조의3제2항에 따른 응급환자 중증도 분류기준에 관한 교육
④ 전문 분야별 응급처치교육

정답 ②

※ **제26조(구급대원의 교육훈련)**
① 법 제25조에 따른 구급대원의 교육훈련은 일상교육훈련 및 특별교육훈련으로 구분한다.
② 일상교육훈련은 구급대원의 일일근무 중 실시하고 구급장비 조작과 안전관리에 관한 내용을 포함해야 한다.
③ 구급대원은 연간 40시간 이상 다음 각 호의 내용을 포함하는 특별교육훈련을 받아야 한다. 다만, 소방청장은 법 제23조의2제1항에 따른 감염병환자등이 대규모로 발생하는 등의 사유로 구급대원의 업무과중이 우려되는 경우에는 구급대원이 이수해야 하는 연간 특별교육훈련 시간을 줄임할 수 있다.
  1. 임상실습 교육훈련
  2. 전문 분야별 응급처치교육
  3. 「응급의료법」 제31조의4제1항 및 같은 법 시행규칙 제18조의3제2항에 따른 응급환자 중증도 분류기준에 관한 교육
  4. 그 밖에 구급활동과 관련된 교육훈련

05 소방조직 2) 소방기능 - 구조·구급 행정관리와 구조·구급활동

다음은 언론에 나온 까치라는 소방헬기에 대한 설명이다. 밑줄 친 것에 대한 설명 중 옳지 않은 것은?

> 대형 재난과 인명구조 현장에 출동하는 소방헬기는 언제부터 운영이 됐을까. 소방청은 23일 국립소방박물관 설립 추진을 계기로 소방헬기 도입과 소방항공대 창설 발자취를 공개했다. 국내 최초의 소방항공대는 서울시에 설치됐다. 1983년 4월 항공대 설치 조례를 제정했지만 실제 소방헬기를 도입해 운항을 시작한 것은 1979년 12월 초부터였다. 미국 휴즈(현 보잉)가 제작한 500MD 기종 2대를 들여와 각각 '까치 1호'와 '까치 2호'로 이름을 붙였다. 지금 현재는 퇴역하였으며 지금도 시민의 안전을 위해 <u>119항공대</u>가 운영되고 있다.

① 소방청장 또는 소방본부장은 초고층 건축물 등에서 요구조자의 생명을 안전하게 구조하거나 도서·벽지에서 발생한 응급환자를 의료기관에 긴급히 이송하기 위하여 119항공대를 편성하여 운영한다.
② 항공대의 편성과 운영, 업무 및 항공대원의 자격기준, 그 밖에 필요한 사항은 대통령령으로 정한다.
③ 화재 진압 및 방역 또는 방재 업무도 하며, 소방청장은 119항공대를 소방본부에 설치하는 직할구조대에 설치할 수 있다.
④ 소방본부장은 시·도 규칙으로 정하는 바에 따라 119항공대를 편성하여 운영하되, 효율적인 인력 운영을 위하여 필요한 경우에는 시·도 소방본부에 설치하는 직할구조대에 설치할 수 있다.

정답 ③

※ 119법 제12조(119항공대의 편성과 운영)
① 소방청장 또는 소방본부장은 초고층 건축물 등에서 요구조자의 생명을 안전하게 구조하거나 도서·벽지에서 발생한 응급환자를 의료기관에 긴급히 이송하기 위하여 119항공대(이하 "항공대"라 한다)를 편성하여 운영한다.
② 항공대의 편성과 운영, 업무 및 항공대원의 자격기준, 그 밖에 필요한 사항은 대통령령으로 정한다.
③ 항공대는 행정안전부령으로 정하는 장비를 구비하여야 한다.

※ 119법 시행령 제15조(119항공대의 편성과 운영)
① 소방청장은 119항공대를 제5조제1항제3호에 따라 소방청에 설치하는 직할구조대에 설치할 수 있다.
② 소방본부장은 시·도 규칙으로 정하는 바에 따라 119항공대를 편성하여 운영하되, 효율적인 인력 운영을 위하여 필요한 경우에는 시·도 소방본부에 설치하는 직할구조대에 설치할 수 있다

※ 119법 시행령 제16조(119항공대의 업무)
119항공대는 다음 각 호의 업무를 수행한다.
1. 인명구조 및 응급환자의 이송(의사가 동승한 응급환자의 병원 간 이송을 포함한다)
2. 화재 진압
3. 장기이식환자 및 장기의 이송
4. 항공 수색 및 구조 활동
5. 공중 소방 지휘통제 및 소방에 필요한 인력·장비 등의 운반
6. 방역 또는 방재 업무의 지원
7. 그 밖에 재난관리를 위하여 필요한 업무

06 소방조직 1) 소방조직 - 소방자원관리

다음은 24년 공고문이다. 설명으로 옳지 않은 것은? (단, 24년 4월 기준이고, 경채는 자격요건을 만족한 것으로 본다.)

> 2024년 소방공무원 채용시험 시행계획 공고
> 2024년 소방공무원 채용시험 시행계획을 아래와 같이 공고합니다.
> 2024년 1월 31일
> 소방청장
>
> *시험개요
> 선발예정인원 : 1683명
> ※ 법무, 항공 제외

시도	총계	공개경쟁채용 (이하 공채)			경력경쟁채용 (이하 경채)			
		소계	남성	여성	소계	남성	여성	양성
합계	1683	758	693	65	925	643	228	54
중앙	51	0	0	0	51	51	0	0
서울	227	67	61	6	160	111	38	11
부산	112	57	52	5	55	39	10	6
대구	61	32	26	6	29	19	7	3
인천	54	31	25	6	23	19	4	0
광주	59	34	32	2	25	14	11	0
대전	43	15	14	1	28	22	6	0
울산	44	20	16	4	24	18	3	3
세종	11	3	3	0	8	5	2	1
경기	390	200	195	5	190	105	85	0

① 1982년생 김동준은 군대를 6개월 갔다 와서 공채시험에 응시할 수 있다.
② 1981년생 김동준은 군대를 4년 6월 갔다 와서 경채시험에 응시할 수 있다.
③ 1979년생 김동준은 군대를 2년 2월 갔다 와서 공채시험에 응시할 수 있다.
④ 2006년생 김동준은 군대를 갔다 오지 않았지만 공채시험에 응시할 수 있다.

정답 ③

※ 공개경쟁 및 경력경쟁 채용시험 응시연령

계급별	공개경쟁채용시험	경력경쟁채용시험
소방령 이상	25세~40세	20세~45세
소방위 소방경		23세~40세 (조종사·정비사는 23~45)
소방교 소방장		20세~40세 (조종사·정비사는 23~40)
소방사	18세~40세	18세~40세
소방간부후보생선발시험 응시연령		
21세~40세		

83년 1.1부터 2006년 12. 31까지 가능하다. 물론 군대 1년미만은 1세, 1~2년 미만은 2세, 2년 이상은 3세 연장한다.

07 화재이론 3) 위험물화재의 성상 – 위험물의 류별 특성과 소화방법

위험물 중 산화제에 대한 설명 중 옳지 않은 것은?

① 염소산나트륨은 조해성이 있으므로 습기를 주의해야 하며 주수에 의한 냉각소화는 적당하지 않다.
② 과산화수소는 직사광선에 분해하므로 갈색용기에 저장하고, 분해가스를 방출하기 위해 작은구멍을 뚫는다.
③ 과산화칼륨은 물과 접촉하게 되면 수산화칼륨과 산소가 발생이 되어서 주수소화를 금한다.
④ 과산화나트륨은 흡습성이 강하고 조해성이 있으며, 일반적으로 주수소화는 하지 않는다.

정답 ①

① 염소산나트륨은 염소산염류이며 조해성과 별개로 분해를 방지하기 위해 온도를 낮추는 주수에 의한 냉각소화를 한다. 단, 조해성이 있는 습기에 주의하고 냉암소저장은 맞다.

08 소화이론 2) 소화약제 – 포 소화약제 소화원리

다음 그림에 대한 설명이다. 이에 대한 내용 중 〈보기〉에서 옳지 않은 것을 모두 고른 것은?

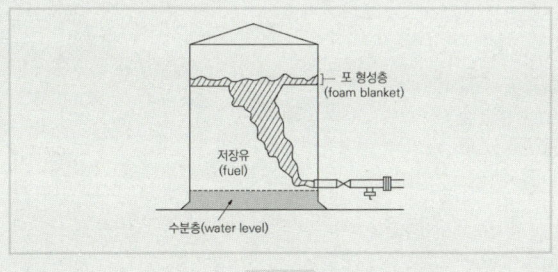

보기
ㄱ. 표면하주입방식으로 FRT탱크에 주로 사용된다.
ㄴ. Ⅲ형 방식으로 표면하부에서 상부로 방출하기 때문에 기름에 저항을 지닌 내유염성(내유성)이 요구되지 않는다.
ㄷ. 단친매성인 단백포는 적용이 가능하다.
ㄹ. 양친매성인 소화약제는 적용이 가능하다.

① ㄱ
② ㄱ, ㄴ
③ ㄱ, ㄴ, ㄷ
④ ㄱ, ㄴ, ㄷ, ㄹ

정답 ④

ㄱ. 표면하주입방식으로 FRT탱크에 주로 사용된다.(×)
→ CRT탱크에서 사용된다.
ㄴ. Ⅲ형 방식으로 표면하부에서 상부로 방출하기 때문에 기름에 저항을 지닌 내유염성(내유성)이 요구되지 않는다.(×)
→ 내유염성이 요구된다.
ㄷ. 단친매성인 단백포는 적용이 가능하다.(×)
→ 단친매성인 수성막포와 불화단백포가 사용가능하다.
ㄹ. 양친매성인 소화약제는 적용이 가능하다.(×)
→ 양친매성인 소화약제는 기름에 내유염성이 없으므로 사용이 불가능하다.

09 화재이론 4) 화재조사 – 화재 원인 및 피해 조사 기초 등 화재 관련 내용 / 소화이론 3) 소방시설 – 소화설비의 종류와 작동원리

다음은 ○○언론에 보도된 내용이다. 밑줄 친 ㉠, ㉡에 대한 설명으로 적절한 것은?

(가) 2024년 8월 1일 오전 6시 8분경, 인천 청라국제도시 ○○주차장에 주차된 전기자동차 메르세데스-벤츠 차량의 배터리에서 발화로 추정되는 화재가 발생하여 이를 발견한 주민 1명이 이를 119에 신고했다. 지하 주차장에 주차되어 있던 차량 중 140여 대 이상이 ㉠ 전소되었다.

(나) 다만 화재가 대규모로 확산된 것은 아파트 지하주차장의 소방 시설, 특히 스프링클러가 제대로 작동하지 않았기 때문인 것으로 확인되었다. 즉, 화재의 원인인 자동차에서의 발화는 자동차 화재 특성상 스프링클러로 진압이 불가능하겠지만, 만약 ㉡ 스프링클러가 제대로 작동했다면 140여 대가 전소될 정도로 화재가 커지지 않았을 수 있었다는 점에서 안타까운 부분이 있다.

① ㉠은 전소로 화재조사 및 보고규정상 전기자동차화재이므로 화재유형은 전기화재로 자동차가 아닌 건물이 70% 이상 소실된 것을 의미한다. (단, 미만인 경우 재사용이 불가능한 것은 제외한다.)
② ㉠은 전소로 화재조사 및 보고규정상 전기자동차화재이므로 화재유형은 자동차화재로 자동차가 70% 이상 소실된 것을 의미한다. (단, 미만인 경우 재사용이 불가능한 것은 제외한다.)
③ ㉡은 스프링클러설비로 준비작동식스프링클러설비가 감지기가 있으므로 습식스프링클러설비보다 신뢰성이 우수하다.
④ ㉡은 스프링클러설비로 습식스프링클러는 동파의 우려가 있으므로 주차장에는 설치가 금지된다.

정답 ②

① ㉠은 전소로 화재조사 및 보고규정상 전기자동차화재이므로 화재유형은 전기화재로 자동차가 아닌 건물이 70% 이상 소실된 것을 의미한다. (단, 미만인 경우 재사용이 불가능한 것은 제외한다.)(×)
→ 자동차화재로 분류하고 있으며, 자동차의 전소를 의미한다.
② ㉠은 전소로 화재조사 및 보고규정상 전기자동차화재이므로 화재유형은 자동차화재로 자동차가 70% 이상 소실된 것을 의미한다. (단, 미만인 경우 재사용이 불가능한 것은 제외한다.)(○)
③ ㉡은 스프링클러설비로 준비작동식스프링클러설비가 감지기가 있으므로 습식스프링클러설비보다 신뢰성이 우수하다.(×)
→ 습식이 신뢰성이 우수하다.
④ ㉡은 스프링클러설비로 습식스프링클러는 동파의 우려가 있으므로 주차장에는 설치가 금지된다.(×)
→ 최근에는 습식을 많이 권장하도록 하고 있다. 단지 동파를 방지하기 위해 열선 등을 설치하고 있는 실정이다.

10. 화재이론 1) 화재의 정의 및 분류 – 화재의 종류 및 기본소화

밑줄 친 부분에 대한 설명으로 옳은 것을 〈보기〉에서 모두 고르시오.

> 최근 진주소방서에 따르면 최근 4년간(2020~2023) 경상남도에서 식용유 관련 화재는 73건으로 집계됐다. 부주의로 인한 화재는 57건(78%)이다.
> 음식물 조리 중 발생하는 식용유 화재 대부분이 '부주의'인 것으로 조사된 가운데 소방당국이 자연발화 잠재 위험성을 발견하면서 각별한 주의를 당부했다.

〈보기〉
ㄱ. 인화점과 발화점 차이가 적고 재발화 할 수 있다.
ㄴ. 식용유화재에 강화액소화약제를 방출시 금속비누를 만들고 비누가 거품을 생성하여 질식소화한다.
ㄷ. 최근 우리나라에서도 소화기구의 소화약제별 적응성에 보면 K급으로 분류하고 있으며, NFPA(미국방화협회)에서 F급 화재로 분류하고, UL(미국보험협회 안전시험소)는 K급 화재로 분류하고 있다.
ㄹ. 발화점이 비점보다 높아 비점 이상의 온도에서만 액면상의 증발을 통해 연소가 진행이 된다. 따라서 화염이 꺼지면 연소가 진행되지 않는다.

① ㄱ
② ㄱ, ㄴ
③ ㄱ, ㄴ, ㄷ
④ ㄱ, ㄴ, ㄷ, ㄹ

정답 ②

ㄱ. 인화점과 발화점 차이가 적고 재발화 할 수 있다.(○)
→ 식용유화재는 인화점과 발화점 차이가 적고 발화점이 비점보다 낮아서 재발화 할 수 있다.
ㄴ. 식용유화재에 강화액소화약제를 방출시 금속비누를 만들고 비누가 거품을 생성하여 질식소화한다.(○)
→ 식용유화재에 강화액소화약제를 방출시 금속비누를 만들고 비누가 거품을 생성하여 질식소화하며, 1종분말소화약제도 비누화작용을 한다.
ㄷ. 최근 우리나라에서도 소화기구의 소화약제별 적응성에 보면 K급으로 분류하고 있으며, 국가표준규격(KS B 6259)에는 없고, NFPA(미국방화협회)에서 F급 화재로 분류하고, UL(미국보험협회 안전시험소)는 K급 화재로 분류하고 있다.(×)
→ 최근 우리나라에서도 소화기구의 소화약제별 적응성에 보면 K급으로 분류하고 있으며, NFPA(미국방화협회)에서 K급 화재로 분류하고, UL(미국보험협회 안전시험소)는 F급 화재로 분류하고 있다.
ㄹ. 발화점이 비점보다 높아 비점 이상의 온도에서만 액면상의 증발을 통해 연소가 진행이 된다. 따라서 화염이 꺼지면 연소가 진행되지 않는다.(×)
→ 발화점이 비점보다 낮아 재발화가 된다. 위의 설명은 유류화재에 대한 설명이다.

11. 소화이론 3) 소방시설 – 소화설비의 종류와 작동 원리

수동기동방식의 펌프가 수원의 수위보다 낮은 곳에 설치된 옥내소화전설비의 구성요소를 있는 대로 모두 고른 것은?

〈보기〉
ㄱ. 기동용수압개폐장치 ㄴ. 릴리프밸브
ㄷ. 동력제어반 ㄹ. 솔레노이드밸브
ㅁ. 물올림장치

① ㄱ, ㄴ, ㅁ
② ㄷ, ㄹ, ㄷ
③ ㄴ, ㄷ
④ ㄱ, ㄴ, ㄷ, ㅁ

정답 ③

ㄱ. 기동용수압개폐장치(×)
→ 자동기동일 때 필요하다.
ㄴ. 릴리프밸브(○)
→ 가압송수장치의 체절운전 시 수온의 상승을 방지하기 위하여 체크밸브와 펌프사이에서 분기한 배관에 체절압력 미만에서 개방되는 릴리프밸브를 설치해야 한다.
ㄷ. 동력제어반(○)
→ 옥내소화전설비에는 제어반을 설치하되, 감시제어반과 동력제어반으로 구분하여 설치해야 한다.
ㄹ. 솔레노이드밸브(×)
→ 가스계에 주로 있다.
ㅁ. 물올림장치(×)
→ 펌프가 수원의 수위보다 낮은 곳에는 설치할 필요가 없다.

12

다음은 시청광장 참사에 대한 설명이다. 〈보기〉에서 옳은 것을 모두 고르시오. (단, 보기는 사고가 난 이후에 대한 설명이다.)

> 2024년 7월 1일 오후 9시 27분쯤 A씨는 시청역 인근 웨스틴조선호텔 지하 주차장에서 차를 몰고 나오다가 가속하며 역주행했다. 이 사고로 9명이 숨지고 차씨 부부를 포함해 7명이 중·경상을 입었다.

보기

ㄱ. 「긴급구조대응활동 및 현장지휘에 관한 규칙」상 현장지휘관은 현장대응을 위한 긴급구조기관의 인력 및 장비를 확보하기 위하여 대응단계를 발령할 수 있다.
ㄴ. 「긴급구조대응활동 및 현장지휘에 관한 규칙」상 현장지휘소를 설치할 수 있다.
ㄷ. 「긴급구조대응활동 및 현장지휘에 관한 규칙」상 긴급구조통제단을 가동할 수 있다.
ㄹ. 「긴급구조대응활동 및 현장지휘에 관한 규칙」상 긴급통제단을 가동 후 빠르게 현장지휘와 조정 및 통제하기 위해 긴급구조지휘대에서 지휘한다.

① ㄱ, ㄴ   ② ㄱ, ㄴ, ㄷ
③ ㄴ, ㄷ   ④ ㄱ, ㄴ, ㄷ, ㄹ

정답 ②

ㄱ. 「긴급구조대응활동 및 현장지휘에 관한 규칙」상 현장지휘관은 현장대응을 위한 긴급구조기관의 인력 및 장비를 확보하기 위하여 대응단계를 발령할 수 있다.(○)
ㄴ. 「긴급구조대응활동 및 현장지휘에 관한 규칙」상 현장지휘소를 설치할 수 있다.(○)
ㄷ. 「긴급구조대응활동 및 현장지휘에 관한 규칙」상 긴급구조통제단을 가동할 수 있다.(○)
ㄹ. 「긴급구조대응활동 및 현장지휘에 관한 규칙」상 긴급통제단을 가동 후 빠르게 현장지휘와 조정 및 통제하기 위해 긴급구조지휘대에서 지휘한다.(×)
→ 긴급구조지휘대는 통제단이 가동되기 전 재난초기시 현장지휘를 한다.

13

다음 글은 재난관리 단계를 설명하고 있다. 이에 대한 내용 중 〈보기〉에서 옳지 않은 것을 모두 고른 것은? (단, 예방, 대비, 대응, 복구 중 하나이다)

> 경감이라고 하기도 하며, 재난이 실제로 발생하기 전에 재난 촉발요인을 제거하거나 재난요인이 표출되지 않도록 억제하는 활동이다.

보기

ㄱ. 관계 중앙행정기관의 장은 소관 분야의 국가핵심기반을 기준에 따라 조정위원회의 심의를 거쳐 지정할 수 있다.
ㄴ. 중앙행정기관의 장 또는 지방자치단체의 장은 재난이 발생할 위험이 높거나 재난예방을 위하여 계속적으로 관리할 필요가 있다고 인정되는 지역을 대통령령으로 정하는 바에 따라 특정관리대상지역으로 지정할 수 있다.
ㄷ. 재난관리책임기관에서 재난 및 안전관리업무를 담당하는 공무원이나 직원은 행정안전부장관이 실시하는 전문교육을 행정안전부령으로 정하는 바에 따라 정기적으로 또는 수시로 받아야 한다.
ㄹ. 대통령령으로 정하는 다중이용시설 등의 소유자·관리자 또는 점유자는 대통령령으로 정하는 바에 따라 위기상황에 대비한 매뉴얼을 작성·관리하여야 한다. 다만, 다른 법령에서 위기상황에 대비한 대응계획 등의 작성·관리에 관하여 규정하고 있는 경우에는 그 법령에서 정하는 바에 따른다.

① ㄱ   ② ㄱ, ㄴ
③ ㄱ, ㄴ, ㄷ   ④ ㄹ

정답 ④

재난관리 단계는 예방, 대비, 대응, 복구가 있으며 박스는 예방단계에 해당된다.

ㄱ. 관계 중앙행정기관의 장은 소관 분야의 국가핵심기반을 기준에 따라 조정위원회의 심의를 거쳐 지정할 수 있다.(○)
→ 국가핵심기반의 지정으로 예방단계이다.
ㄴ. 중앙행정기관의 장 또는 지방자치단체의 장은 재난이 발생할 위험이 높거나 재난예방을 위하여 계속적으로 관리할 필요가 있다고 인정되는 지역을 대통령령으로 정하는 바에 따라 특정관리대상지역으로 지정할 수 있다.(○)
→ 특정관리대상지역의 지정으로 예방단계이다.
ㄷ. 재난관리책임기관에서 재난 및 안전관리업무를 담당하는 공무원이나 직원은 행정안전부장관이 실시하는 전문교육을 행정안전부령으로 정하는 바에 따라 정기적으로 또는 수시로 받아야 한다.(○)
→ 재난안전분야 종사자 교육으로 예방단계이다.
ㄹ. 대통령령으로 정하는 다중이용시설 등의 소유자·관리자 또는 점유자는 대통령령으로 정하는 바에 따라 위기상황에 대비한 매뉴얼을 작성·관리하여야 한다. 다만, 다른 법령에서 위기상황에 대비한 대응계획 등의 작성·관리에 관하여 규정하고 있는 경우에는 그 법령에서 정하는 바에 따른다.(×)
→ 다중이용시설 등의 위기상황 매뉴얼 작성으로 대비단계이다.

14

다음 글은 「재난 및 안전관리기본법 시행령」상 재난관리주관기관에 대한 설명이다. 〈보기〉에서 재난관리주관기관이 일치하는 것을 모두 고르시오.

> 「댐건설・관리 및 주변지역지원 등에 관한 법률」제2조제1호에 따른 댐[산업통상자원부 소관의 발전(發電)용 댐은 제외한다]의 붕괴・파손 등으로 인해 대규모 피해가 발생하였다.

보기

ㄱ. 「미세먼지 저감 및 관리에 관한 특별법」제2조제1호에 따른 미세먼지로 인한 피해가 발생하였다.
ㄴ. 「수도법」제3조제5호에 따른 수도의 화재등으로 대규모 피해가 발생하였다.
ㄷ. 「생활화학제품 및 살생물제의 안전관리에 관한 법률」제3조제4호에 따른 안전확인대상생활화학제품 및 같은 조 제6호에 따른 살생물제 관련 사고(「제품안전기본법」제15조에 따른 제품사고에 해당하는 경우로 한정한다)로 인해 대규모 피해가 발생되었다.
ㄹ. 「산업안전보건법」제2조제1호 및 제44조제1항에 따른 산업재해 및 중대산업사고로 인해 대규모 피해가 발생되었다.
ㅁ. 「해양환경관리법」제2조제2호에 따른 해양오염으로 인해 대규모 피해가 발생되었다.

① ㄷ, ㄹ
② ㄱ, ㄴ
③ ㄱ, ㄴ, ㄷ
④ ㄴ, ㄷ, ㄹ

정답 ③

박스는 사회재난 중 환경부에 해당된다.
ㄱ. 「미세먼지 저감 및 관리에 관한 특별법」제2조제1호에 따른 미세먼지로 인한 피해가 발생하였다.(O)
  → 사회재난 중 환경부이다.
ㄴ. 「수도법」제3조제5호에 따른 수도의 화재등으로 대규모 피해가 발생하였다.(O)
  → 사회재난 중 환경부이다.
ㄷ. 「생활화학제품 및 살생물제의 안전관리에 관한 법률」제3조제4호에 따른 안전확인대상생활화학제품 및 같은 조 제6호에 따른 살생물제 관련 사고(「제품안전기본법」제15조에 따른 제품사고에 해당하는 경우로 한정한다)로 인해 대규모 피해가 발생되었다.(O)
  → 사회재난 중 환경부이다.
ㄹ. 「산업안전보건법」제2조제1호 및 제44조제1항에 따른 산업재해 및 중대산업사고로 인해 대규모 피해가 발생되었다.(×)
  → 사회재난 중 고용노동부이다.
ㅁ. 「해양환경관리법」제2조제2호에 따른 해양오염으로 인해 대규모 피해가 발생되었다.(×)
  → 사회재난 중 해양수산부 및 해양경찰청이다.

15

다음은 「재난 및 안전관리기본법」상 내용이다. (가)에 대한 설명으로 옳은 것을 〈보기〉에서 모두 고르시오.

> 재난관리주관기관의 장은 재난이 발생하거나 발생할 우려가 있는 경우에는 대통령령으로 정하는 바에 따라 재난상황을 효율적으로 관리하고 재난을 수습하기 위한 (가)를 신속하게 설치・운영하여야 한다.

보기

ㄱ. (가)의 장은 해당 재난관리주관기관의 장이 된다.
ㄴ. 행정안전부장관은 재난이나 그 밖의 각종 사고로 인한 피해의 심각성, 사회적 파급효과 등을 고려하여 필요하다고 인정하는 경우에는 재난관리주관기관의 장에게 (가)의 설치・운영을 요청할 수 있다. 이 경우 요청을 받은 재난관리주관기관의 장은 특별한 사유가 없으면 요청에 따라야 한다.
ㄷ. (가)의 장은 재난정보의 수집・분석, 상황관리, 재난발생 시 초동조치 및 통제 등을 위한 종합상황실을 설치・운영할 수 있다.
ㄹ. (가)의 장은 재난을 재난관리하기 위하여 필요하면 관계 재난관리책임기관의 직원에게 지원을 요청할 수 있다. 이 경우 요청을 받은 관계 재난관리책임기관의 직원은 특별한 사유가 없으면 요청에 따라야 한다.

① ㄱ
② ㄱ, ㄴ
③ ㄱ, ㄴ, ㄷ
④ ㄱ, ㄴ, ㄷ, ㄹ

정답 ②

박스의 (가)는 중앙사고수습본부이다.
ㄱ. (가)의 장은 해당 재난관리주관기관의 장이 된다.(O)
  → 재난관리주관기관의 장은 재난이 발생하거나 발생할 우려가 있는 경우에는 대통령령으로 정하는 바에 따라 재난상황을 효율적으로 관리하고 재난을 수습하기 위한 중앙사고수습본부를 신속하게 설치・운영하여야 한다.
ㄴ. 행정안전부장관은 재난이나 그 밖의 각종 사고로 인한 피해의 심각성, 사회적 파급효과 등을 고려하여 필요하다고 인정하는 경우에는 재난관리주관기관의 장에게 (가)의 설치・운영을 요청할 수 있다. 이 경우 요청을 받은 재난관리주관기관의 장은 특별한 사유가 없으면 요청에 따라야 한다.(O)
  → 행정안전부장관은 재난이나 그 밖의 각종 사고로 인한 피해의 심각성, 사회적 파급효과 등을 고려하여 필요하다고 인정하는 경우에는 재난관리주관기관의 장에게 수습본부의 설치・운영을 요청할 수 있다. 이 경우 요청을 받은 재난관리주관기관의 장은 특별한 사유가 없으면 요청에 따라야 한다.
ㄷ. (가)의 장은 재난정보의 수집・분석, 상황관리, 재난발생 시 초동조치 및 통제 등을 위한 종합상황실을 설치・운영할 수 있다.(×)
  → 수습본부장은 재난정보의 수집・전파, 상황관리, 재난발생 시 초동조치 및 지휘 등을 위한 수습본부상황실을 설치・운영하여야 한다. 이 경우 제18조제3항에 따른 재난안전상황실과 인력, 장비, 시설 등을 통합・운영할 수 있다.
ㄹ. (가)의 장은 재난을 재난관리하기 위하여 필요하면 관계 재난관리책임기관의 직원에게 지원을 요청할 수 있다. 이 경우 요청을 받은 관계 재난관리책임기관의 직원은 특별한 사유가 없으면 요청에 따라야 한다.(×)
  → 수습본부장은 재난을 수습하기 위하여 필요하면 관계 재난관리책임기관의 장에게 행정상 및 재정상의 조치, 소속 직원의 파견, 그 밖에 필요한 지원을 요청할 수 있다. 이 경우 요청을 받은 관계 재난관리책임기관의 장은 특별한 사유가 없으면 요청에 따라야 한다.

16. 소화이론 3) 소방시설 – 경보설비의 종류와 작동원리

다음 글과 같이 경보를 하여야 하는 소방시설을 〈보기〉에서 모두 고르시오.

> 층수가 11층(공동주택의 경우에는 16층) 이상의 특정소방대상물은 발화층에 따라 경보하는 층을 달리하여 경보를 발할 수 있도록 할 것

보기
ㄱ. 비상방송설비   ㄴ. 자동화재탐지설비
ㄷ. 자동화재속보설비 ㄹ. 옥내소화전

① ㄷ, ㄹ   ② ㄱ, ㄴ
③ ㄱ, ㄴ, ㄷ ④ ㄴ, ㄷ, ㄹ

정답 ②

경보설비에서 우선경보방식에 대한 설명이다.
ㄱ. 비상방송설비(○)
→ 비상방송설비는 경보설비로 우선경보방식의 적용대상이다.
ㄴ. 자동화재탐지설비(○)
→ 자동화재탐지설비는 경보설비로 우선경보방식의 적용대상이다.
ㄷ. 자동화재속보설비(×)
→ 자동화재속보설비는 관계인에게 알리기보다는 소방관서에 알리는 경보설비이다.
ㄹ. 옥내소화전(×)
→ 소화설비로 경보설비가 아니다.

17. 연소이론 1) 연소개요 등 – 발화의 조건 및 과정

다음은 (가)와 (나)에 대한 설명이다. 옳지 않은 것을 고르시오. (단, (가), (나)는 각각 인화에 의한 발화와 자연발화 중 하나임)

> (가) 외부의 점화원이 필요없다.
> (나) 외부의 점화원이 필요하다.

① (가)는 물적 조건+에너지 조건이 필요하다.
② (나)는 열용량을 높임으로써 방지할 수 있다.
③ (가)의 원인으로 산화열에 의한 발화와 정전기 및 복사열이 있다.
④ (나)는 밀폐계보다는 개방계에서 존재하는 상태이다.

정답 ③

(가)는 자연발화이고, (나)는 인화에 의한 발화(열면발화)이다.
산화열은 자연발화이지만 정전기와 복사열은 인화에 의한 발화이다.

구분	자연발화	인화에 의한 발화(열면발화)
발생 과정	열축적 – 온도상승 – 반응가속 – 온도상승반복 – 발화온도 이상시 발화한다.	• 에너지 조건을 충족하는 착화원의 존재에 의해 발화가 시작한다. • 화염전파의 과정을 거쳐 계속적인 연소
점화원	외부의 점화원이 필요없다.	외부의 점화원이 필요하다.
조건	물적 조건+에너지 조건 필요	물적 조건만 필요
상태	밀폐계에서 존재	개방계에서 존재
원인	• 산화열에 의한 발화 • 분해열에 의한 발화 • 흡착열에 의한 발화 • 중합열에 의한 발화 • 미생물(발효열)에 의한 발화	• 나화, 고온표면(열면) • 충격마찰, 전기불꽃 • 정전기, 복사열 • 단열압축 등
예방 대책	• 가연성 물질 제거 • 저장실 습도 낮게 유지 • 저장실 온도 낮게 유지 • 저장실 통풍 및 환기 유지	• 점화원, 열면 관리 • 방폭전기기기 사용 • 열용량(pc), 열관성($k\rho c$)을 높임 • 열확산율(α), 열전도율(k)을 낮춤

18

다음 글은 연기의 단층화에 대한 설명이다. 이에 대한 내용 중 〈보기〉에서 옳은 것을 모두 고른 것은?

> 화재강도가 작은 훈소성화재의 경우 그리고 천장이 높은 대공간화재에서 화재플룸의 부력이 주변공기온도와 같아질 때 더 이상 상승하지 못하고 연기층을 형성하는 것을 의미한다.

보기

ㄱ. 천장분출흐름의 형성의 어렵다.
ㄴ. 감지기 작동이 늦어진다.
ㄷ. 대책은 RTI가 높은 헤드를 사용한다.
ㄹ. 대책은 특수감지기를 사용한다.

① ㄱ, ㄴ, ㄹ
② ㄱ, ㄴ
③ ㄱ, ㄷ
④ ㄱ, ㄴ, ㄷ, ㄹ

정답 ①

ㄱ. 천장분출흐름의 형성의 어렵다.(○)
 → 화염의 위로 상승하지 못하여, 천장분출흐름의 형성이 어렵다.
ㄴ. 감지기 작동이 늦어진다.(○)
 → 화재플룸의 부력이 올라가지 않으므로 화재감지기 작동이 늦어진다.
ㄷ. 대책은 RTI가 높은 헤드를 사용한다.(×)
 → 대책은 동작이 빠른 RTI가 낮은 헤드를 사용한다.
ㄹ. 대책은 특수감지기를 사용한다.(○)
 → 능동적감지기인 공기흡입형감지기나 불꽃감지기를 설치하여 빨리 동작되게 한다.

19

다음은 (가)와 (나)에 대한 설명이다. 옳은 것을 고르시오. (단, (가), (나)는 각각 열용량과 열관성 중 하나임.)

> (가) 열을 저장하는 재료의 능력이다.
> (나) 두꺼운 재료(2mm 이상)의 발화시간에 영향을 준다.

① (가)은(이) 어떤 물질의 온도를 100℃ 올리는 데 필요한 열량이다.
② (나)이 큰 스티로폼은 (나)이 작은 나무보다 쉽게 발화한다.
③ (가)은(이) 열의 이동에 따른 관성으로 물체의 표면에서 열의 이동 정도를 나타내며 열전도율, 밀도, 비열의 곱으로 나타낸다.
④ (나)은(이) 낮을수록, 발화온도가 낮을수록, 순열유속이 클수록 발화시간이 짧다.

정답 ④

(가)는 열용량이고, (나)는 열관성이다.
① (가)는 어떤 물질의 온도를 ~~100℃~~ 올리는 데 필요한 열량이다.(×)
 → 열용량은 어떤 물질의 온도를 1℃ 올리는 데 필요한 열량이다.
② (나)이 ~~큰~~ 스티로폼은 (나)이 ~~작은~~ 나무보다 쉽게 발화한다.(×)
 → 열관성이 작은 스티로폼은 열관성이 큰 나무보다 쉽게 발화한다.
③ (가)는 열의 이동에 따른 관성으로 물체의 표면에서 열의 이동 정도를 나타내며 열전도율, 밀도, 비열의 곱으로 나타낸다.(×)
 → ③은 열관성에 대한 설명이고, 열용량은 밀도 곱하기 비열이며, 열관성이 열전도율 곱하기 밀도 곱하기 비열이다.
④ (나)가 낮을수록, 발화온도가 낮을수록, 순열유속이 클수록 발화시간이 짧다.(○)
 → 열관성이 낮을수록, 발화온도가 낮을수록, 순열유속이 클수록 빨리 불이 붙는다.

20 연소이론 3) 폭발개요 및 분류 - 화학적 폭발(물리적 폭발과 개념 구분)

다음 글은 폭발에 대한 설명이다. 이에 대한 내용 중 〈보기〉에서 옳은 것을 모두 고른 것은?

- 양적변화
- 상변화에 따른 폭발

보기
ㄱ. 박막폭발
ㄴ. UVCE
ㄷ. 액화가스 증기폭발
ㄹ. 블래비(최초폭발 당시)

① ㄷ, ㄹ
② ㄱ, ㄴ, ㄹ
③ ㄱ, ㄴ
④ ㄱ, ㄴ, ㄷ, ㄹ

정답 ①

물리적 폭발에 대한 설명이다.

※ 물리적 폭발과 화학적 폭발

구 분	물리적 폭발	화학적 폭발
원인	• 양적변화 • 상변화에 따른 폭발	• 질적변화 • 화학반응에 따른 폭발
종류	• 액화가스 증기폭발 • 수증기폭발 • 전선폭발(알루미늄 전선) • 감압폭발 (고도의 감압에서 일부파손) • 과열액체 증기폭발(블래비) • 고상간 전이에 의한 폭발 (고체의 안티모이 안티몬 전이)	• 분진폭발 • 분해폭발 • 가스폭발 • 분무폭발 • 박막폭발(배관의 윤활유가 무상으로 폭발) • UVCE • 중합폭발 • 반응폭주(촉매)

ㄱ. 박막폭발(×)
→ 박막폭발은 화학적 폭발이다. 유압의 공기배관이나 산소배관 중에 윤활유가 박막상으로 존재할 때 박막의 온도가 부착된 윤활유의 인화점 이하일지라도 어떤 원인으로 여기에 높은 에너지를 가진 충격파가 보내지면 관벽에 부착해 있던 윤활유가 무화(霧化)하여 폭굉으로 되는 현상이다.

ㄴ. UVCE(×)
→ 증기운폭발은 화학적 폭발이다. 대기 중에 가연성 기체 또는 기화하기 쉬운 가연성 액체가 유출되어서 대량의 가연성 혼합기체가 형성되어 발생하는 폭발이다.

ㄷ. 액화가스 증기폭발(○)
→ 액화가스 증기폭발은 물리적 폭발이다. 액화가스(LPG, LNG 등)가 사고로 인해 물 위에 분출되었을 때에는 조건에 따라서 급격한 기화에 동반하는 비등현상을 나타내는 것으로 액상에서 기상으로의 급격한 상변화에 의한 폭발현상이다.

ㄹ. 블래비(○)
→ 블래비의 원인은 물리적 폭발이며 화재에 노출되어 가열된 가스용기 또는 탱크가 열에 의한 가열로 압력이 증가하여 강도를 상실하면서 폭발하는 특수한 현상이다.

21 화재이론 2) 건물화재의 성상 - 화재진행단계별 특성

다음 중 화재강도에 대한 설명으로 옳지 않은 것은?

① 화재실의 열방출률이 클수록 온도가 높아져서 화재강도는 크게 나타난다.
② 화재실의 단위면적당 축적되는 열의 양을 화재강도라고 한다.
③ 화재강도는 화재가 발생한 곳에서 발생되는 열발생률과 외부로 유출되는 열누설률에 의해 결정이 된다.
④ 열누설률에 미치는 요인은 벽의 단열성 및 내장재료 그리고 환기요소 등이 있다.

정답 ②

화재실의 단위시간당 축적되는 열의 양을 화재강도라고 한다.

※ 화재강도
① 화재강도는 화재가 발생한 곳에서 발생되는 열발생률과 외부로 유출되는 열누설률에 의해 결정이 된다.
  ㉠ 열발생률은 연소상황인 가연물과 공기의 공급조건에 따라 발생이 된다.
  ㉡ 열누설률에 미치는 요인은 벽의 단열성 및 내장재료 그리고 환기요소 등이 있다.
② 화재실의 열방출률이 클수록 온도가 높아져서 화재강도는 크게 나타난다.
③ 화재실의 단위시간당 축적되는 열의 양을 화재강도라고 한다.
④ 화재강도와 관련인자(화재강도가 커지는 요인)
  ㉠ 가연물의 발열량(가연물의 종류) 클수록 → 발열량이 커진다.
  ㉡ 가연물의 비표면적 클수록 → 좋은 가연물의 조건
  ㉢ 가연물의 배열상태 → 좋은 가연물의 조건
  ㉣ 화재실의 벽, 바닥, 천장 등의 구조 → 열축적이 좋아진다.
  ㉤ 산소의 공급 → 열발생률이 좋아진다.

22

다음 글은 화재의 분류에 대한 설명이다. 이에 대한 내용 중 〈보기〉에서 옳은 것을 모두 고른 것은?

> 정전기인 전기적 발화원인에 의해 소파가 연소되어 화재가 되었다.

보기
ㄱ. 작동되지 않는 전기가 흐르지 않은 변전소에 화재가 발생이 되었다.
ㄴ. 전류가 흐르고 있는 컴퓨터에서 화재가 발생이 되었다.
ㄷ. 담배꽁초에 의해 불이 붙어 전기가 흐르고 있는 가연물에 화재가 발생되었다.
ㄹ. 전류가 흐르고 있는 가연물에 누전으로 연소가 발생이 되었지만, 전기가 차단되어 감전위험이 사라진 상태에서 가연물에 화재가 발생이 되었다.

① ㄱ, ㄹ
② ㄴ, ㄷ
③ ㄱ, ㄴ
④ ㄱ, ㄴ, ㄷ, ㄹ

정답 ①

23

다음 글은 아레니우스 방정식이다. 방정식에 관한 내용 중 〈보기〉에서 옳지 않은 것을 모두 고른 것은?

$$k = A \cdot e^{-Ea/R \cdot T}$$

보기
ㄱ. 화학반응의 속도를 나타내는 비례상수인 속도상수(k)는 활성화에너지(Ea)에 비례한다.
ㄴ. 온도(T)에는 지속적으로 반비례한다.
ㄷ. 연소반응에서 반응온도가 올라갈수록 연소반응의 속도도 빨라진다.
ㄹ. 연소반응에서 점화에너지를 가리키는 활성화에너지는 그 크기가 작을수록 연소반응이 용이하다.
ㅁ. 연소반응의 개시시 아주 작은 점화원으로도 쉽게 발화되며 주변 온도가 높을수록 연소반응속도 역시 증가하므로 냉각소화는 이런 요소들을 지연시키거나 제거함으로써 소화 작용을 나타낸다.

① ㄱ, ㄹ
② ㄴ, ㄷ
③ ㄱ, ㄹ, ㅁ
④ ㄱ, ㄴ

정답 ④

글은 일반화재이다.
전기적인 발화원인에 의해 발생한 화재만을 구분하는 것이 아니라 현재 진행 중인 가연물에 전기가 흐르고 있는 상태인가에 의한 분류이다.
ㄱ. 작동되지 않는 전기가 흐르지 않은 변전소에 화재가 발생이 되었다.(○)
 → 일반화재이다.
ㄴ. 전류가 흐르고 있는 컴퓨터에서 접촉저항증가로 화재가 발생이 되었다.(×)
 → 전기화재이다.
ㄷ. 담배꽁초에 의해 불이 붙어 전기가 흐르고 있는 가연물에 화재가 발생되었다.(×)
 → 전기화재이다.
ㄹ. 전류가 흐르고 있는 가연물에 누전으로 연소가 발생이 되었지만, 전기가 차단되어 감전위험이 사라진 상태에서 가연물에 화재가 발생이 되었다.(○)
 → 일반화재이다.

아레니우스 방정식에 대한 설명이다.

> 아레니우스 방정식
> Arrhenius equation : $k = A \cdot e^{-Ea/R \cdot T}$
> (k : 속도상수, A : 빈도인자, Ea : 활성화에너지, R : 기체상수, T : 온도)

ㄱ. 화학반응의 속도를 나타내는 비례상수인 속도상수(k)는 활성화에너지(Ea)에 비례한다.(×)
 → 화학반응의 속도를 나타내는 비례상수인 속도상수(k)는 활성화에너지(Ea)에 반비례한다.
ㄴ. 온도(T)에는 지속적으로 반비례한다.(×)
 → 온도(T)에는 지속적으로 비례한다.
ㄷ. 연소반응에서 반응온도가 올라갈수록 연소반응의 속도도 빨라진다.(○)
 → 온도가 올라가면 연소반응도 빨라진다.
ㄹ. 연소반응에서 점화에너지를 가리키는 활성화에너지는 그 크기가 작을수록 연소반응이 용이하다.(○)
 → 활성화에너지가 작을수록 연소가 잘된다.
ㅁ. 연소반응의 개시시 아주 작은 점화원으로도 쉽게 발화되며 주변 온도가 높을수록 연소반응속도 역시 증가하므로 냉각소화는 이런 요소들을 지연시키거나 제거함으로써 소화 작용을 나타낸다.(○)
 → 냉각소화와 밀접한 관계가 있다.

24

다음 그림에 대한 설명으로 옳은 것은?

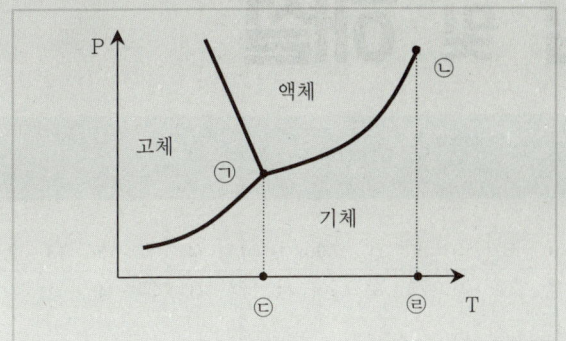

① 이산화탄소의 상태곡선으로 ㉠은 삼중점으로 상태가 특정한 압력 및 온도에서 고체상, 액체상, 기체상이 모두 평형을 이루어 공존하는 상태이다.
② ㉡은 순수 물질이 기액평형을 이루는 최고의 압력과 온도인 임계온도이다.
③ ㉣은 기체를 액화시킬 수 있는 최저온도이다.
④ 얼음에서 물로 변화할 때는 에너지를 흡수하고, 물에서 얼음으로 변화할 때는 에너지를 방출한다.

정답 ④

물의 P-T 상태도이다.
① 이산화탄소의 상태곡선으로 ㉠은 삼중점으로 상태가 특정한 압력 및 온도에서 고체상, 액체상, 기체상이 모두 평형을 이루어 공존하는 상태이다.(×)
→ 물의 상태곡선이다.
② ㉡은 순수 물질이 기액평형을 이루는 최고의 압력과 온도인 임계온도이다.(×)
→ 임계점이다. 임계온도는 ㉣이다.
③ ㉣은 기체를 액화시킬 수 있는 최저온도이다.(×)
→ ㉣은 기체를 액화시킬 수 있는 최고온도이다.
④ 얼음에서 물로 변화할 때는 에너지를 흡수하고, 물에서 얼음으로 변화할 때는 에너지를 방출한다.(○)
→ 그래서 여름철에 물을 뿌리면 시원해진다.

25

다음 글은 피난구조설비를 설명하고 있다. 이에 대한 내용 중 〈보기〉에서 옳은 것을 모두 고른 것은? (단, 피난기구만을 고르시오)

화재가 발생할 경우 피난하기 위하여 사용하는 기구 또는 설비이다.

보기

ㄱ. 간이완강기는 사용자의 몸무게에 따라 자동적으로 내려올 수 없는 기구 중 사용자가 연속적으로 사용할 수 없는 피난구조설비이다.
ㄴ. 공기안전매트는 화재 발생시 사람이 건축물 내에서 외부로 긴급히 뛰어내릴 때 충격을 흡수하여 안전하게 지상에 도달할 수 있도록 포지에 공기 등을 주입하는 구조로 되어 있는 것을 말한다.
ㄷ. 다수인피난장비는 화재시 2인 이상의 피난자가 동시에 해당층에서 지상 또는 피난층으로 하강하는 피난기구를 말한다.
ㄹ. 승강식피난기는 사용자의 몸무게에 의하여 자동으로 하강하고 내려서면 스스로 상승하여 연속적으로 사용할 수 있는 무동력 승강식피난기를 말한다.
ㅁ. 방열복, 방화복, 산소호흡기, 인공소생기를 인명구조기구라 하며, 소방대상물 안에 있는 사람을 구조하거나 쉽게 피난하기 위한 기구이다.

① ㄱ
② ㄴ, ㄷ
③ ㄴ, ㄷ, ㅁ
④ ㄴ, ㄷ, ㄹ

정답 ④

피난구조설비 중 피난기구를 찾는 문제이다.
ㄱ. 간이완강기는 사용자의 몸무게에 따라 자동적으로 내려올 수 없는 기구 중 사용자가 연속적으로 사용할 수 없는 피난구조설비이다.(×)
→ 자동적으로 내려올 수 있는 기구이다.
ㄴ. 공기안전매트는 화재 발생시 사람이 건축물 내에서 외부로 긴급히 뛰어내릴 때 충격을 흡수하여 안전하게 지상에 도달할 수 있도록 포지에 공기 등을 주입하는 구조로 되어 있는 것을 말한다.(○)
→ 피난구조설비 중 피난기구인 공기안전매트에 대한 설명이다.
ㄷ. 다수인피난장비는 화재시 2인 이상의 피난자가 동시에 해당층에서 지상 또는 피난층으로 하강하는 피난기구를 말한다.(○)
→ 피난구조설비 중 피난기구인 다수인피난장비에 대한 설명이다.
ㄹ. 승강식피난기는 사용자의 몸무게에 의하여 자동으로 하강하고 내려서면 스스로 상승하여 연속적으로 사용할 수 있는 무동력 승강식피난기를 말한다.(○)
→ 피난구조설비 중 피난기구인 승강식피난기에 대한 설명이다.
ㅁ. 방열복, 방화복, 산소호흡기, 인공소생기를 인명구조기구라 하며, 소방대상물 안에 있는 사람을 구조하거나 쉽게 피난하기 위한 기구이다.(×)
→ 피난구조설비 중 인명구조기구이며, 산소호흡기가 아닌 공기호흡기이다.

제 2 회 정답 및 해설

빠른정답	1 ④	2 ①	3 ④	4 ④	5 ④	6 ①	7 ③	8 ④	9 ①	10 ①	11 ④	12 ③	13 ②
	14 ②	15 ①	16 ③	17 ②	18 ②	19 ③	20 ④	21 ④	22 ④	23 ④	24 ①	25 ④	

01 123 연소이론 1) 연소의 개요 – 연소의 조건 및 형태

기체연료의 연소형태에 대한 설명으로 옳지 않은 것은?
① 화염부근의 가스의 유동이 층류 혹은 난류인가에 따라 층류연소와 난류연소로 구분한다.
② 층류에서 난류로 변하면 화염이 성질이 크게 변화하여, 화염의 두께가 증가된다.
③ 예혼합연소는 층류에서 난류로 변화하면 화염전파속도가 증가한다.
④ 확산연소는 층류에서 난류로 변화하면 화염의 단위면적당의 연소율이 감소된다.

정답 ④

※ 기체의 연소형태 정리
- 화염부근의 가스의 유동이 층류 혹은 난류인가에 따라 층류연소와 난류연소로 구분한다.
- 층류에서 난류로 변하면 화염이 성질이 크게 변화하여, 화염의 두께가 증가된다.
- 예혼합연소는 층류에서 난류로 변화하면 화염전파속도가 증가하며, 확산연소는 층류에서 난류로 변화하면 화염의 단위면적당의 연소율이 증대된다.
- 가, 나, 다는 임의로 조합이 가능하며, 연소라는 단어를 화염으로 바꾸면 화염의 분류표가 된다. 예) 층류확산연속화염, 층류확산연속연소, 난류예혼합간헐연소

분류	가	나	다
명칭	연속연소 간헐연소	예혼합연소 부분예혼합연소 확산연소	층류연소 난류연소

02 123 화재이론 3) 위험물화재의 성상 – 보일오버 등 위험물 화재의 특수 현상과 대처법

다음 그림에 대한 설명으로 〈보기〉에서 옳은 것을 모두 고르시오.

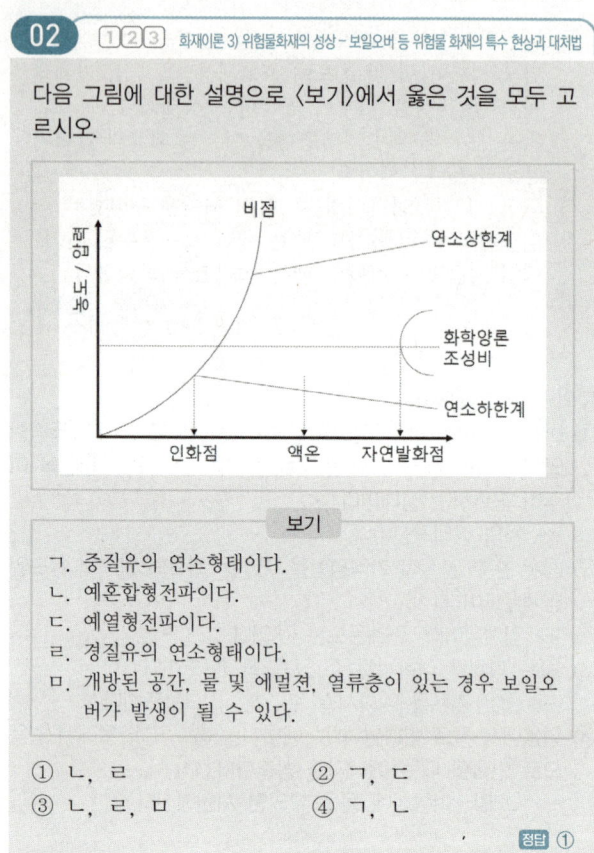

보기
ㄱ. 중질유의 연소형태이다.
ㄴ. 예혼합형전파이다.
ㄷ. 예열형전파이다.
ㄹ. 경질유의 연소형태이다.
ㅁ. 개방된 공간, 물 및 에멀젼, 열류층이 있는 경우 보일오버가 발생이 될 수 있다.

① ㄴ, ㄹ   ② ㄱ, ㄷ
③ ㄴ, ㄹ, ㅁ ④ ㄱ, ㄴ

정답 ①

액온이 인화점보다 높은 경우이므로 경질유이다. 따라서 예혼합형전파를 나타낸다.
ㄱ. 중질유의 연소형태이다.(×)
→ 경질유의 연소형태이다.
ㄴ. 예혼합형전파이다.(○)
→ 증기공간이 상온에서 연소범위를 형성한다.
ㄷ. 예열형전파이다.(×)
→ 중질유가 예열형전파이다. 중질유는 맥동적 진행이 되며 예열을 해야 한다.
ㄹ. 경질유의 연소형태이다.(○)
→ 경질유는 액온이 인화점보다 높다.
ㅁ. 개방된 공간, 물 및 에멀젼, 열류층이 있는 경우 보일오버가 발생이 될 수 있다.(×)
→ 중질유가 보일오버가 발생이 잘 된다.

03

다음 중 NOAEL값이 높으며, 화학식에서 H가 1개 있고, F가 3개 있다. 다음 중 무엇인가?

① FIC-13I1
② HCFC-124
③ HFC-125
④ HFC-23

정답 ④

※ 소화약제의 NOAEL
① FIC-13I1 : 0.3
② HCFC-124 : 1.0
③ HFC-125 : 11.5
④ HFC-23 : 50

※ 할로겐화합물 및 불활성기체 소화약제의 종류
"할로겐화합물 및 불활성기체소화약제"란 할로겐화합물(할론 1301, 할론 2402, 할론 1211 제외) 및 불활성기체로서 전기적으로 비전도성이며 휘발성이 있거나 증발 후 잔여물을 남기지 않는 소화약제를 말한다.

① 할로겐화합물 소화약제
순도가 99% 이상이고 불소, 염소, 브롬, 요오드 중 하나 이상의 원소를 포함하고 있는 유기화합물을 기본성분으로 하는 소화약제이다.

소화약제	화학식	NOAEL(%)
FC-3-1-10	C_4F_{10}	40
HCFC BLEND A	HCFC-123($CHCl_2CF_3$) : 4.75% HCFC-22($CHClF_2$) : 82% HCFC-124($CHClFCF_3$) : 9.5% $C_{10}H_{16}$: 3.75%	10
HCFC-124	$CHClFCF_3$	1.0
HFC-125	CHF_2CF_3	11.5
HFC-227ea	CF_3CHFCF_3	10.5
HFC-23	CHF_3	50
HFC-236fa	$CF_3CH_2CF_3$	12.5
FIC-13I1	CF_3I	0.3
FK-5-1-12	$CF_3CF_2C(O)CF(CF_3)_2$	10

② 불활성기체 소화약제
헬륨, 네온, 아르곤, 질소 중 하나 이상의 원소를 기본성분으로 하는 소화약제를 말한다.

소화약제	화학식
IG-01	Ar
IG-100	N_2
IG-541	N_2 : 52%, Ar : 40%, CO_2 : 8%
IG-55	N_2 : 50%, Ar : 50%

04

다음 〈보기〉에 대한 설명으로 옳지 않은 것은 무엇인가?

보기
(가) 한계산소농도(LOI ; Limited Oxygen Index)
(나) 최소산소농도 (MOC ; Minimum Oxygen for Combustion)

① (가)는 가연물을 수직으로 한 상태에서 가장 윗부분에 점화하여 연소를 계속 유지할 수 있는 최저 산소농도를 말한다.
② (가)가 높은 섬유류나 건축물의 내장재료가 화재에 대한 안전성이 높다.
③ (나)는 공기와 가연가스의 혼합기 중 산소의 %이다.
④ 프로판의 (나)를 구하는 방식은 연소상한계 × 산소몰수이다. 그러므로 2.1 × 5가 되어 10.5이다.

정답 ④

④ 프로판의 (나)를 구하는 방식은 연소상한계 × 산소몰수이다. 그러므로 2.1 × 5가 되어 10.5이다.(×)
→ 프로판의 MOC를 구하는 방식은 연소하한계 × 산소몰수이다. 그러므로 2.1 × 5가 되어 10.5이다.

① 한계산소농도(LOI ; Limited Oxygen Index) : 가연물을 수직으로 한 상태에서 가장 윗부분에 점화하여 연소를 계속 유지할 수 있는 최저 산소농도를 말하며, LOI가 17%라고 하면 공기 중의 산소농도가 17% 이하로 줄어들면 연소할 수 없다는 것을 의미하고, 당연히 LOI가 높은 섬유류나 건축물의 내장재료가 화재에 대한 안전성이 높다.

② 산소 밸런스(Oxygen Balance) : 물질 100g이 연소하기 위해서 필요한 산소의 과부족량을 gram으로 표시한 것을 산소 밸런스(OB)라고 하며, OB에 따른 폭발위험성은 다음과 같다.
㉠ OB = 0~45는 폭발위험이 가장 크다.
㉡ OB = 45~90는 폭발위험이 중간이다.
㉢ OB = 90~135는 폭발위험이 가장 작다.

③ 최소산소농도(MOC ; Minimum Oxygen for Combustion)
연소에 있어서 산소도 핵심적인 요소이며, MOC는 공기와 가연가스의 혼합기 중 산소의 %이다. 가연물질의 종류나 연소 환경에 따라 다르지만 일반적으로 연소하고 있는 가연물질이 소화되기 위해서는 공급되는 공기 중의 산소의 양을 15vol% 이하로 낮추면 산소결핍에 의하여 연소가 더 이상 진행되지 못하는 것으로 알려져 있다. 예를 들어 프로판의 MOC를 구하는 방식은 연소하한계 × 산소몰수이다. 그러므로 2.1 × 5가 되어 10.5이다.

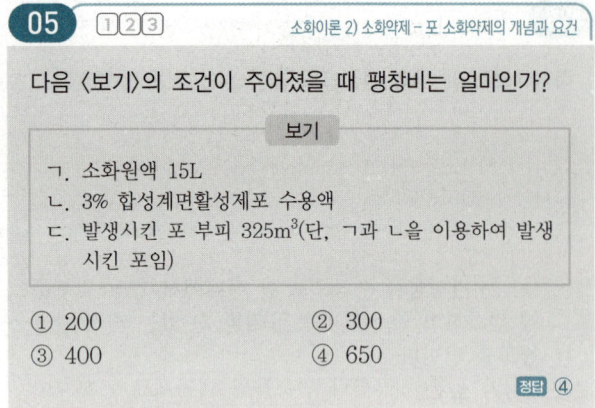
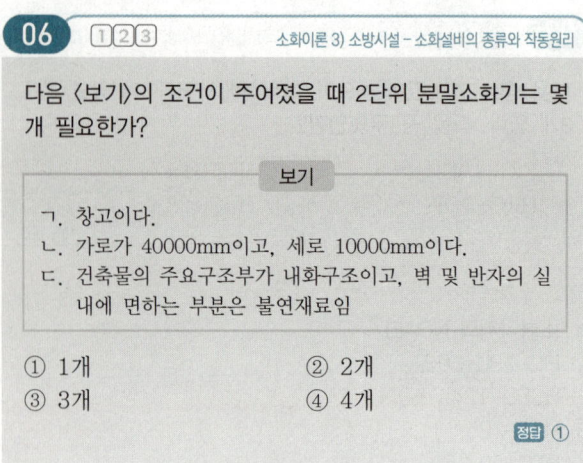

$$팽창비 = \frac{방출\ 후\ 포의\ 체적[L]}{방출\ 전\ 포수용액의\ 체적[L]}$$

$$= \frac{방출\ 후\ 포의\ 체적[L]}{\dfrac{원액의\ 양[L]}{농도}}$$

$$= \frac{325{,}000[L]}{15[L]/0.03}$$

$$= 650배$$

40000mm는 40m이고, 10000mm는 10m이다.

※ 특정소방대상물별 소화기구의 능력단위기준

특정소방대상물	소화기구의 능력단위
1. 위락시설	해당 용도의 바닥면적 30m²마다 능력단위 1단위 이상
2. 공연장·집회장·관람장·문화재·장례식장 및 의료시설	해당 용도의 바닥면적 50m²마다 능력단위 1단위 이상
3. 근린생활시설·판매시설·운수시설·숙박시설·노유자시설·전시장·공동주택·업무시설·방송통신시설·공장·창고시설·항공기 및 자동차 관련 시설 및 관광휴게시설	해당 용도의 바닥면적 100m²마다 능력단위 1단위 이상
4. 그 밖의 것	해당 용도의 바닥면적 200m²마다 능력단위 1단위 이상

▷ 소화기구의 능력단위를 산출함에 있어서 건축물의 주요구조부가 내화구조이고, 벽 및 반자의 실내에 면하는 부분이 불연재료·준불연재료 또는 난연재료로 된 특정소방대상물에 있어서는 위 표의 기준면적의 2배를 해당 특정소방대상물의 기준면적으로 한다.

창고는 바닥면적이 100m²마다 능력단위 1단위 이상이 필요하다. 그러나 주요구조부가 내화구조이고, 벽 및 반자의 실내에 면하는 부분이 불연재료·준불연재료 또는 난연재료로 된 특정소방대상물에 있어서는 위 표의 기준면적의 2배이므로 200m²마다 능력단위 1단위 이상이다. 40000mm는 40m이고, 10000mm는 10m이므로 따라서 바닥면적은 400제곱미터이다. 바닥면적/기준면적 = 400/200 = 2단위, 2단위 소화기 개수는 2/2 = 1개이다.

07

전역방출방식의 이산화탄소소화설비에 대한 설명이다. 구성요소로 옳은 것을 모두 고르시오. (단, 저압식이며 방호구역은 2개이고, 기동방식은 전기식이다)

ㄱ. 선택밸브 ㄴ. 감지기
ㄷ. 기동용가스용기 ㄹ. 소화약제저장용기
ㅁ. 방출표시등

① ㄱ, ㄹ, ㅁ
② ㄴ, ㄷ, ㄹ, ㅁ
③ ㄱ, ㄴ, ㄹ, ㅁ
④ ㄱ, ㄴ, ㄷ, ㄹ, ㅁ

정답 ③

저압식의 경우가 일반적으로 많이 사용되며, 자동냉동장치가 필요하다.
ㄱ 선택밸브(○)
→ 방호구역이 2개 있으면 선택밸브는 2개 필요하다.
ㄴ 감지기(○)
→ 가스계소화설비는 감지기가 필요하며, 교차회로이다. 단, 불꽃감지기, 정온식 감지기선형 감지기, 아날로그방식, 분포형감지기, 복합형감지기, 광전식분리형감지기, 다신호방식의 감지기, 축적방식의 감지기 등은 교차회로를 하지 않는다.
ㄷ 기동용가스용기(×)
→ 전기식은 기동용가스용기가 필요없고 솔레노이드에 의해 저장용기를 개방한다.
ㄹ 소화약제저장용기(○)
→ 이산화탄소저장용기는 필요하다.
ㅁ 방출표시등(○)
→ 전역방출방식이므로 필요하다.

08

(가)와 (나)의 시기 사이에 있었던 사실로 옳은 것은?

(가) "경무청 관제 직장"을 확정하였는데 이때 화재에 관한 사항이 소관 사무임을 명백히 하였다.
(나) 경방단규칙을 공포하여 소방조와 수방단을 통합하여 경방단을 설치하였다.

① 경성에 소방펌프 1대를 비치하여 소방조를 설치한 것이 한국 내 일본인 소방의 효시이다.
② 중국으로부터 수총기를 수입하였으며, 최초의 장비 수입이 된 시기이다.
③ 남조선 과도정부 동위원회 집행기구로 소방청을 설치하였다.
④ 일본인이 한국 내에 화재보험회사 대리점을 설치하기 시작해서 우리나라 최초 화재보험회사를 설립하였다.

정답 ④

1894년 7월 15일 ~ 1939년까지이다.
(가) "경무청 관제 직장"을 확정하였는데 이때 화재에 관한 사항이 소관 사무임을 명백히 하였다.
→ 1894년 7월 15일
(나) 경방단규칙을 공포하여 소방조와 수방단을 통합하여 경방단을 설치하였다.
→ 1939년

① 경성에 소방펌프 1대를 비치하여 소방조를 설치한 것이 한국 내 일본인 소방의 효시이다.(×)
→ 1889년
② 중국으로부터 수총기를 수입하였으며, 최초의 장비 수입이 된 시기이다.(×)
→ 경종 3년(1723년)
③ 남조선 과도정부 동위원회 집행기구로 소방청을 설치하였다.(×)
→ 1947년
④ 일본인이 한국 내에 화재보험회사 대리점을 설치하기 시작해서 우리나라 최초 화재보험회사를 설립하였다.(○)
→ 1906년에 일본인이 한국 내에 화재보험회사 대리점을 설치하기 시작해서 1908년에는 우리나라 최초 화재보험회사를 설립하였다.

09

중앙119구조본부에 대한 설명이다. 밑줄 친 (가)의 시기에 있었던 일에 대한 설명으로 옳은 것은?

> 1995년 6월 29일 삼풍백화점 붕괴 사고가 일어났고, 사고 직후인 1995년 10월 중앙119구조대(서울 도봉구 방학동)에 대한 직제가 공포됐고 같은 해 12월 27일 발대식을 갖고 중앙소방학교 소속으로 설치·운영되어 오다가 1997년에는 국제구조대가 발족하였고, 1999년 7월 경기 남양주시에 청사가 준공돼 이전했고 (가) ○○○○년 중앙119구조단으로 명칭이 변경되었고, 2013년 9월 17일에는 중앙119구조본부로 승격되었다.

① 119구조·구급에 관한 법률 제정
② 재난관리법 제정
③ 화재예방법 제정
④ 소방기본법 제정

정답 ①

1995년 6월 29일 삼풍백화점 붕괴 사고가 일어났고, 사고 직후인 1995년 10월 중앙119구조대(서울 도봉구 방학동)에 대한 직제가 공포됐고 같은 해 12월 27일 발대식을 갖고 중앙소방학교 소속으로 설치·운영되어 오다가 1997년에는 국제구조대가 발족하였고, 1999년 7월 경기 남양주시에 청사가 준공돼 이전했고 (가) **2011년** 중앙119구조단으로 명칭이 변경되었고, 2013년 9월 17일에는 중앙119구조본부로 승격되었다.

① 119구조·구급에 관한 법률 제정(○)
  → 2011년
② 재난관리법 제정(×)
  → 1995년
③ 화재예방법 제정(×)
  → 2021
④ 소방기본법 제정(×)
  → 2003

10

다음은 소방공무원 징계위원회의 징계의결서에 기록된 내용이다. ㉠에 들어갈 「국가공무원법」상 의무를 고르시오.

> 20××.××.×× A는 휴가 중 ○○도로에서 타인의 자전거를 훔쳐 타고 간 혐의로 절도죄로 기소되어 서울남부지방법원으로부터 벌금 50만원을 선고 받았다. 국가공무원법 ㉠ (   )를 위반한 것으로 동법 제78조 제1항의 징계사유에 해당하고, 소방공무원 징계령 제16조(징계등의 정도)에서 규정한 제 정상을 참작하여 감봉 1월에 처한다.

① 제63조(품위유지의 의무)
② 제57조(복종의 의무)
③ 제61조(청렴의 의무)
④ 제56조(성실 의무)

정답 ①

해당공무원으로 품위유지의 의무를 지켜야 함에도 불구하고 절도를 하였다.
① 품위유지의 의무(○)
  → 제63조에 따라 공무원은 직무의 내외를 불문하고 그 품위가 손상되는 행위를 해서는 안된다. 여기서 품위는 공직의 체면, 위신, 신용을 유지하고, 주권자인 국민의 수임을 받은 국민 전체의 봉사자로서의 직책을 다함에 손색이 없는 몸가짐을 뜻하는 것으로서, 직무의 내외를 불문하고 국민의 수임자로서의 직책을 맡아 수행해 나가기에 손색이 없는 인품을 말한다.
② 복종의 의무(×)
  → 제57조에 따라 복종의 의무란 복종할 대상에 대한 명령 불이행이 해당된다.
③ 청렴의 의무(×)
  → 제61조에 따라 청렴의 의무란 공무원은 직무와 관련하여 직접적이든 간접적이든 사례·증여 또는 향응을 주거나 받을 수 없다. 또한, 공무원은 직무상의 관계가 있든 없든 그 소속 상관에게 증여하거나 소속 공무원으로부터 증여를 받아서는 아니 된다.
④ 성실의무(×)
  → 성실의무는 공무원이 직무를 수행함에 있어 법령을 준수하여야 한다는 것으로서 직무수행과 무관하게 법령을 위반한 모든 경우에까지 성실의무 위반을 인정할 수 있는 것은 아니다. (서울고등법원 2016.9.6. 선고 2016누 41776 판결, 대법원 1997.2.11. 선고 96누 2125 판결 참조)

11

「의용소방대법」상 의용소방대에 대한 설명으로 옳지 않은 것은?

> ㄱ. 시·도지사 또는 소방서장은 지역특수성에 따라 소방업무 관련 전문기술·자격자 등으로 구성하는 전담의용소방대를 설치해야 한다.
> ㄴ. 의용소방대원의 정원은 시·도는 60명 이내이고, 읍·면은 50명 이내이다.
> ㄷ. 대장과 부대장의 임기는 2년으로 하며, 한 차례만 연임할 수 있다.
> ㄹ. 의용소방대의 숭고한 봉사와 희생정신을 알리고 그 업적을 기리기 위하여 매년 3월 19일을 의용소방대의 날로 정하여 기념행사를 한다.
> ㅁ. 의용소방대의 날 기념행사에 관하여 필요한 사항은 소방청장 또는 시·도지사가 따로 정하여 시행할 수 있다.

① ㄱ, ㄹ, ㅁ
② ㄴ, ㄷ, ㄹ, ㅁ
③ ㄱ, ㄷ, ㄹ, ㅁ
④ ㄱ, ㄴ, ㄷ

정답 ④

ㄱ. 시·도지사 또는 소방서장은 지역특수성에 따라 소방업무 관련 전문기술·자격자 등으로 구성하는 전담의용소방대를 설치해야 한다.(×)
→ 「의용소방대법 시행규칙」상 시·도지사 또는 소방서장은 지역특수성에 따라 소방업무 관련 전문기술·자격자 등으로 구성하는 전문의용소방대를 설치할 수 있다.

ㄴ. 의용소방대원의 정원은 시·도는 60명 이내이고, 읍·면은 50명 이내이다.(×)
→ 「의용소방대법 시행규칙」상 시·도: 60명 이내, 시·읍: 60명 이내, 면: 50명 이내, 법 제2조제3항에 따라 관할 구역을 따로 정한 지역에 설치하는 의용소방대: 50명 이내, 전문의용소방대: 50명 이내이다.

ㄷ. 대장과 부대장의 임기는 2년으로 하며, 한 차례만 연임할 수 있다.(×)
→ 「의용소방대법 시행규칙」상 대장과 부대장의 임기는 3년으로 하며, 대장은 한차례만 연임할 수 있다.

ㄹ. 의용소방대의 숭고한 봉사와 희생정신을 알리고 그 업적을 기리기 위하여 매년 3월 19일을 의용소방대의 날로 정하여 기념행사를 한다.(○)
→ 의용소방대법 제2조의 2에 의거하여 3월 19일은 의용소방대의 날이다.

ㅁ. 의용소방대의 날 기념행사에 관하여 필요한 사항은 소방청장 또는 시·도지사가 따로 정하여 시행할 수 있다.(○)
→ 의용소방대법 제2조의 2에 의거하여 소방청장 또는 시·도지사가 따로 정하여 시행할 수 있다.

12

다음은 ○○언론에 보도된 내용이다. 밑줄 친 ㉠, ㉡에 대한 설명으로 옳지 않은 것은?

> (가) ○○소방서가 주관하는 ㉠<u>119 시민수상구조대</u> 발대식이 18일 ○○소방서 대회의실에서 소방공무원 및 119 시민수상구조대원 등 50여명이 참여한 가운데 열렸다. 119 시민수상구조대는 수변 순찰 활동을 비롯한 위험요소 제거, 수난 인명 구조함 점검, 환자 발생 시 응급처치·심폐소생술 조치를 하는 등 피서객의 안전지킴이 역할을 수행하게 된다.
> (나) ○○소방서는 새내기 소방관들이 ㉡<u>산악구조대</u> 청사에서 봄철 산악사고를 대비해 훈련하며 연일 구슬땀을 흘리고 있다고 밝혔다. 산악구조대 3팀에서 근무 중인 새내기 소방관 2명은 각각 중앙소방학교에서 12주간의 강도 높은 훈련을 통과하고 4주간의 소방관서 실습을 마친 후 지난 2월과 4월에 임용됐다.

① 「119법 시행령」상 소방청장·소방본부장 또는 소방서장은 여름철 물놀이 장소에서의 안전을 확보하기 위하여 필요한 경우 민간 자원봉사자로 구성된 ㉠을 지원할 수 있다.
② 「119법 시행령」상 ㉠의 운영, 그 밖에 필요한 사항은 시·도의 조례로 정한다.
③ 「119법 시행령」상 ㉡은 특수구조대로 소방대상물, 지역 특성, 재난 발생 유형 및 빈도 등을 고려하여 시·도의 규칙으로 정하는 바에 따라 관할하는 소방본부 또는 소방서에 설치한다.
④ 「119법 시행령」상 ㉡은 「자연공원법」 제2조제1호에 따른 자연공원 등 산악지역에 설치한다.

정답 ③

① 「119법 시행령」상 소방청장·소방본부장 또는 소방서장은 여름철 물놀이 장소에서의 안전을 확보하기 위하여 필요한 경우 민간 자원봉사자로 구성된 ㉠을 지원할 수 있다.(○)
→ 119법 시행령 5조 3항에 소방청장·소방본부장 또는 소방서장(이하 "소방청장등"이라 한다)은 여름철 물놀이 장소에서의 안전을 확보하기 위하여 필요한 경우 민간 자원봉사자로 구성된 구조대(이하 "119시민수상구조대"라 한다)를 지원할 수 있다.

② 「119법 시행령」상 ㉠의 운영, 그 밖에 필요한 사항은 시·도의 조례로 정한다.(○)
→ 119법 시행령 5조 4항에 119시민수상구조대의 운영, 그 밖에 필요한 사항은 시·도의 조례로 정한다.

③ 「119법 시행령」상 ㉡은 특수구조대로 소방대상물, 지역 특성, 재난 발생 유형 및 빈도 등을 고려하여 시·도의 규칙으로 정하는 바에 따라 관할하는 소방본부 또는 소방서에 설치한다.(×)
→ 119법 시행령 5조 1항에 2. 특수구조대 : 소방대상물, 지역 특성, 재난 발생 유형 및 빈도 등을 고려하여 시·도의 규칙으로 정하는 바에 따라 다음 각 목의 구분에 따른 지역을 관할하는 소방서에 다음 각 목의 구분에 따라 설치한다. 다만, 라목에 따른 고속국도구조대는 제3호에 따라 설치되는 직할구조대에 설치할 수 있다.

가. 화학구조대 : 화학공장이 밀집한 지역
나. 수난구조대 : 「내수면어업법」 제2조제1호에 따른 내수면지역
다. 산악구조대 : 「자연공원법」 제2조제1호에 따른 자연공원 등 산악지역
라. 고속국도구조대 : 「도로법」 제10조제1호에 따른 고속국도(이하 "고속국도"라 한다)
마. 지하철구조대 : 「도시철도법」 제2조제3호가목에 따른 도시철도의 역사(驛舍) 및 역 시

④ 「119법 시행령」상 ⓒ은 「자연공원법」 제2조제1호에 따른 자연공원 등 산악지역에 설치한다.(○)
  → 산악구조대는 「자연공원법」 제2조제1호에 따른 자연공원 등 산악지역에 설치한다.

13

재난관리 2) 우리나라의 재난관리 - 안전관리기구 및 기능

「재난 및 안전관리 기본법」상 (가), (나)에 대한 설명으로 옳지 않은 것은? (단, (가), (나)는 각각 수습지원단, 수습본부 중 하나임.)

> (가) 재난관리주관기관의 장은 재난이 발생하거나 발생할 우려가 있는 경우에는 대통령령으로 정하는 바에 따라 재난상황을 효율적으로 관리하고 재난을 수습하기 위한 (가)를 신속하게 설치·운영하여야 한다.
> (나) 중앙대책본부장은 국내 또는 해외에서 발생하였거나 발생할 우려가 있는 대규모재난의 수습을 지원하기 위하여 관계 중앙행정기관 및 관계 기관·단체의 재난관리에 관한 전문가 등으로 (나)를 구성하여 현지에 파견할 수 있다.

① 행정안전부장관은 재난이나 그 밖의 각종 사고로 인한 피해의 심각성, 사회적 파급효과 등을 고려하여 필요하다고 인정하는 경우에는 재난관리주관기관의 장에게 (가)의 설치·운영을 요청할 수 있다. 이 경우 요청을 받은 재난관리주관기관의 장은 특별한 사유가 없으면 요청에 따라야 한다.
② (나)는(은) 재난을 수습하기 위하여 필요하면 관계 재난관리책임기관의 장에게 행정상 및 재정상의 조치, 소속 직원의 파견, 그 밖에 필요한 지원을 요청할 수 있다. 이 경우 요청을 받은 관계 재난관리책임기관의 장은 특별한 사유가 없으면 요청에 따라야 한다.
③ (가)의 장은 해당 재난관리주관기관의 장이 된다.
④ (나)의 구성과 운영 및 특수기동구조대의 편성과 파견 등에 필요한 사항은 대통령령으로 정한다.

정답 ②

(가)는 수습본부이고, (나)는 수습지원단이다.
① 행정안전부장관은 재난이나 그 밖의 각종 사고로 인한 피해의 심각성, 사회적 파급효과 등을 고려하여 필요하다고 인정하는 경우에는 재난관리주관기관의 장에게 (가)의 설치·운영을 요청할 수 있다. 이 경우 요청을 받은 재난관리주관기관의 장은 특별한 사유가 없으면 요청에 따라야 한다.(○)
  → 재난 및 안전관리기본법 15조의 2에 2항에 따라서 행정안전부장관은 재난이나 그 밖의 각종 사고로 인한 피해의 심각성, 사회적 파급효과 등을 고려하여 필요하다고 인정하는 경우에는 재난관리주관기관의 장에게 수습본부의 설치·운영을 요청할 수 있다. 이 경우 요청을 받은 재난관리주관기관의 장은 특별한 사유가 없으면 요청에 따라야 한다.
② (나)는(은) 재난을 수습하기 위하여 필요하면 관계 재난관리책임기관의 장에게 행정상 및 재정상의 조치, 소속 직원의 파견, 그 밖에 필요한 지원을 요청할 수 있다. 이 경우 요청을 받은 관계 재난관리책임기관의 장은 특별한 사유가 없으면 요청에 따라야 한다.(×)
  → 재난 및 안전관리기본법 15조의 2에 5항에 따라서 수습본부장은 재난을 수습하기 위하여 필요하면 관계 재난관리책임기관의 장에게 행정상 및 재정상의 조치, 소속 직원의 파견, 그 밖에 필요한 지원을 요청할 수 있다. 이 경우 요청을 받은 관계 재난관리책임기관의 장은 특별한 사유가 없으면 요청에 따라야 한다.

③ (가)의 장은 해당 재난관리주관기관의 장이 된다.(○)
→ 재난 및 안전관리기본법 15조의 2에 3항에 따라서 **수습본부의 장**은 해당 재난관리주관기관의 장이 된다.
④ (나)의 구성과 운영 및 특수기동구조대의 편성과 파견 등에 필요한 사항은 대통령령으로 정한다.(○)
→ 재난 및 안전관리기본법 14조의 2에 3항에 따라서 **수습지원단**의 구성과 운영 및 특수기동구조대의 편성과 파견 등에 필요한 사항은 대통령령으로 정한다.

---

14 ①②③ 재난관리 1) 재난 및 재난관리의 개념 – 재난관리의 개념과 단계별 관리사항

「재난 및 안전관리 기본법」상 다음 글은 재난관리 단계를 설명하고 있다. 이에 대한 내용 중 〈보기〉에서 같은 것을 모두 고른 것은? (단, 예방, 대비, 대응, 복구 중 하나이다.)

> 관계 중앙행정기관의 장은 제26조제1항에 따라 국가핵심기반을 지정한 경우에는 대통령령으로 정하는 바에 따라 소관 분야 국가핵심기반 보호계획을 수립하여 해당 관리기관의 장에게 통보하여야 한다.

보기

ㄱ. 중앙행정기관의 장 또는 지방자치단체의 장은 재난이 발생할 위험이 높거나 재난예방을 위하여 계속적으로 관리할 필요가 있다고 인정되는 지역을 대통령령으로 정하는 바에 따라 특정관리대상지역으로 지정할 수 있다.
ㄴ. 재난관리책임기관에서 재난 및 안전관리업무를 담당하는 공무원이나 직원은 행정안전부장관이 실시하는 전문교육을 행정안전부령으로 정하는 바에 따라 정기적으로 또는 수시로 받아야 한다.
ㄷ. 재난관리책임기관의 장은 재난을 효율적으로 관리하기 위하여 재난유형에 따라 위기관리 매뉴얼을 작성·운용하고, 이를 준수하도록 노력하여야 한다. 이 경우 재난대응활동계획과 위기관리 매뉴얼이 서로 연계되도록 하여야 한다.
ㄹ. 행정안전부장관은 안전기준을 체계적으로 관리·운용하기 위하여 안전기준을 통합적으로 관리할 수 있는 체계를 갖추어야 한다.

① ㄱ
② ㄱ, ㄴ
③ ㄱ, ㄴ, ㄷ
④ ㄴ, ㄷ, ㄹ

정답 ②

재난관리 단계는 예방, 대비, 대응, 복구가 있으며 예방단계에 해당된다.

> 관계 중앙행정기관의 장은 제26조제1항에 따라 국가핵심기반을 지정한 경우에는 대통령령으로 정하는 바에 따라 소관 분야 국가핵심기반 보호계획을 수립하여 해당 관리기관의 장에게 통보하여야 한다. – 예방단계로 제26조의2(국가핵심기반의 관리 등)

ㄱ. 중앙행정기관의 장 또는 지방자치단체의 장은 재난이 발생할 위험이 높거나 재난예방을 위하여 계속적으로 관리할 필요가 있다고 인정되는 지역을 대통령령으로 정하는 바에 따라 특정관리대상지역으로 지정할 수 있다.(○)
→ 제27조(특정관리대상지역의 지정 및 관리 등)로 예방단계이다.
ㄴ. 재난관리책임기관에서 재난 및 안전관리업무를 담당하는 공무원이나 직원은 행정안전부장관이 실시하는 전문교육을 행정안전부령으로 정하는 바에 따라 정기적으로 또는 수시로 받아야 한다.(○)
→ 제29조의2(재난안전분야 종사자 교육)로 예방단계이다.
ㄷ. 재난관리책임기관의 장은 재난을 효율적으로 관리하기 위하여 재난유형에 따라 위기관리 매뉴얼을 작성·운용하고, 이를 준수하도록 노력하여야 한다. 이 경우 재난대응활동계획과 위기관리 매뉴얼이 서로 연계되도록 하여야 한다.(×)
→ 제34조의5(재난분야 위기관리 매뉴얼 작성·운용)로 대비단계이다.
ㄹ. 행정안전부장관은 안전기준을 체계적으로 관리·운용하기 위하여 안전기준을 통합적으로 관리할 수 있는 체계를 갖추어야 한다.(×)
→ 제34조의7(안전기준의 등록 및 심의 등)이며, 대비단계이다.

15

「재난 및 안전관리기본법」상 다음에 들어갈 말로 옳은 것은?

> (가) 재난 발생시 신속한 재난대응 활동 참여 등 중앙민관협력위원회의 기능을 지원하기 위하여 중앙민관협력위원회에 대통령령으로 정하는 바에 따라 (ㄱ)을 둘 수 있다.
> (나) 중앙대책본부장은 국내 또는 해외에서 발생하였거나 발생할 우려가 있는 대규모재난의 수습을 지원하기 위하여 관계 중앙행정기관 및 관계 기관·단체의 재난관리에 관한 전문가 등으로 (ㄴ)을 구성하여 현지에 파견할 수 있다.

① (ㄱ) 재난긴급대응단 (ㄴ) 수습지원단
② (ㄱ) 수습지원단 (ㄴ) 재난긴급대응단
③ (ㄱ) 수습지원단 (ㄴ) 수습지원단
④ (ㄱ) 재난긴급대응단 (ㄴ) 재난긴급대응단

정답 ①

중앙민관협력위원회에 재난긴급대응단을 둘 수 있고, 중앙대책본부장은 수습지원단을 구성하여 현장에 파견할 수 있다.

※ 법 제12조3의③
재난 발생 시 신속한 재난대응 활동 참여 등 중앙민관협력위원회의 기능을 지원하기 위하여 중앙민관협력위원회에 대통령령으로 정하는 바에 따라 재난긴급대응단을 둘 수 있다.

※ 제14조의2(수습지원단 파견 등)
① 중앙대책본부장은 국내 또는 해외에서 발생하였거나 발생할 우려가 있는 대규모재난의 수습을 지원하기 위하여 관계 중앙행정기관 및 관계 기관·단체의 재난관리에 관한 전문가 등으로 수습지원단을 구성하여 현지에 파견할 수 있다.

※ 제15조의2(중앙 및 지역사고수습본부)
① 재난관리주관기관의 장은 재난이 발생하거나 발생할 우려가 있는 경우에는 대통령령으로 정하는 바에 따라 재난상황을 효율적으로 관리하고 재난을 수습하기 위한 중앙사고수습본부(이하 "수습본부"라 한다)를 신속하게 설치·운영하여야 한다.
⑧ 수습본부장은 재난을 수습하기 위하여 필요하면 대통령령으로 정하는 바에 따라 제14조의2제1항에 따른 수습지원단을 구성·운영할 것을 중앙대책본부장에게 요청할 수 있다.

16

다음은 ○○언론에 보도된 내용이다. 밑줄 친 ㉠㉡에 대한 설명으로 옳지 않은 것은?

> (가) ㉠ 통합자원봉사지원단이 29일 ○○안전체험관에서 단원 40여 명이 참여한 가운데 재난상황 대응 안전체험교육을 받았다.
> (나) 통합자원봉사지원단은 다음 각호의 업무를 수행한다.
> 1. 자원봉사자의 ㉡ (   )
> 2. 자원봉사자의 배치 및 운영
> 3. 자원봉사자에 대한 교육훈련
> 4. 자원봉사자에 대한 안전조치
> 5. 자원봉사 관련 정보의 수집 및 제공
> 6. 그 밖에 자원봉사 활동의 지원에 관한 사항

① 행정안전부장관, 시·도지사 및 시장·군수·구청장은 통합자원봉사지원단의 원활한 운영을 위하여 필요한 경우 자원봉사 관련 업무 종사자에 대한 교육훈련을 실시할 수 있다.
② 행정안전부장관은 통합자원봉사지원단의 원활한 운영을 위하여 필요한 경우 지방자치단체에 대하여 행정 및 재정적 지원을 할 수 있다.
③ 수습본부장은 재난의 효율적 수습을 위하여 지역수습본부에 통합자원봉사지원단을 설치·운영한다.
④ ㉡은 모집·등록이다.

정답 ③

지역대책본부장은 재난의 효율적 수습을 위하여 지역대책본부에 통합자원봉사지원단을 설치·운영할 수 있다.

※ 재난 및 안전관리기본법 제17조의2(재난현장 통합자원봉사지원단의 설치 등)
① 지역대책본부장은 재난의 효율적 수습을 위하여 지역대책본부에 통합자원봉사지원단을 설치·운영할 수 있다.
② 통합자원봉사지원단은 다음 각 호의 업무를 수행한다.
   1. 자원봉사자의 모집·등록
   2. 자원봉사자의 배치 및 운영
   3. 자원봉사자에 대한 교육훈련
   4. 자원봉사자에 대한 안전조치
   5. 자원봉사 관련 정보의 수집 및 제공
   6. 그 밖에 자원봉사 활동의 지원에 관한 사항
③ 행정안전부장관은 통합자원봉사지원단의 원활한 운영을 위하여 필요한 경우 지방자치단체에 대하여 행정 및 재정적 지원을 할 수 있다.
④ 행정안전부장관, 시·도지사 및 시장·군수·구청장은 통합자원봉사지원단의 원활한 운영을 위하여 필요한 경우 자원봉사 관련 업무 종사자에 대한 교육훈련을 실시할 수 있다.
⑤ 제1항부터 제4항까지에서 규정한 사항 외에 통합자원봉사지원단의 구성·운영에 관하여 필요한 사항은 해당 지방자치단체의 조례로 정한다.

17

다음은 재난 및 안전관리기본법의 내용이다. 박스 ㉠~㉣에 들어갈 숫자 합은 얼마인가?

(가) 국무총리는 대통령령으로 정하는 바에 따라 (㉠)년마다 국가의 재난 및 안전관리업무에 관한 기본계획의 수립지침을 작성하여 관계 중앙행정기관의 장에게 통보하여야 한다.

(나) 행정안전부장관은 제71조제1항의 재난 및 안전관리에 관한 과학기술의 진흥을 위하여 (㉡)년마다 관계 중앙행정기관의 재난 및 안전관리기술개발에 관한 계획을 종합하여 조정위원회의 심의와 「국가과학기술자문회의법」에 따른 국가과학기술자문회의의 심의를 거쳐 재난 및 안전관리기술개발 종합계획을 수립하여야 한다.

(다) 시장·군수·구청장은 제41조에 따른 위험구역 및 「자연재해대책법」 제12조에 따른 자연재해위험개선지구 등 재난으로 인하여 사람의 생명·신체 및 재산에 대한 피해가 예상되는 지역에 대하여 그 피해를 예방하기 위하여 시·군·구 재난 예보·경보체계 구축 종합계획을 (㉢)년 단위로 수립하여 시·도지사에게 제출하여야 한다.

(라) 재난관리기금의 매년도 최저적립액은 최근 (㉣)년 동안의 「지방세법」에 의한 보통세의 수입결산액의 평균연액의 100분의 1에 해당하는 금액으로 한다.

① 16 ② 18
③ 20 ④ 15

정답 ②

18

다음 〈보기〉의 조건이 주어졌을 때 연소하한계는 얼마인가?

보기
ㄱ. 메탄(CH_4)의 공기 중 연소하한계는 5%이고, 연소상한계는 15%이다.
ㄴ. 프로판(C_3H_8)의 공기 중 연소하한계는 2%이고, 연소상한계는 9.5%이다.
ㄷ. 메탄(CH_4)이 50% 농도와 프로판(C_3H_8)이 30% 혼합되어 있다.

① 4% ② 3.2%
③ 5% ④ 2%

정답 ②

$$\frac{80}{\frac{50}{5}+\frac{30}{2}}=3.2$$

※ 혼합가스의 폭발하한계 계산방법
두 종류 이상의 가연성 가스 또는 증기 혼합물이 있을 때 폭발범위 하한계를 계산에 의하여 구하는 경우 르샤틀리에(Le Chateilier)의 법칙을 사용한다.

$$L = \frac{100}{\frac{V_1}{L_1}+\frac{V_2}{L_2}+\frac{V_3}{L_3}+\ldots}$$

* L : 혼합가스의 폭발하한계(vol%)
* V_1 : 각 단독성분의 혼합가스 중의 농도(vol%)
* L_1 : 혼합가스를 형성하는 각 단독 성분의 폭발하한계(vol%)

※ 존스(Jones)식
단일가스 성분의 연소범위를 구하는 식
$LFL = 0.55C_{st}$, $UFL = 3.5C_{st}$

$$C_{st} = \frac{연료몰수}{연료몰수+공기몰수} \times 100$$

(가) 국무총리는 대통령령으로 정하는 바에 따라 (5)년마다 국가의 재난 및 안전관리업무에 관한 기본계획의 수립지침을 작성하여 관계 중앙행정기관의 장에게 통보하여야 한다.

(나) 행정안전부장관은 제71조제1항의 재난 및 안전관리에 관한 과학기술의 진흥을 위하여 (5)년마다 관계 중앙행정기관의 재난 및 안전관리기술개발에 관한 계획을 종합하여 조정위원회의 심의와 「국가과학기술자문회의법」에 따른 국가과학기술자문회의의 심의를 거쳐 재난 및 안전관리기술개발 종합계획을 수립하여야 한다.

(다) 시장·군수·구청장은 제41조에 따른 위험구역 및 「자연재해대책법」 제12조에 따른 자연재해위험개선지구 등 재난으로 인하여 사람의 생명·신체 및 재산에 대한 피해가 예상되는 지역에 대하여 그 피해를 예방하기 위하여 시·군·구 재난 예보·경보체계 구축 종합계획을 (5)년 단위로 수립하여 시·도지사에게 제출하여야 한다.

(라) 재난관리기금의 매년도 최저적립액은 최근 (3)년 동안의 「지방세법」에 의한 보통세의 수입결산액의 평균연액의 100분의 1에 해당하는 금액으로 한다.

19

다음 그림에 대한 설명 중 옳지 않은 것은?

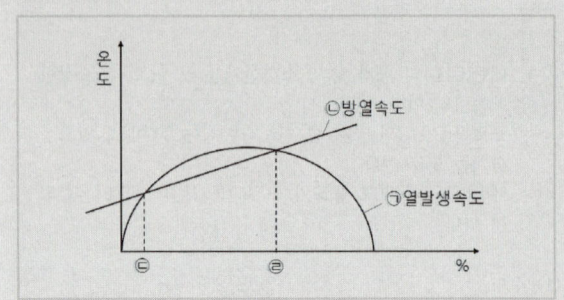

① 온도가 높아지면, 열의 발생속도>방열속도 → 연소범위가 넓어진다.
② 온도가 올라가면 분자의 운동이 활발해져서 분자 간 유효충돌 가능성이 커지기 때문에 연소범위는 넓어진다.
③ ⓒ은 연소점이고 점화원을 제거하더라도 계속 불이 붙는 지점이다. 또한, ⓒ에서 ⓔ사이는 발화점이다.
④ 온도가 낮아지면, 열의 발생속도<방열속도 → 연소범위가 좁아지거나 없어진다.

정답 ③

③ ⓒ은 하한계이고 ⓔ은 상한계이다. 온도변화에 따른 연소범위 변화이다.

※ 연소범위에 대한 영향 인자
① 산소 농도 : 산소 농도가 증가하면 하한계의 변화는 거의 없고, 상한계가 넓어져 연소범위가 넓어진다.
② 온도
  ㉠ 온도가 올라가면 분자의 운동이 활발해져서 분자 간 유효충돌 가능성이 커지기 때문에 연소범위는 넓어진다.
  ㉡ 온도가 높아지면, 열의 발생속도>방열속도 → 연소범위가 넓어진다.
  ㉢ 온도가 낮아지면, 열의 발생속도<방열속도 → 연소범위가 좁아지거나 없어진다.
  ㉣ 일반적으로 기체분자의 속도는 온도가 올라가면 증가하고, 내려가면 감소한다.
  ㉤ 온도가 올라가면 분자 운동이 활발해져 충돌횟수가 증가한다.
③ 압력
  ㉠ 일반적으로 압력이 높아지면 분자 간의 평균거리가 축소되어 유효충돌이 증가되며 화염의 전달이 용이하여 연소한계는 넓어진다.
  ㉡ 연소하한은 크게 변하지 않으나 상한이 높아져 전체적으로 범위가 넓어진다.
  ㉢ 예외적으로 수소(H_2)는 압력이 낮거나 높을 때 일시적으로 연소범위가 좁아진다.
  ㉣ 예외적으로 일산화탄소(CO)는 압력이 증가하면 연소범위가 좁아진다.
④ 비활성 가스 : 비활성 가스를 투입하면 공기 중 산소농도가 저하되므로 연소상한은 크게 변화하고 하한은 작게 변화하여 전체적으로 연소범위가 좁아진다.

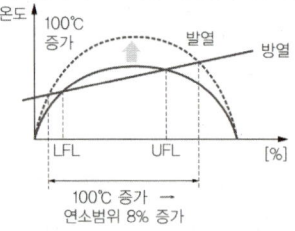

온도 변화에 따른 연소범위 변화

20

다음 중 Mccaffrey에 의한 3가지 영역에 해당되지 않는 것은?

① 부력플럼   ② 간헐화염
③ 연속화염   ④ 확산화염

정답 ④

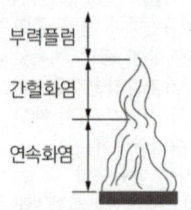

Mccaffrey에 의한 3가지 영역

※ 화염의 유무에 따른 비교(참고)

구분	불꽃 O	불꽃 ×
화재	표면화재	심부화재
물질	고체, 액체, 기체	고체
형태	분해연소, 자기연소, 증발연소, 확산연소, 예혼합연소, 자연발화	표면연소, 훈소, 작열연소
소화	부촉매소화 가능	부촉매소화 불가능
연소특성	분해, 증발, 확산 등 연소가 복잡함	고비점 액체생성물과 타르가 응축되고 휘발분이 없음
방출열량	시간당 방출열량이 크다.	시간당 방출열량이 작다.
연기	어두운 연기(Dark smoke)	밝은 연기(Light smoke)
적응화재	일반, 유류, 전기화재 적용	일반화재 적용
에너지	고에너지	저에너지
연소물질	열가소성, 가솔린, 가연성가스	열경화성, 코크스, 숯
연소가스	이산화탄소가 많이 생성	일산화탄소가 많이 생성

21 화재이론 3) 위험물화재의 성상 – 보일오버 등 위험물 화재의 특수 현상과 대처법

〈보기〉의 당량비에 대한 설명으로 옳지 않은 것을 모두 고르시오.

보기

ㄱ. 당량비란 연소시 공기-연료의 비율을 알기 위한 것으로서, 연료 대비 공기의 과부족량을 나타낸 비율이라고 볼 수 있다.
ㄴ. 당량비는 온도조건인 에너지조건과 물적조건을 모두 의미한다.
ㄷ. $\theta > 1$ 공기부족, 환기지배형화재이다.
ㄹ. 불완전연소에 필요한 연료에 비해 실제 투입한 연료이다.
ㅁ. 완전연소에 공연비에 실제 투입한 공연비이다.

① ㄴ, ㄹ ② ㄱ, ㄷ
③ ㄴ, ㄹ, ㅁ ④ ㄱ, ㄴ, ㄹ, ㅁ

정답 ④

액온이 인화점보다 높은 경우이므로 경질유이다. 따라서 예혼합형전파를 나타낸다.

ㄱ. 당량비란 연소시 공기-연료의 비율을 알기 위한 것으로서, 연료 대비 공기의 과부족량을 나타낸 비율이라고 볼 수 있다.(×)
  → 당량비란 연소시 연료-공기의 비율을 알기 위한 것으로서, 공기 대비 연료의 과부족량을 나타낸 비율이라고 볼 수 있다.
ㄴ. 당량비는 온도조건인 에너지 조건과 물적조건을 모두 의미한다.(×)
  → 당량비는 농도비로 물적조건이다.
ㄷ. $\theta > 1$ 공기부족, 환기지배형화재이다.(○)
  → $\theta > 1$ 공기부족, 환기지배형화재이다.
ㄹ. 불완전연소에 필요한 연료에 비해 실제 투입한 연료이다.(×)
  → 연공비이다.
ㅁ. 완전연소에 공연비에 실제 투입한 공연비이다.(×)
  → 완전연소에 연공비에 실제 투입한 공연비이다.

22 화재이론 2) 건물화재의 성상 – 화재의 진행별 특성

〈보기〉는 화재에 대한 설명이다. 옳은 것을 모두 고르시오.

보기

ㄱ. 화재하중은 화재의 규모를 결정하는 데 사용하며, 성능위주설계에 적용한다.
ㄴ. 방염을 처리한 대상물은 화재성장속도가 fast였고, 방염을 처리하지 않는 대상물의 화재성장속도는 midium이었다. (단, 나머지 조건은 동일하다)
ㄷ. 일반적으로 화재성장속도가 slow가 600초이다.
ㄹ. 감퇴기에 비해 최성기때는 화세가 쇠퇴하며, 지붕, 벽체, 대들보, 기둥도 무너져 떨어지고 연기는 흑색에서 백색이 된다.
ㅁ. 최성기때는 감퇴기에 비해 연기의 분출속도는 느리지만, 연기와 발열량이 감퇴기에 비해 크다.

① ㄴ, ㄹ ② ㄱ, ㄷ
③ ㄴ, ㄹ, ㅁ ④ ㄱ, ㄴ, ㄹ, ㅁ

정답 ②

ㄱ. 화재하중은 화재의 규모를 결정하는 데 사용하며, 성능위주설계에 적용한다.(○)
  → 화재하중은 사양위주설계에는 적용이 되지 않으며 성능위주설계에 적용된다.
ㄴ. 방염을 처리한 대상물은 화재성장속도가 fast였고, 방염을 처리하지 않는 대상물의 화재성장속도는 midium이었다. (단, 나머지 조건은 동일하다)(×)
  → 방염을 처리한 대상물이 방염을 처리하지 않는 대상물보다 화재성장속도가 느리다.
ㄷ. 일반적으로 화재성장속도가 slow가 600초이다.(○)
  → slow(600), medium(300), fast(150), ultra-fast(75)로 속도가 빨라진다.
ㄹ. 감퇴기에 비해 최성기때는 화세가 쇠퇴하며, 지붕, 벽체, 대들보, 기둥도 무너져 떨어지고 연기는 흑색에서 백색이 된다.(×)
  → 감퇴기에 화세가 쇠퇴하며, 지붕, 벽체, 대들보, 기둥도 무너져 떨어지고 연기는 흑색에서 백색이 된다.
ㅁ. 최성기때는 감퇴기에 비해 연기의 분출속도는 느리지만, 연기와 발열량이 감퇴기에 비해 크다.(×)
  → 최성기때는 연기의 분출속도는 빠르다.

23. 화재이론 3) 위험물화재의 성상 – 위험물 류별 특성과 소화방법

다음은 4류 위험물에 대한 설명이다. 〈보기〉에서 옳은 것을 모두 고르시오.

보기

ㄱ. 시안화수소는 1석유류로서 비수용성이며 위험등급은 Ⅱ등급이다.
ㄴ. 트리메틸알루미늄은 물과 반응하여 가연성 가스인 메탄을 발생시킨다.
ㄷ. 글리세린은 수용성으로 4석유류이다.
ㄹ. 이황화탄소는 발화점이 100℃로 낮아 발화의 위험이 있다.
ㅁ. 대부분 발생하는 증기의 비중은 공기보다 가볍다.

① ㄴ, ㄹ
② ㄴ, ㄷ
③ ㄴ, ㄹ, ㅁ
④ ㄹ

정답 ④

4류 위험물에 대한 설명을 고르는 것이다.
ㄱ. 시안화수소는 1석유류로서 비수용성이며 위험등급은 Ⅱ등급이다.(×)
 → 시안화수소는 수용성이다.
ㄴ. 트리메틸알루미늄은 물과 반응하여 가연성 가스인 메탄을 발생시킨다.(×)
 → 트리메틸알루미늄은 3류 위험물이다.
ㄷ. 글리세린은 수용성으로 4석유류이다.(×)
 → 글리세린은 3석유류이다.
ㄹ. 이황화탄소는 발화점이 100℃로 낮아 발화의 위험이 있다.(○)
 → 특수인화물로 옳은 지문이다.
ㅁ. 대부분 발생하는 증기의 비중은 공기보다 가볍다.(×)
 → 공기보다 무겁다. (단, 시안화수소는 공기보다 가볍다).

24. 화재이론 3) 위험물화재의 성상 – 위험물 류별 특성과 소화방법

다음은 3류 위험물에 대한 설명이다. 〈보기〉에서 옳은 것을 모두 고르시오.

보기

ㄱ. 알킬알루미늄, 알킬리튬, 유기금속화합물은 유기화합물이다.
ㄴ. 칼륨, 나트륨, 알킬알루미늄, 알킬리튬은 물보다 가볍다.
ㄷ. 황린은 지정수량이 20kg이고, 위험등급은 Ⅱ등급이다.
ㄹ. 금속분류, 철분, 마그네슘은 물(또는 뜨거운 물)과 반응하여 수소(H_2)가스를 발생시키고 묽은 산과 접촉에 의해 수소가스를 발생시킨다.
ㅁ. 금속분, 철분, 마그네슘, 황화인 등은 마른모래, 건조분말에 의한 질식소화를 한다.

① ㄱ, ㄴ
② ㄴ, ㄷ
③ ㄴ, ㄹ
④ ㄹ, ㅁ

정답 ①

3류 위험물에 대한 설명을 고르는 것이다.
ㄱ. 알킬알루미늄, 알킬리튬, 유기금속화합물은 유기화합물이다.(○)
 → 황린, 칼륨, 나트륨, 알카리금속, 알카리토금속, 금속의 인화물, 칼슘 또는 알루미늄의 탄화물 등은 무기화합물이고, 알킬알루미늄, 알킬리튬, 유기금속화합물은 유기화합물이다.
ㄴ. 칼륨, 나트륨, 알킬알루미늄, 알킬리튬은 물보다 가볍다.(○)
 → 칼륨(K), 나트륨(Na)은 무르며, 칼륨(K), 나트륨(Na), 알킬알루미늄(R–Al), 알킬리튬(R–Li)을 제외하고 물보다 무겁다.
ㄷ. 황린은 지정수량이 20kg이고, 위험등급이 Ⅱ등급이다.(×)
 → 위험등급은 황린은 Ⅰ등급이다.
ㄹ. 금속분류, 철분, 마그네슘은 물(또는 뜨거운 물)과 반응하여 수소(H_2)가스를 발생시키고 묽은 산과 접촉에 의해 수소가스를 발생시킨다.(×)
 → 2류에 대한 설명이다.
ㅁ. 금속분, 철분, 마그네슘, 황화인 등은 마른모래, 건조분말에 의한 질식소화를 한다.(×)
 → 2류에 대한 설명이다.

25 1 2 3 화재이론 4) 화재조사 -화재원인 및 피해조사 기초 등 화재관련내용

「화재조사 및 보고규정」상 다음은 화재조사에 대한 설명이다. 〈보기〉에서 옳은 것을 모두 고르시오.

보기

ㄱ. "감식"이란 화재와 관계되는 물건의 형상, 구조, 재질, 성분, 성질 등 이와 관련된 모든 현상에 대하여 과학적 방법에 의한 필요한 실험을 행하고 그 결과를 근거로 화재원인을 밝히는 자료를 얻는 것을 말한다.
ㄴ. "발화열원"이란 열원과 가연물이 상호작용하여 화재가 시작된 지점을 말한다.
ㄷ. 소방서장은 사상자가 20명 이상인 때에는 소방서장이 화재합동조사단을 구성하여 운영하는 것을 원칙으로 한다.
ㄹ. "연소확대물"이란 연소가 확대되는 데 있어 결정적 영향을 미친 가연물을 말한다.
ㅁ. "최종잔가율"이란 피해물의 내용연수가 다한 경우 잔존하는 가치의 재구입비에 대한 비율을 말한다.

① ㄱ, ㄴ
② ㄴ, ㄷ
③ ㄴ, ㄹ
④ ㄹ, ㅁ

정답 ④

화재조사보고규정에 있는 내용을 정확하게 숙지하고 있는지에 관한 문제이다.

ㄱ. "감식"이란 화재와 관계되는 물건의 형상, 구조, 재질, 성분, 성질 등 이와 관련된 모든 현상에 대하여 과학적 방법에 의한 필요한 실험을 행하고 그 결과를 근거로 화재원인을 밝히는 자료를 얻는 것을 말한다.(×)
 → "감식"이란 화재원인의 판정을 위하여 전문적인 지식, 기술 및 경험을 활용하여 주로 시각에 의한 종합적인 판단으로 구체적인 사실관계를 명확하게 규명하는 것을 말한다.
 → "감정"이란 화재와 관계되는 물건의 형상, 구조, 재질, 성분, 성질 등 이와 관련된 모든 현상에 대하여 과학적 방법에 의한 필요한 실험을 행하고 그 결과를 근거로 화재원인을 밝히는 자료를 얻는 것을 말한다.
ㄴ. "발화열원"이란 열원과 가연물이 상호작용하여 화재가 시작된 지점을 말한다.(×)
 → "발화열원"이란 발화의 최초 원인이 된 불꽃 또는 열을 말한다.
 → "발화지점"이란 열원과 가연물이 상호작용하여 화재가 시작된 지점을 말한다.
ㄷ. 소방서장은 사상자가 20명 이상인 때에는 소방서장이 화재합동조사단을 구성하여 운영하는 것을 원칙으로 한다.(×)
 → 소방관서장은 영 제7조제1항에 해당하는 화재가 발생한 경우 다음 각 호에 따라 화재합동조사단을 구성하여 운영하는 것을 원칙으로 한다.
  1. 소방청장 : 사상자가 30명 이상이거나 2개 시·도 이상에 걸쳐 발생한 화재(임야화재는 제외한다. 이하 같다)
  2. 소방본부장 : 사상자가 20명 이상이거나 2개 시·군·구 이상에 발생한 화재
  3. 소방서장 : 사망자가 5명 이상이거나 사상자가 10명 이상 또는 재산피해액이 100억원 이상 발생한 화재
ㄹ. "연소확대물"이란 연소가 확대되는 데 있어 결정적 영향을 미친 가연물을 말한다.(○)
ㅁ. "최종잔가율"이란 피해물의 내용연수가 다한 경우 잔존하는 가치의 재구입비에 대한 비율을 말한다.(○)

제3회 정답 및 해설

빠른 정답	1	①	2	②	3	④	4	④	5	③	6	④	7	③	8	④	9	③	10	①	11	④	12	③	13	①
	14	④	15	③	16	①	17	②	18	①	19	②	20	③	21	①	22	③	23	③	24	④	25	④		

01 연소이론 2) 연기 및 화염 – 열전달 방식 등 연소관련 내용

콘크리트 벽체를 관통하는 단위면적당 열유동율을 구하시오. (단, 벽의 두께는 0.05m, 벽 양면의 온도는 각각 40℃와 20℃이며, 콘크리트의 열전도율은 1W/m・K이며, 면적은 2m²이다.)

① 400
② 800
③ 500
④ 80

정답 ①

단위면적당 유동율이므로 면적을 곱할 필요는 없다.

※ 단위면적당 열유동율을 熱流束(heat flux)이라 하고 $\dot{q}''$로 표시한다.

$$\dot{q}'' = \dot{q}/A$$
$$\dot{q} = kA(T_2 - T_1)/\ell$$
$$\dot{q} = kA(T_2 - T_1)/\ell$$
$$= (1\,W/m \cdot K) \times (40 - 20)℃/0.05m$$
$$= 400\,W/m^2$$

∴ $400\,W/m^2/1 = 400\,W/m^2$

※ 단위면적 값(A)이 1이므로, 여기에서 $\dot{q}$와 $\dot{q}''$는 같음

※ 푸리에의 전도법칙(Fourier's law of conduction)
열유속(열유동율)은 열전도율, 열전달면적, 고온부와 저온부의 온도 차이와 면적에 비례하고 열이 전달되는 거리에는 반비례하며, 열의 유동은 시간에 따라 변화하지 않는다.

$$\dot{q} = \frac{kA(T_2 - T_1)}{\ell}$$

k : 열전도율
A : 열전달 부분의 면적
$(T_2 - T_1)$: 각 벽면의 온도 차
ℓ : 벽두께

02 소방조직 1) 소방조직 – 소방조직관리의 기초이론

〈보기〉에서 설명하고 있는 이론과 주장한 사람으로 옳은 것은?

보기

ㄱ. 문제해결에 대해 개인적으로 책임을 져야 하는 상황을 좋아한다.
ㄴ. 적당한 목표설정을 하고 계산된 위험을 감수하는 경향이 강하다.
ㄷ. 진행한 일의 성과에 대한 평가(feedback)를 원한다.

① 욕구이론(A. H. Maslow)
② 성취욕구이론(D. C. McClelland)
③ E.R.G 이론(Alderfer)
④ X-Y 이론(D. M. McGregor)

정답 ②

성취욕구이론을 주장한 McClelland는 개인의 성취욕구에 초점을 맞추어 연구를 하여 그 결과 성취욕구가 강한 사람은 보기의 세 가지 특징을 가진다고 본다.

1) 욕구이론(A. H. Maslow)
   ① 식욕, 휴식, 호흡에 대한 욕구 등 인간의 생존에 직결되는 생리적 욕구
   ② 외부의 위험, 공포・불안 등에 벗어나고 싶은 욕구, 강력한 보호자를 찾게 되는 욕구 등 육체적・정신적・심리적 안전을 추구하는 안전욕구
   ③ 타인과의 교류를 통한 애정을 찾게 되는 욕구와 일정 집단에 가입하고 싶은 욕구 등의 사회적 욕구(애정의 욕구)
   ④ 타인과의 관계에서 존경과 높은 평가를 받고 싶어하는 존경의 욕구
   ⑤ 자기 자신의 잠재력을 최대한 실현하고 싶어하는 자아실현의 욕구

2) 성취욕구이론(D. C. McClelland)
   McClelland는 개인의 성취욕구에 초점을 맞추어 연구를 하여 그 결과 성취욕구가 강한 사람은 다음의 세 가지 특징을 가진다고 본다.
   ① 문제해결에 대해 개인적으로 책임을 져야 하는 상황을 좋아한다.
   ② 적당한 목표설정을 하고 계산된 위험을 감수하는 경향이 강하다.
   ③ 진행한 일의 성과에 대한 평가(feedback)를 원한다.

3) E.R.G 이론(Alderfer)
   Maslow의 이론을 조직에 대한 현장 연구를 통하여 욕구의 종류와 배열에 있어서 수정을 가한 이론으로 아래 세 가지 욕구유형이 있다.

① 허기, 갈증, 거처와 같이 육체적인 생존을 유지하기 위한 모든 형태의 생리적 욕구를 의미하는 존재욕구(생리적 욕구 + 안전욕구)
② 개인 간의 사교, 소속감 등 자기에게 중요한 사람들과의 대인관계를 좋게 유지하고 싶어 하는 욕구를 의미하는 관계욕구(애정·소속의 욕구 + 존경의 욕구)
③ 자신감을 가지고 일하려는 욕구와 자기 발전을 추구하는 욕구를 의미하는 성장욕구(존경의 욕구 + 자아실현의 욕구)

4) X-Y 이론(D. M. McGregor)
관리자가 조직의 구성원에 대해 어떠한 가정을 갖고 있는가에 따라 조직 내 인간관리가 좌우된다고 보는 이론이다. 인간에 대한 부정적이고 불신적인 사고를 전제로 한 X이론과 그에 반대하여 보다 긍정적이고 낙관적인 인간관을 바탕으로 한 Y이론을 제시하고 향후 인간관리론은 Y이론에 따라 처방되어야 한다고 주장하였다.

03

조직의 업무에 따른 (가), (나)에 대한 설명으로 옳은 것은? (단, (가), (나)는 각각 일반행정조직, 소방행정조직 중 하나임.)

(가) 재난 현장에서 인명 및 재산을 보호하는 현장중심업무가 대부분을 차지함
(나) 기획이나 정책개발처럼 이론적이거나 현장성이 낮은 업무가 대부분 차지함

① (가)는 비상소집을 하여 사태를 대응하는 민방위대 대응방식이므로 위기에 많은 시간이 소요됨
② (나)는 상하간의 관계는 행정업무적인 관계와 전술적인 명령체계의 관계를 동시에 가짐
③ (나)는 위험성에 대해 도전적이며 전문지식과 전문기술이 필요함
④ (가)는 상시대기하므로 대응성이 매우 높으며, 가외성원리를 중요시함

정답 ④

(가)는 소방행정조직이고, (나)는 일반행정조직이다.

보충

일반행정조직과 소방행정조직의 비교
(자료 : 복문수 외(2010; 16-17) 수정)

구분	일반행정조직	소방행정조직
현장성	• 기획처럼 이론적 업무중심	• 현장기능 중심적 업무중심
계층성	• 상하간 수행결과보고가 대부분 • 조직구성원 간 커뮤니케이션이 비교적 용이한 편임	• 상하간의 관계는 행정업무적인 관계와 전술적인 명령체계의 관계를 동시에 가짐 • 조직구성원 간 커뮤니케이션은 유연하지 못함
전문성	• 전문성이 보통(일반적 업무) • 전문부서가 분산되어 있음	• 전문지식과 전문기술 필요
위험성	• 행정은 위험성이 낮음 • 위험성에 대하여 회피적임	• 현장에는 위험이 있을 수 있음 • 위험성에 대하여 도전적임
결과성	• 생산성, 정량성을 중요시함 • 업무집행 결과가 부정적으로 나와도 업무절차만 정당하였다면 결과에 대하여 책임을 지지 않는 경우가 많음	• 결과가 부정적인 경우 책임을 면하기 어려움 • 현장활동의 결과는 비가역적인 경우가 많음 • 그러므로 소방조직은 가외성원리를 중요시함
신속·대응성	• 비상소집을 하여 사태에 대응하는 민방위 대응방식을 채용하기 때문에 위기에 많은 시간이 소요됨	• 소방력은 상시 대기하므로 대응성이 아주 높음 • 직접적이고 공격적인 사태 대응을 견지함

04

소방역사에 대한 설명으로 옳지 않은 것은 무엇인가?

보기

(가) 자치소방체제로 남조선 과도정부 동위원회 집행기구로 소방청이 설치되었던 시기이다.
(나) 국가소방체제로 소방법이 제정되었으며, 지방세법 개정으로 소방공동시설세가 신설되었다.

① (가)시기에는 소방업무와 통신업무를 합쳐 소방과를 설치하였고 그 이후 1945년 11월 소방과에서 소방부로 변경하고, 도 경찰부 산하에 소방과를 설치하였다.
② (가)시기에는 소방부와 소방위원회를 설치하고 일시적으로 소방행정을 경찰로부터 분리하여 자치화 하였다.
③ (나)시기에는 중앙은 내무부 치안국 소방과에서 업무를 취급하였고, 각 도에는 경찰기구에 인수되어 소방행정은 경찰행정체제 속에 흡수되었다.
④ (나)시기에는 내무부에 민방위본부 설치로 민방위제도를 실시하게 되면서 치안본부 소방과에서 민방위본부 소방국으로 이관되면서 소방이 경찰로부터 분리되었다.

정답 ④

(가)는 과도기 미군정시대(1945~1948) - 자치소방체제이고, (나)는 초창기 정부수립 이후(1948~1970) - 국가소방체제이다.
① (가)시기에는 소방업무와 통신업무를 합쳐 소방과를 설치하였고 그 이후 1945년 11월 소방과에서 소방부로 변경하고, 도 경찰부 산하에 소방과를 설치하였다.(○)
 → 해방 이후 조선총독부를 인수한 미군정은 소방업무와 통신업무를 합쳐 소방과를 설치하였다.
② (가)시기에는 소방부와 소방위원회를 설치하고 일시적으로 소방행정을 경찰로부터 분리하여 자치화 하였다.(○)
 → 미군정때인 1946년 4월 10일, 소방부와 소방위원회를 설치하였다.
③ (나)시기에는 중앙은 내무부 치안국 소방과에서 업무를 취급하였고, 각 도에는 경찰기구에 인수되어 소방행정은 경찰행정체제 속에 흡수되었다.(○)
 → 국가소방체제인 1948년에 중앙은 내무부 치안국 소방과에서 업무를 취급하였다.
④ (나)시기에는 내무부에 민방위본부 설치로 민방위제도를 실시하게 되면서 치안본부 소방과에서 민방위본부 소방국으로 이관되면서 소방이 경찰로부터 분리되었다.(×)
 → 1975년 내무부에 민방위본부 설치로 민방위제도를 실시하게 되면서 치안본부 소방과에서 민방위본부 소방국으로 이관되며 소방이 경찰로부터 분리되었던 시기는 발전기(1970~1992)이다.

05

다음 〈보기〉 중 구획실에서 화재의 지속시간에 대한 설명으로 옳은 것을 모두 고르시오.

보기

ㄱ. 화재실 단위면적당 가연물의 양에 비례한다.
ㄴ. 화재실 바닥면적에 반비례한다.
ㄷ. 화재실 개구부 면적에 비례한다.
ㄹ. 화재실 개구부 높이의 제곱근에 반비례한다.

① ㄱ, ㄴ
② ㄴ, ㄷ, ㄹ
③ ㄱ, ㄹ
④ ㄱ, ㄴ, ㄷ

정답 ③

온도는 화재강도이고, 지속시간은 화재하중이다.
지속시간은 연소속도가 빨라지면 짧아진다. 연소속도란 개구부의 면적과 높이의 제곱근이 클수록 연소가 잘된다. 따라서 짧아진다. 그리고 가연물양이 많거나 화재실의 바닥면적이 크면 연소가 잘되지 않으므로 길어진다.

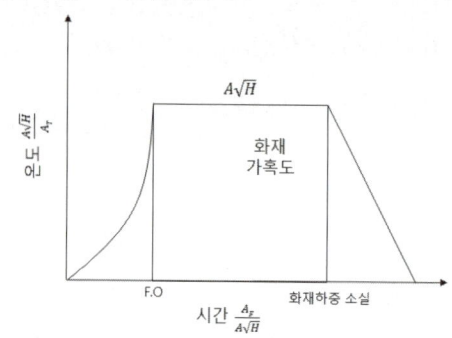

$$T(\min) = \frac{\text{단위면적당 가연물의 양(kg/m}^2) \times \text{화재실의 바닥면적(m}^2)}{\text{연소속도(kg/min)}[5.5 \sim 6(A\sqrt{H})]}$$

ㄱ. 화재실 단위면적당 가연물의 양에 비례한다.(○)
 → 가연물양이 많으면 연소시간은 길다. 따라서 비례한다.
ㄴ. 화재실 바닥면적에 반비례한다.(×)
 → 바닥면적이 크면 연소시간이 길어진다. 따라서 비례한다.
ㄷ. 화재실 개구부 면적에 비례한다.(×)
 → 개구부의 면적이 크면 연소가 잘되므로 연소시간이 짧아진다. 따라서 반비례한다.
ㄹ. 화재실 개구부 높이의 제곱근에 반비례한다.(○)
 → 개구부 높이의 제곱근이 있으면 연소가 잘되므로 연소시간이 짧아진다. 따라서 반비례한다.

06

소화이론 3) 소방시설 - 소화설비의 종류와 작동원리

다음 〈보기〉에서 표면하주입방식이 가능한 것을 모두 고르시오.

─── 보기 ───
ㄱ. FRT(Floating roof tank)에서 Ⅱ형 고정포방출구에서 불화단백포소화약제
ㄴ. FRT(Floating roof tank)에서 Ⅲ형 고정포방출구에서 수성막포소화약제
ㄷ. CRT(Cone roof tank)에서 Ⅱ형 고정포방출구에서 불화단백포소화약제
ㄹ. CRT(Cone roof tank)에서 Ⅲ형 고정포방출구에서 불화단백포소화약제
ㅁ. CRT(Cone roof tank)에서 Ⅲ형 고정포방출구에서 불화단백형 알코올형포소화약제

① ㄱ, ㄴ, ㄷ, ㄹ　② ㄴ, ㄷ, ㄹ
③ ㄴ, ㄹ　　　　　④ ㄹ, ㅁ

정답 ④

07

소방조직 1) 소방조직 - 소방행정체제와 기능 및 책임

다음 〈보기〉는 소방청에 대한 설명이다. 옳은 것을 모두 고르시오. (단, 소방청과 그 소속기관 직제에 규정된 것을 기준으로 한다.)

─── 보기 ───
ㄱ. 소방청에 운영지원과·119대응국·화재예방국 및 구조구급국을 둔다.
ㄴ. 청장 밑에 대변인 및 119종합상황실장 각 1명을 두고, 청장 밑에 기획조정관 및 감사담당관 각 1명을 둔다.
ㄷ. 119종합상황실장은 소방감으로 보한다.
ㄹ. 기획조정관은 소방감으로 보한다.
ㅁ. 대변인은 소방감으로 보한다.

① ㄱ, ㄴ, ㄷ　② ㄴ, ㄷ, ㄹ
③ ㄹ　　　　　④ ㄷ, ㄹ

정답 ③

표면하주입방식이 사용가능한 약제는 수성막포, 불화단백포, 불화단백형 알코올형포약제가 있고, 표면하주입방식은 CRT(Cone roof tank)에서 Ⅲ형이다. 물론 Ⅳ형은 반표면하주입방식이다.

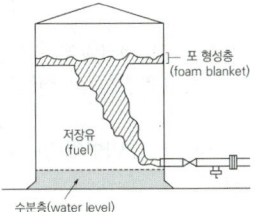

ㄱ. ~~FRT(Floating roof tank)에서~~ Ⅱ형 고정포방출구에서 불화단백포소화약제(×)
→ CRT(Cone roof tank)에서 Ⅲ형이다.
ㄴ. ~~FRT(Floating roof tank)에서~~ Ⅲ형 고정포방출구에서 수성막포소화약제(×)
→ CRT(Cone roof tank)에서이다.
ㄷ. CRT(Cone roof tank)에서 ~~Ⅱ형 고정포방출구에서~~ 불화단백포소화약제(×)
→ Ⅲ형이다.
ㄹ. CRT(Cone roof tank)에서 Ⅲ형 고정포방출구에서 불화단백포소화약제(○)
→ 콘루프탱크에서 중질유일 경우 불화단백포소화약제를 이용하여 표면하주입방식(Ⅲ형)을 이용할 수 있다.
ㅁ. CRT(Cone roof tank)에서 Ⅲ형 고정포방출구에서 불화단백형 알코올형포소화약제(○)
→ 콘루프탱크에서 중질유일 경우 불화단백형 알코올형포소화약제를 이용하여 표면하주입방식(Ⅲ형)을 이용할 수 있다.

ㄱ. 소방청에 운영지원과·119대응국·화재예방국 및 **구조구급국**을 둔다.(×)
→ 소방청에 운영지원과·119대응국·화재예방국 및 장비기술국을 둔다.
ㄴ. 청장 밑에 대변인 및 119종합상황실장 각 1명을 두고, **청장** 밑에 기획조정관 및 감사담당관 각 1명을 둔다.(×)
→ 청장 밑에 대변인 및 119종합상황실장 각 1명을 두고, 차장 밑에 기획조정관 및 감사담당관 각 1명을 둔다.
ㄷ. 119종합상황실장은 소방감으로 보한다.(×)
→ 119종합상황실장은 소방준감으로 보한다.
ㄹ. 기획조정관은 소방감으로 보한다.(○)
→ 기획조정관은 각종 정책과 계획, 주요업무계획의 수립·조정 및 총괄 등을 수립하며 소방감이다.
ㅁ. 대변인은 ~~소방감으로~~ 보한다.(×)
→ 대변인은 소방준감으로 보한다.

08

소방조직 2) 소방기능 - 구조, 구급 행정관리와 구조, 구급활동

「119법」상 (가)와 (나)에 대한 설명으로 옳은 것은? (단, (가), (나)는 각각 구조, 구급 중 하나임)

> (가) 화재, 재난·재해 및 테러, 그 밖의 위급한 상황에서 외부의 도움을 필요로 하는 사람의 생명, 신체 및 재산을 보호하기 위하여 수행하는 모든 활동을 말한다.
> (나) 응급환자에 대하여 행하는 상담, 응급처치 및 이송 등의 활동을 말한다.

① (나)를 하기 위하여 119구급대를 편성할 수 있으며 탐색 및 구조활동에 필요한 장비를 갖추고 소방공무원으로 편성된 단위조직을 말한다.
② (가)를 하기 위해 소방청장 등은 위급상황에서 발생한 응급환자를 응급처치하거나 의료기관에 긴급히 이송하는 등의 구급업무를 수행하기 위하여 대통령령으로 정하는 바에 따라 119구급대를 편성하여 운영하여야 한다.
③ (가)를 하기 위하여 소방청장은 국외에서 대형재난 등이 발생한 경우 재외국민의 보호 또는 재난발생국의 국민에 대한 인도주의적 구조 활동을 위하여 국제구조대를 편성하여 운영할 수 있지만, (나)를 위한 국제구급대는 없다.
④ (나)를 하기 위한 구급대의 종류, 구급대원의 자격기준, 이송대상자, 그 밖에 필요한 사항은 대통령령으로 정한다.

정답 ④

(가)는 구조이다. "구조"란 화재, 재난·재해 및 테러, 그 밖의 위급한 상황(이하 "위급상황"이라 한다)에서 외부의 도움을 필요로 하는 사람(이하 "요구조자"라 한다)의 생명, 신체 및 재산을 보호하기 위하여 수행하는 모든 활동을 말한다.
(나)는 구급이다. "구급"이란 응급환자에 대하여 행하는 상담, 응급처치 및 이송 등의 활동을 말한다.

① (나)를 하기 위하여 119구급대를 편성할 수 있으며 ~~탐색 및 구조활동에 필요한 장비를 갖추고 소방공무원으로 편성된 단위조직을 말한다.~~(×)
→ 구급을 하기 위하여 "119구급대"란 구급활동에 필요한 장비를 갖추고 소방공무원으로 편성된 단위조직을 말한다.
② ~~(가)를 하기 위해~~ 소방청장 등은 위급상황에서 발생한 응급환자를 응급처치하거나 의료기관에 긴급히 이송하는 등의 구급업무를 수행하기 위하여 대통령령으로 정하는 바에 따라 119구급대를 편성하여 운영하여야 한다.(×)
→ (나)를 하기 위해
③ (가)를 하기 위하여 소방청장은 국외에서 대형재난 등이 발생한 경우 재외국민의 보호 또는 재난발생국의 국민에 대한 인도주의적 구조 활동을 위하여 국제구조대를 편성하여 운영할 수 있지만, (나)를 위한 국제구급대는 없다.(×)
→ (가)를 위한 국제구조대를 편성하여 운영할 수 있고, (나)를 위한 국제구급대도 편성하여 운영할 수 있다.
④ (나)를 하기 위한 구급대의 종류, 구급대원의 자격기준, 이송대상자, 그 밖에 필요한 사항은 대통령령으로 정한다.(○)
→ 구급대의 종류, 구급대원의 자격기준, 이송대상자, 그 밖에 필요한 사항은 대통령령으로 정한다.

09

재난관리 2) 우리나라의 재난관리 - 긴급구조

「긴급구조대응활동 및 현장지휘에 관한 규칙」상 긴급구조지휘대에 대한 설명 중 옳은 것은?

① 긴급구조지휘대는 소방청, 소방본부 및 소방서에 상시 구성·운영하여야 한다.
② 긴급구조지휘대는 통제단이 가동되면 정신이 없기 때문에 재난초기에는 현장지휘를 한다.
③ 긴급구조지휘대의 기능에는 광범위한 지역에 걸친 재난발생시 전진지휘도 있다.
④ 긴급구조지휘대의 기능에는 긴급구조기관인 경찰청과 합동으로 현장지휘의 조정·통제를 수행한다.

정답 ③

※ 제16조(긴급구조지휘대의 구성 및 기능)
① 영 제65조제3항의 규정에 의하여 긴급구조지휘대는 별표 5의 규정에 따라 구성·운영하되, 소방본부 및 소방서의 긴급구조지휘대는 상시 구성·운영하여야 한다.
② 영 제65조제3항의 규정에 의하여 긴급구조지휘대는 다음 각 호의 기능을 수행한다.
 1. 통제단이 가동되기 전 재난초기시 현장지휘
 2. 주요 긴급구조지원기관과의 합동으로 현장지휘의 조정·통제
 3. 광범위한 지역에 걸친 재난발생시 전진지휘
 4. 화재 등 일상적 사고의 발생시 현장지휘

① 긴급구조지휘대는 소방청, 소방본부 및 소방서에 상시 구성·운영하여야 한다.(×)
→ 소방본부 및 소방서의 긴급구조지휘대는 상시 구성·운영하여야 한다.
② 긴급구조지휘대는 ~~통제단이 가동되면 정신이 없기 때문에 재난초기에는 현장지휘를 한다.~~(×)
→ 통제단이 가동되기 전 재난초기시 현장지휘이다.
③ 긴급구조지휘대의 기능에는 광범위한 지역에 걸친 재난발생시 전진지휘도 있다.(○)
→ 광범위한 지역에 걸친 재난발생시 전진지휘의 기능이 있다.
④ 긴급구조지휘대의 기능에는 주요 긴급구조기관과의 합동으로 현장지휘의 조정·통제를 수행한다.(×)
→ 주요 긴급구조지원기관과의 합동으로 현장지휘의 조정·통제를 수행한다.

10

〈보기〉는 재난 및 안전관리 기본법 재난사태 선포(법 36조)에 대한 내용이다. 〈보기〉에 들어갈 말로 옳은 것은?

보기

(ㄱ) 및 (ㄴ)은 36조 제1항에 따라 재난사태가 선포된 지역에 대하여 다음 각 호의 조치를 할 수 있다.

1. 재난경보의 발령, 재난관리자원의 동원, 위험구역 설정, 대피명령, 응급지원 등 이 법에 따른 응급조치
2. 해당 지역에 소재하는 행정기관 소속 공무원의 비상소집
3. 해당 지역에 대한 여행 등 이동 자제 권고
4. 「유아교육법」 제31조, 「초·중등교육법」 제64조 및 「고등교육법」 제61조에 따른 휴업명령 및 휴원·휴교 처분의 요청
5. 그 밖에 재난예방에 필요한 조치

① ㄱ : 행정안전부장관   ㄴ : 지방자치단체의 장
② ㄱ : 지역통제단장   ㄴ : 시장·군수·구청장
③ ㄱ : 행정안전부장관   ㄴ : 재난관리주관기관의 장
④ ㄱ : 재난관리책임기관의 장 ㄴ : 지역통제단장

정답 ①

※ 재난 및 안전관리 기본법 36조
(행정안전부장관) 및 (지방자치단체의 장)은 36조 제1항에 따라 재난사태가 선포된 지역에 대하여 다음 각 호의 조치를 할 수 있다.

1. 재난경보의 발령, 재난관리자원의 동원, 위험구역 설정, 대피명령, 응급지원 등 이 법에 따른 응급조치
2. 해당 지역에 소재하는 행정기관 소속 공무원의 비상소집
3. 해당 지역에 대한 여행 등 이동 자제 권고
4. 「유아교육법」 제31조, 「초·중등교육법」 제64조 및 「고등교육법」 제61조에 따른 휴업명령 및 휴원·휴교 처분의 요청
5. 그 밖에 재난예방에 필요한 조치

11

「재난 및 안전관리 기본법」 및 시행령상 특별재난지역 선포 절차를 바르게 나열한 것은? (단, 중앙안전관리위원회의 심의를 거칠 시간적 여유가 없다고 위원장이 인정하는 경우가 아님)

(가) 중앙대책본부장 필요성 인정
(나) 대통령에게 건의
(다) 중앙안전관리위원회 심의
(라) 대통령이 선포
(마) 지역대책본부장이 중앙대책본부장에게 건의 요청

① (가) → (나) → (다) → (마) → (라)
② (가) → (마) → (다) → (나) → (라)
③ (마) → (가) → (나) → (다) → (라)
④ (마) → (가) → (다) → (나) → (라)

정답 ④

※ 재난 및 안전관리 기본법 제60조(특별재난지역의 선포)
① **중앙대책본부장**은 대통령령으로 정하는 규모의 재난이 발생하여 국가의 안녕 및 사회질서의 유지에 중대한 영향을 미치거나 피해를 효과적으로 수습하기 위하여 특별한 조치가 **필요하다고 인정**하거나 제3항에 따른 **지역대책본부장의 요청이 타당하다고 인정**하는 경우에는 **중앙위원회의 심의**를 거쳐 해당 지역을 **특별재난지역으로 선포할 것을 대통령에게 건의**할 수 있다.
② 제1항에 따라 대통령령으로 재난의 규모를 정할 때에는 다음 각 호의 사항을 고려하여야 한다.
  1. 인명 또는 재산의 피해 정도
  2. 재난지역 관할 지방자치단체의 재정 능력
  3. 재난으로 피해를 입은 구역의 범위
③ 제1항에 따라 특별재난지역의 선포를 건의받은 대통령은 해당 지역을 특별재난지역으로 선포할 수 있다.
④ 지역대책본부장은 관할지역에서 발생한 재난으로 인하여 제1항에 따른 사유가 발생한 경우에는 중앙대책본부장에게 특별재난지역의 선포 건의를 요청할 수 있다.

※ 재난안전법 시행령 제69조(특별재난의 범위 및 선포 등)
① 법 제60조제1항에서 "대통령령으로 정하는 규모의 재난"이란 다음 각 호의 어느 하나에 해당하는 재난을 말한다.
  1. 자연재난으로서 「자연재난 구호 및 복구 비용 부담기준 등에 관한 규정」 제5조제1항에 따른 국고 지원 대상 피해 기준금액의 2.5배를 초과하는 피해가 발생한 재난
  1의2. 자연재난으로서 「자연재난 구호 및 복구 비용 부담기준 등에 관한 규정」 제5조제1항에 따른 국고 지원 대상에 해당하는 시·군·구의 관할 읍·면·동에 같은 항 각 호에 따른 국고 지원 대상 피해 기준금액의 4분의 1을 초과하는 피해가 발생한 재난
  2. 사회재난의 재난 중 재난이 발생한 해당 지방자치단체의 행정능력이나 재정능력으로는 재난의 수습이 곤란하여 국가적 차원의 지원이 필요하다고 인정되는 재난
  3. 그 밖에 재난 발생으로 인한 생활기반 상실 등 극심한 피해의 효과적인 수습 및 복구를 위하여 국가적 차원의 특별한 조치가 필요하다고 인정되는 재난
② 법 제60조제3항에 따라 **대통령이 특별재난지역을 선포**하는 경우에 중앙대책본부장은 특별재난지역의 구체적인 범위를 정하여 공고하여야 한다.

12

다음은 대한민국 정책브리핑 내용이다. 밑줄 친 ㉠, ㉡에 대한 설명으로 옳지 않은 것은?

(가) 행정안전부는 지난 27일 중부지방과 일부 남부내륙을 중심으로 대설특보가 발효된 가운데, 경보 지역이 확대됨에 따라 이날 오후 2시부터 중앙재난안전대책본부를 2단계로 격상하고 대설 ㉠ 위기경보 수준을 '주의'에서 '경계'로 상향했다.
[출처] 대한민국 정책브리핑(www.korea.kr)

(나) 아울러 ㉡ 중앙재난안전대책본부장인 OOO 행정안전부장관은 대설로 인한 인명·재산 등 피해를 예방하기 위해 관계기관에 안전조치에 철저를 기할 것을 지시했다.
[출처] 대한민국 정책브리핑(www.korea.kr)

① 「재난 및 안전관리 기본법」상 ㉠은 대응파트에 기술되어 있다.
② 「재난 및 안전관리 기본법」상 ㉠은 재난 피해의 전개 속도, 확대 가능성 등 재난상황의 심각성을 종합적으로 고려하여 관심·주의·경계·심각으로 구분할 수 있다. 다만, 다른 법령에서 재난 위기경보의 발령 기준을 따로 정하고 있는 경우에는 그 기준을 따른다.
③ 「재난 및 안전관리 기본법」상 ㉡은 구조·구급·수색 등의 활동을 신속하게 지원하기 위하여 행정안전부가 아닌 소방청 또는 해양경찰청 소속의 전문 인력으로 구성된 특수기동구조대를 편성하여 재난현장에 파견할 수 있다.
④ 「재난 및 안전관리 기본법」상 ㉡은 행정안전부장관이 되며, 중앙대책본부장은 중앙대책본부의 업무를 총괄하고 필요하다고 인정하면 중앙재난안전대책본부회의를 소집할 수 있다. 다만, 해외재난의 경우에는 외교부장관이, 「원자력시설 등의 방호 및 방사능 방재대책법」제2조제1항제8호에 따른 방사능재난의 경우에는 같은 법 제25조에 따른 중앙방사능방재대책본부의 장이 각각 중앙대책본부장의 권한을 행사한다.

정답 ③

① 「재난 및 안전관리 기본법」상 ㉠은 대응파트에 기술되어 있다.(O)
→ 「재난 및 안전관리 기본법」상 위기경보는 대응파트에 있다.
② 「재난 및 안전관리 기본법」상 ㉠은 재난 피해의 전개 속도, 확대 가능성 등 재난상황의 심각성을 종합적으로 고려하여 관심·주의·경계·심각으로 구분할 수 있다. 다만, 다른 법령에서 재난 위기경보의 발령 기준을 따로 정하고 있는 경우에는 그 기준을 따른다.(O)
→ 위기경보는 관심, 주의, 경계, 심각이 있다.
③ 「재난 및 안전관리 기본법」상 ㉡은 구조·구급·수색 등의 활동을 신속하게 지원하기 위하여 행정안전부가 아닌 소방청 또는 해양경찰청 소속의 전문 인력으로 구성된 특수기동구조대를 편성하여 재난현장에 파견할 수 있다.(X)
→ 특수기동구조대는 행정안전부, 소방청 또는 해양경찰청 소속의 전문인력으로 구성되어 있다.
④ 「재난 및 안전관리 기본법」상 ㉡은 행정안전부장관이 되며, 중앙대책본부장은 중앙대책본부의 업무를 총괄하고 필요하다고 인정하면 중앙재난안전대책본부회의를 소집할 수 있다. 다만, 해외재난의 경우에는 외교부장관이, 「원자력시설 등의 방호 및 방사능 방재 대책법」제2조제1항제8호에 따른 방사능재난의 경우에는 같은 법 제25조에 따른 중앙방사능방재대책본부의 장이 각각 중앙대책본부장의 권한을 행사한다.(O)
→ 원칙은 행정안전부장관이 중앙대책본부장이다.

13

A 광역시에 사회재난이 발생하여 A 광역시 재난안전대책본부의 본부장인 甲은 A 광역시가 특별재난지역으로 선포되기를 원하고 있다. 「재난 및 안전관리 기본법령」상 이에 대한 설명으로 옳지 않은 것은?

① 甲은 중앙재난안전대책본부장에게 특별재난지역의 선포를 요청할 수 있고, 중앙재난안전대책본부장은 甲의 요청이 타당하다고 인정하는 경우에는 중앙안전관리위원회의 심의를 거쳐 A 광역시를 특별재난지역으로 선포할 수 있다.
② A 광역시의 재정능력으로는 재난의 수습이 곤란하여 피해를 효과적으로 수습하기 위하여 특별한 조치가 필요하다고 인정될 때는 A 광역시를 특별재난지역으로 선포할 수 있다.
③ A 광역시를 특별재난지역으로 선포하는 경우 국가는 A 광역시에 대하여 대통령령으로 정하는 바에 따라 응급대책 및 재난구호와 복구에 필요한 행정상·재정상·금융상·의료상의 특별지원을 할 수 있다.
④ A 광역시를 특별재난지역으로 선포하는 경우 국가는 A 광역시에 대하여 의료·방역·방제(防除) 및 쓰레기 수거 활동 등에 대한 지원을 할 수 있다.

정답 ①

① 甲은 중앙재난안전대책본부장에게 특별재난지역의 선포를 요청할 수 있고, 중앙재난안전대책본부장은 甲의 요청이 타당하다고 인정하는 경우에는 중앙안전관리위원회의 심의를 거쳐 A 광역시를 특별재난지역으로 선포할 것을 대통령에게 건의할 수 있다.

※ 재난 및 안전관리 기본법 제60조(특별재난지역의 선포)
① 중앙대책본부장은 대통령령으로 정하는 규모의 재난이 발생하여 국가의 안녕 및 사회질서의 유지에 중대한 영향을 미치거나 피해를 효과적으로 수습하기 위하여 특별한 조치가 필요하다고 인정하거나 제3항에 따른 지역대책본부장의 요청이 타당하다고 인정하는 경우에는 중앙위원회의 심의를 거쳐 해당 지역을 특별재난지역으로 선포할 것을 대통령에게 건의할 수 있다.
② 제1항에 따라 대통령령으로 재난의 규모를 정할 때에는 다음 각 호의 사항을 고려하여야 한다.
  1. 인명 또는 재산의 피해 정도
  2. 재난지역 관할 지방자치단체의 재정 능력
  3. 재난으로 피해를 입은 구역의 범위
③ 제1항에 따라 특별재난지역의 선포를 건의받은 대통령은 해당 지역을 특별재난지역으로 선포할 수 있다.
④ 지역대책본부장은 관할지역에서 발생한 재난으로 인하여 제1항에 따른 사유가 발생한 경우에는 중앙대책본부장에게 특별재난지역의 선포 건의를 요청할 수 있다.

※ 재난 및 안전관리 기본법 제61조(특별재난지역에 대한 지원)
국가나 지방자치단체는 제60조에 따라 특별재난지역으로 선포된 지역에 대하여는 제66조제3항에 따른 지원을 하는 외에 대통령령으로 정하는 바에 따라 응급대책 및 재난구호와 복구에 필요한 행정상·재정상·금융상·의료상의 특별지원을 할 수 있다.

※ 재난 및 안전관리 기본법 시행령 제69조 제1항(특별재난의 범위 및 선포 등)
① 법 제60조제1항에서 "대통령령으로 정하는 규모의 재난"이란 다음 각 호의 어느 하나에 해당하는 재난을 말한다.
1. 자연재난으로서 「자연재난 구호 및 복구 비용 부담기준 등에 관한 규정」 제5조제1항에 따른 국고 지원 대상 피해 기준금액의 2.5배를 초과하는 피해가 발생한 재난
1의2. 자연재난으로서 「자연재난 구호 및 복구 비용 부담기준 등에 관한 규정」 제5조제1항에 따른 국고 지원 대상에 해당하는 시·군·구의 관할 읍·면·동에 같은 항 각 호에 따른 국고 지원 대상 피해 기준금액의 4분의 1을 초과하는 피해가 발생한 재난
2. 사회재난의 재난 중 재난이 발생한 해당 지방자치단체의 행정능력이나 재정능력으로는 재난의 수습이 곤란하여 국가적 차원의 지원이 필요하다고 인정되는 재난
3. 그 밖에 재난 발생으로 인한 생활기반 상실 등 극심한 피해의 효과적인 수습 및 복구를 위하여 국가적 차원의 특별한 조치가 필요하다고 인정되는 재난

※ 재난 및 안전관리 기본법 시행령 제70조 제1항(특별재난지역에 대한 지원)
① 법 제61조에 따라 국가가 제69조제1항제1호 및 제1호의2의 재난과 관련하여 특별재난지역으로 선포한 지역에 대한 특별지원의 내용은 다음 각 호와 같다.
1. 「자연재난 구호 및 복구 비용 부담기준 등에 관한 규정」 제7조에 따른 국고의 추가지원
2. 「자연재난 구호 및 복구 비용 부담기준 등에 관한 규정」 제4조에 따른 지원
3. 의료·방역·방제(防除) 및 쓰레기 수거 활동 등에 대한 지원
4. 「재해구호법」에 따른 의연금품의 지원
5. 농어업인의 영농·영어·시설·운전 자금 및 중소기업의 시설·운전 자금의 우선 융자, 상환 유예, 상환 기한 연기 및 그 이자 감면과 중소기업에 대한 특례보증 등의 지원
6. 그 밖에 재난응급대책의 실시와 재난의 구호 및 복구를 위한 지원

14 연기 및 화염 - 열전달방식

난류화염으로부터 전달되는 대류 열전달에 대한 설명으로 옳지 않은 것은?

① 대류 열전달의 원인이 되는 밀도는 화염의 온도에 따라 달라진다.
② 화염입자 자체의 움직임에 의해 열에너지가 전달되는 것이다.
③ 화염의 유동에 의하여 연소 확대의 원인이 된다.
④ 뉴턴의 냉각법칙에 영향을 받으며 물질을 매개로 하지 않고 화염과 이격된 가연물에 발화가 된다.

정답 ④

④ 화염과 이격된 가연물에 대한 발화의 원인이 되기도 한다.
→ 복사에 대한 설명이다.

※ 대류(Convection)
가. 정의
- 유체(Fluid)입자 자체의 움직임에 의해 열에너지가 전달되는 것으로서, 유체는 액체 또는 기체 상태이다.
- 유체의 유동에 의하여 연소 확대의 원인이 된다.
- 유체는 온도의 변화에 따라 밀도가 달라지는데 이 밀도차에 의해 유체의 분자자체가 이동한다. 이를 자연대류라 한다.

나. 관계식
$q'' = h\,A\,\Delta T$ ← 뉴턴(Newton)의 냉각법칙
여기서, q'' : 대규열류($J/s = cal/s = W$)
h : 대류열전달계수($W/m^2 \cdot ℃$)
A : 단면적(m^2)
ΔT : 온도차($T_2 - T_1$[K])

15 화재이론 - 화재의 정의

다음 중 화재에 대한 설명으로 옳지 않은 것은?

① 화재란 "사람의 의도에 반하거나 고의에 의해 발생하는 연소현상으로서 소화시설 등을 사용하여 소화할 필요가 있거나 또는 화학적인 폭발현상"으로 정의할 수 있다.
② 가연물의 종류 및 성상에 따라 화재의 종류를 일반화재, 유류화재, 전기화재 등으로 분류한다.
③ 일반화재(A급 화재)의 가연물의 종류로는 나무, 섬유, 종이 등이 있으며, 타고 나서 재가 남지 않는 특징이 있다.
④ 단순한 상변화에 따른 물리적 폭발이 발생을 한 경우 화재로 취급하지는 않는다.

정답 ③

※ 화재의 종류
- 분류기준 : 가연물의 종류 및 성상에 따라 분류
- 화재의 종류 : 일반화재, 유류화재, 전기화재, 금속화재, 가스화재, 식용유화재
- 분류하는 이유 : 소화의 난이도, 소화방법의 적용이 용이하다.
  1) 일반화재(A급 화재)
     ① 가연물의 종류 : 나무, 섬유, 종이, 고무, 플라스틱류와 같은 일반 가연물
     ② 표시 : "A", 색상은 백색
     ③ 특징 : 타고 나서 재가 남는다.
  2) 유류화재(B급 화재)
     ① 가연물의 종류 : 인화성 액체, 가연성 액체, 그리스(윤활유), 타르, 오일, 유성도료, 솔벤트, 래커, 알코올 및 인화성 가스와 같은 유류
     ② 표시 : "B", 색상은 황색
     ③ 특징 : 타고 나서 재가 남지 않는다.
  3) 전기화재(C급 화재)
     ① 가연물의 종류 : 전류가 흐르고 있는 전기기기, 배선과 관련된 화재
     ② 표시 : "C", 색상은 청색
     ③ 특징 : 전기가 통하지 않는 전기·전자기기에 의한 화재는 일반화재로 분류
  4) 금속화재(D급 화재)
     ① 가연물의 종류 : 가연성 금속(Na, K, Al, Mg, Zn, Fe 등)에 의한 화재
     ② 표시 : "D", 표시하는 색상은 없다(무색).
     ③ 특징
        ㉠ 국내 화재안전기준에서는 금속화재도 분류하고 있다.(24. 7)
        ㉡ 다만, 국내 KS기준 및 NFPA(미국 방화협회)에서는 금속화재를 D급 화재로 분류하고 있다.
  5) 주방화재(식용유화재)
     ① 가연물의 종류 : 주방에서 동식물유를 취급하는 조리기구에서 일어나는 화재
     ② 표시 : 'K'로 표시
     ③ 특징 : 국내 및 NFPA에서는 K급 화재, ISO는 F급 화재로 분류

16 연소이론 1) 연소의 개요 - 연소조건 및 형태

박스는 기체의 연소에 대한 내용이다. 박스와 관련된 연소를 〈보기〉에서 모두 고르시오. (단, 확산연소와 예혼합연소 중 하나이다)

> 기체연소의 가장 일반적인 연소로서 연료가스와 공기가 혼합하면서 연소하는 형태로서 산소가 들어온 부분만큼밖에 반응이 일어나지 않는다.

보기
ㄱ. 공기와의 혼합과정이 필요하기 때문에 연소속도는 느리다.
ㄴ. 화염(불꽃)은 황색이나 적색을 나타낸다.
ㄷ. 연료노즐에서 흐름이 난류(turbulent)인 경우, 화염의 높이는 분출속도에 비례하지 않는다.
ㄹ. 분젠버너의 연소, 불꽃점화식의 내연기관 연소실 내에서의 연소가 있다.
ㅁ. 예열대가 존재한다.

① ㄱ, ㄴ, ㄷ   ② ㄴ, ㄷ, ㄹ
③ ㄹ   ④ ㄷ, ㄹ

정답 ①

기체의 연소 중 확산연소에 대한 설명이다.
ㄹ. 분젠버너의 연소, 불꽃점화식의 내연기관 연소실 내에서의 연소가 있다.(×)
  → 분젠버너의 연소, 불꽃점화식의 내연기관 연소실 내에서의 연소는 예혼합연소이다.
ㅁ. 예열대가 존재한다.(×)
  → 불꽃연소에는 예열대가 존재하는 예혼합연소가 있고, 예열대가 존재하지 않는 확산연소가 있다.

※ 기체의 연소
기체의 가연물은 고체와 액체에 비하여 연소가 잘 일어나며, 빠른 시간에 가연물이 공기와 혼합되어 폭발범위 이내로 된다. 그렇기 때문에 작은 공기비라도 완전연소가 가능하며, 폭발의 위험이 상존하는 것이 특징이다.

1) 확산연소(Diffusive Burning)

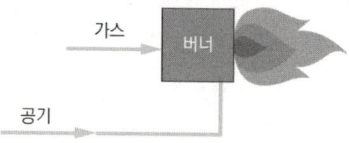

확산연소

기체연소의 가장 일반적인 연소로서 연료가스와 공기가 혼합하면서 연소하는 형태로서 산소가 들어온 부분만큼밖에 반응이 일어나지 않기 때문에 연소는 충분하지 않으며, 가연물과 산소의 경계에서 확산화염이 형성이 되며, 연소생성물은 경계의 양쪽으로 빠져나간다.

① 연소속도는 공기와의 혼합과정이 필요하기 때문에 예혼합연소보다 느리다.
② 화염(불꽃)은 황색이나 적색을 나타내고 화염의 온도도 예혼합연소에 비해 낮다.
③ 레이놀즈 수가 낮은 곳에서는 교란이 없는 **층류확산화염**이 형성이 된다.
④ 층류확산화염에서는 화염의 길이(화염의 높이)와 화염의 속도는 함께 증가한다.

⑤ 천이영역에 도달하면 교란의 시작점(천이점)이 밑으로 이동되어 유속이 증가하여도 화염의 길이는 감소한다.
⑥ 연료노즐에서 흐름이 난류(turbulent)인 경우, 확산연소에서 화염의 높이는 분출속도에 비례하지 않는다.

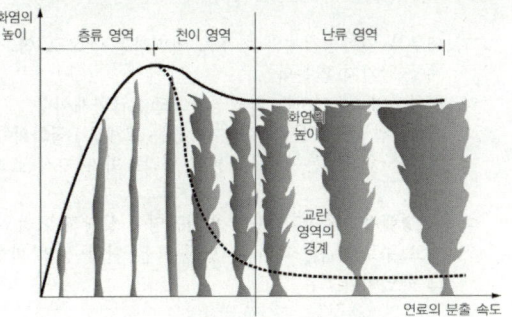

자유분류확산화염의 길이와 형상

17 연소이론 1) 연소개요 – 발화의 조건 및 과정

가연성 가스에 대한 설명이다. (가), (나)에 대한 설명으로 옳은 것은? (단, (가), (나)는 각각 메테인(CH_4), 뷰테인(C_4H_{10}) 중 하나임)

(가) $2m^3$ 완전연소시 산소부피는 4이다.
(나) $1m^3$ 완전연소시 이산화탄소의 부피는 4이다.

① (나)보다는 (가)가 연소범위가 좁고 하한계는 낮다.
② (가)보다는 (나)가 증기압이 감소하고 비점은 상승한다.
③ (나)보다는 (가)가 인화점이 높아진다.
④ (가)보다는 (나)가 발화점이 높아진다.

정답 ②

(가) 메테인(CH_4)
(나) 뷰테인(C_4H_{10})

※ CxHy 수의 증가[파라핀계]
- 연소범위가 좁아지고 하한계는 낮아진다.
- 분자구조가 복잡해진다.
- 휘발성(증기압)이 감소하고 비점은 상승한다.
- 인화점이 높아진다.
- 발열량이 증가한다.
- 발화점이 낮아진다.

① (나)보다는 (가)가 연소범위가 좁고 하한계는 낮다.(×)
  → 부탄보다는 메탄이 연소범위가 넓고 하한계도 높다.
    부탄(1.8~8.4), 메탄(5~15)
② (가)보다는 (나)가 증기압이 감소하고 비점은 상승한다.(○)
  → 탄화수소가 증가할수록 휘발성(증기압)이 감소하고 비점은 상승한다.
③ (나)보다는 (가)가 인화점이 높아진다.(×)
  → 탄화수소가 증가할수록 인화점이 높아진다. 따라서 부탄이 메탄보다 더 인화점이 높다.
④ (가)보다는 (나)가 발화점이 높아진다.(×)
  → 탄화수소가 증가할수록 발화점이 낮아진다. 따라서 부탄이 메탄보다 발화점이 낮다.

18

버너에서 메탄(CH_4) 100mol을 연소시키기 위하여 실제 연소에 사용된 공기량이 1,200mol일 때 공기비 값은? (단, 산소가 20%이다)

① 1.2
② 2
③ 4
④ 3

정답 ①

① 1.2
가. 조건
- 사용된 메탄 100mol
- 실제 연소에 사용된 공기량 1,200mol

나. 관계식
- 공기비 : $\dfrac{실제공기량}{이론공기량} = \dfrac{실제공기량}{실제공기량 - 과잉공기량}$
- 메탄의 연소반응식 :
  $CH_4 + 2O_2 \rightarrow CO_2 + 2H_2O$

다. 풀이
1) 메탄 1mol을 연소시키기 위해서는 산소 2mol이 필요
   100mol의 메탄을 연소시키기 위해서 200mol이 필요
   따라서 이론공기량은 $\dfrac{2 \times 100}{0.20}$ = 1,000mol

2) 공기비 = $\dfrac{실제공기량}{이론공기량}$
   = $\dfrac{1,200}{1,000}$
   = 1.2

19

다음 중 폭발에 대한 설명으로 옳지 않은 것은?

① 폭발을 일으키는 원인물질의 상태에 따라 기상폭발로 분류된다.
② 분무폭발은 물리적 폭발이며 공기 중에 분출된 가연성 액체의 미세한 액적이 무상으로 되어 공기 중에 부유하고 있을 때에 발생한다.
③ 수소, 일산화탄소, 메탄, 프로판, 아세틸렌 등의 가연성 가스와 지연성 가스(공기 또는 산소)와의 혼합기체가 존재할 때 발화원이 있으면 폭발한다.
④ 분자온도 상승수단은 분진폭발은 전도와 복사이고, 가스폭발은 전도이다.

정답 ②

분무폭발은 공기 중에 분출된 가연성 액체의 미세한 액적이 무상으로 되어 공기 중에 부유하고 있을 때에 발생한다. 분무폭발은 화학적 폭발이다.

20

유류화재에 대한 설명으로 〈보기〉에서 옳은 것을 모두 고르시오.

보기

ㄱ. 대부분 인화성액체의 화재를 의미하는 것으로 연소 후 재를 남기지 않는다.
ㄴ. 한국산업표준에서는 가연성가스도 B급화재이다.
ㄷ. 한국산업표준에서는 액화할 수 있는 고체도 B급화재이다.
ㄹ. 소화를 위해서는 물을 이용한 냉각소화가 가장 효과적이다.
ㅁ. 그 형태가 아주 다양하며 원인규명이 상당히 어려운 화재로 주로 누전, 과전류, 합선 혹은 단락 등의 발화가 그 원인이다.

① ㄱ
② ㄱ, ㄴ
③ ㄱ, ㄴ, ㄷ
④ ㄱ, ㄹ

정답 ③

ㄱ. 대부분 인화성액체의 화재를 의미하는 것으로 연소 후 재를 남기지 않는다.(○)
  → 인화성액체로 연소 후에 재를 남기지 않는다.
ㄴ. 한국산업표준에서는 가연성가스도 B급화재이다.(○)
  → KS B 6259 상 가연성가스도 B급화재이다.
ㄷ. 한국산업표준에서는 액화할 수 있는 고체도 B급화재이다.(○)
  → KS B 6259 상 액화할 수 있는 고체도 B급화재이다.
ㄹ. 소화를 위해서는 물을 이용한 냉각소화가 가장 효과적이다.(×)
  → 소화를 위해서는 포 등을 이용한 질식소화가 가장 효과적이다.
ㅁ. 그 형태가 아주 다양하며 원인규명이 상당히 어려운 화재로 주로 누전, 과전류, 합선 혹은 단락 등의 발화가 그 원인이다.(×)
  → 전기화재에 대한 설명이다.

21

〈보기〉 괄호 안에 들어갈 물질에 대한 설명으로 옳은 것은?

보기

$$(CH_3)_3Al + 3H_2O \rightarrow Al(OH)_3 + 3(\quad)$$

① 탄화알루미늄(Al_4C_3)이 물과 반응하여 생성되는 물질이다.
② 인화칼슘(인화석회, Ca_3P_2)은 물과 반응하여 생성되는 물질이다.
③ 알칼리금속이 물과 반응하여 생성되는 물질이다.
④ 인화칼슘(인화석회, Ca_3P_2)은 묽은 산과 반응하여 생성되는 물질이다.

정답 ①

트리메틸알루미늄은 물과 반응하여 가연성 가스인 메탄을 발생시킨다.

$$(CH_3)_3Al + 3H_2O \rightarrow Al(OH)_3 + 3CH_4$$

① 탄화알루미늄(Al_4C_3)가 물과 반응하여 생성되는 물질이다.(○)
 → 탄화알루미늄(Al_4C_3)은 물과 반응하여 메탄(CH_4) 가스를 발생한다.
  $Al_4C_3 + 12H_2O \rightarrow 4Al(OH)_3 + 3CH_4$
② 인화칼슘(인화석회, Ca_3P_2)은 물과 반응하여 생성되는 물질이다.(×)
 → 인화칼슘(인화석회, Ca_3P_2)은 물과 반응하여 유독성 가스인 포스핀(인화수소, PH_3) 가스를 생성한다.
③ 알칼리금속이 물과 반응하여 생성되는 물질이다.(×)
 → 알칼리금속, 알칼리토금속은 물과 반응하여 수소(H_2)기체를 발생시킨다.
  $2Na + 2H_2O \rightarrow 2NaOH + H_2$
④ 인화칼슘(인화석회, Ca_3P_2)은 묽은 산과 반응하여 생성되는 물질이다.(×)
 → $Ca_3P_2 + 6H_2O \rightarrow 2PH_3 + 3Ca(OH)_2$

22

다음 「위험물안전관리법령」상 위험물에 대한 설명 중 옳은 것은?

ㄱ. 4류 위험물은 대부분 발생하는 증기의 비중은 공기보다 무겁다.
ㄴ. 3류 위험물에 칼륨(K), 나트륨(Na)은 무르며, 칼륨(K), 나트륨(Na), 알킬알루미늄(R−Al), 알킬리튬(R−Li)을 제외하고 물보다 무겁다.
ㄷ. 4석유류는 아세톤, 휘발유 그 밖에 1기압에서 인화점이 섭씨 21도 미만인 것이다.
ㄹ. 6류 위험물 중 질산은 비중이 1.49 이하인 것으로 물과 에테르, 알코올에 잘 녹는다.

① ㄱ, ㄴ ② ㄱ, ㄹ
③ ㄴ, ㄷ ④ ㄱ, ㄷ

정답 ①

ㄱ. 4류 위험물은 대부분 발생하는 증기의 비중은 공기보다 무겁다.(○)
 → 대부분 발생하는 증기의 비중은 공기보다 무겁다(단, 시안화수소는 공기보다 가볍다).
ㄴ. 3류 위험물에 칼륨(K), 나트륨(Na)은 무르며, 칼륨(K), 나트륨(Na), 알킬알루미늄(R−Al), 알킬리튬(R−Li)을 제외하고 물보다 무겁다.(○)
 → 3류 위험물은 대부분 무겁다.
ㄷ. 4석유류는 아세톤, 휘발유 그 밖에 1기압에서 인화점이 섭씨 21도 미만인 것이다.(×)
 → 4류 위험물 중 1석유류이다.
ㄹ. 6류 위험물 중 질산은 비중이 1.49 이하인 것으로 물과 에테르, 알코올에 잘 녹는다.(×)
 → 6류 위험물 중 질산은 비중이 1.49 이상인 것으로 물과 에테르, 알코올에 잘 녹는다.

23

소화기구에 대한 설명으로 옳지 않은 것은?

① 수계소화기에는 물소화기, 산·알칼리소화기, 강화액소화기, 포소화기가 있다.
② 분말소화기의 축압식은 분말소화기의 용기 안에 소화약제를 방사시키기 위한 압력원(가스)을 축압시킨 후 방사시키는 소화기로 현재 소화기는 대부분 축압식이다. 또한 압력지시계(지시압력계)가 부착되어 있고 압력지시계 내(內) 게이지의 눈금이 녹색의 범위 내에 있는 경우가 정상상태이며 압력 가스는 질소이다.
③ 분말식 자동소화장치는 소화기구이다.
④ 간이소화용구는 소화기구이다.

정답 ③

분말식 자동소화장치는 소화기구가 아닌 자동소화장치이다.

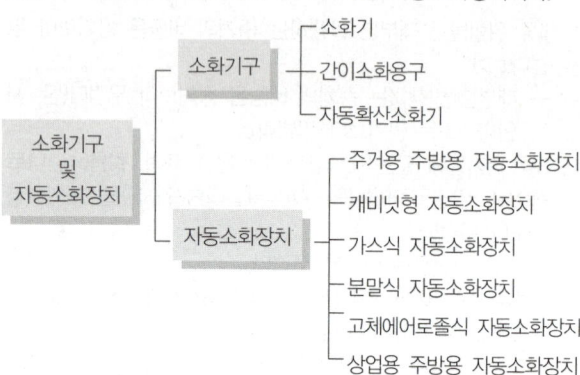

24

다음 중 소화설비에 대한 설명이다. 〈보기〉에서 옳은 것을 모두 고르시오.

보기

ㄱ. "주거용 주방자동소화장치"란 주거용 주방에 설치된 열발생 조리기구의 사용으로 인한 화재 발생시 열원(전기 또는 가스)을 수동으로 차단하며 소화약제를 방출하는 소화장치를 말한다.
ㄴ. 간이소화용구에는 에어로졸식 소화용구, 투척용 소화용구, 소공간용 소화용구 및 소화약제의 것을 이용한 소화용구를 말한다.
ㄷ. 강화액소화기는 탄산칼륨과 첨가제를 넣어 물의 소화력을 높이고 물이 동결되는 단점을 보완한 소화기로 영하 20도에서도 사용이 가능하다.
ㄹ. "상업용 주방자동소화장치"란 상업용 주방에 설치된 열발생 조리기구의 사용으로 인한 화재 발생시 열원(전기 또는 가스)을 수동으로 차단하며 소화약제를 방출하는 소화장치를 말한다.
ㅁ. "주방화재용자동확산소화기"란 음식점, 다중이용업소, 호텔, 기숙사, 의료시설, 업무시설, 공장 등의 주방에 설치되는 자동확산소화기를 말한다.

① ㄱ, ㅁ
② ㄱ, ㄴ, ㄷ, ㅁ
③ ㄷ
④ ㄷ, ㅁ

정답 ④

ㄱ. "주거용 주방자동소화장치"란 주거용 주방에 설치된 열발생 조리기구의 사용으로 인한 화재 발생시 열원(전기 또는 가스)을 수동으로 차단하며 소화약제를 방출하는 소화장치를 말한다.(×)
→ **자동**으로 차단하며 ~~

ㄴ. 간이소화용구에는 에어로졸식 소화용구, 투척용 소화용구, 소공간용 소화용구 및 소화약제의 것을 이용한 소화용구를 말한다.(×)
→ 간이소화용구에는 에어로졸식 소화용구, 투척용 소화용구, 소공간용 소화용구 및 소화약제 **외의** 것을 이용한 소화용구를 말한다.

ㄷ. 강화액소화기는 탄산칼륨과 첨가제를 넣어 물의 소화력을 높이고 물이 동결되는 단점을 보완한 소화기로 영하 20도에서도 사용이 가능하다.(○)

ㄹ. "상업용 주방자동소화장치"란 상업용 주방에 설치된 열발생 조리기구의 사용으로 인한 화재 발생시 열원(전기 또는 가스)을 수동으로 차단하며 소화약제를 방출하는 소화장치를 말한다.(×)
→ **자동**으로 차단하며 ~~

ㅁ. "주방화재용자동확산소화기"란 음식점, 다중이용업소, 호텔, 기숙사, 의료시설, 업무시설, 공장 등의 주방에 설치되는 자동확산소화기를 말한다.(○)

25 소화이론 1) 소화원리 - 소화방법

수성막포에 대한 설명 중 옳지 않은 것은?

① 수성막포는 유류표면 위에 있는 기포에서 배출하는 불소계 계면활성제수용액이 유류표면에 물과 유류의 중간 성질을 가지는 수성막(水性膜)을 형성하고, 이 수성막이 유면 위에서 발생하는 유류의 증기발생을 억제함과 동시에 공기 중 산소의 공급을 차단함으로써 재착화를 방지한다.
② 유동성이 우수한 포와 수성막을 형성하므로 초기 소화속도가 신속하여 유출유의 화재에 가장 적합하다.
③ 유류에 오염되지 않고, 내유성이 강하며 표면하주입방식에 의한 설비를 할 수 있다.
④ 내열성이 약하여 열화현상은 발생될 우려가 있지만, 윤화(Ring Fire)현상이 발생될 우려가 없다.

정답 ④

적응화재	유류(B급)화재
장점	• 유동성이 우수한 포와 수성막을 형성하므로 초기 소화속도가 신속하여 유출유의 화재에 가장 적합하다. • 유류에 오염되지 않고, 내유성이 강하며 표면하주입방식에 의한 설비를 할 수 있다. • 불화단백포소화약제 및 ABC분말소화약제와 Twin Agent System이 가능하다. • 소화약제의 보존기간이 반영구적이다.
단점	• 내열성이 약하여 열화현상, 윤화(Ring Fire)현상이 발생될 우려가 있어 저장탱크의 소화설비에 부적합하다. • 구입가격이 비싸다. • 포가 없는 수성막 단독으로는 화재를 소화할 수 없다.

※ **수성막포소화약제**
㉠ 수성막포는 유류표면 위에 있는 기포에서 배출하는 불소계 계면활성제수용액이 유류표면에 물과 유류의 중간 성질을 가지는 수성막(水性膜)을 형성하고, 이 수성막이 유면 위에서 발생하는 유류의 증기발생을 억제함과 동시에 공기 중 산소의 공급을 차단함으로써 재착화를 방지한다. 이러한 유류표면 위에 뜨는 가벼운 수성의 막이라는 뜻에서 '라이트워터(Light Water)'라고 하는 별명이 붙여져 1964년 미국해군이 특허를 취득, 미국의 3M사가 특허를 양도받아 생산하기 시작하였다.
㉡ 수성막포소화약제는 소화성능이 우수하여 기계포소화기의 소화약제로의 사용이 가능하며, 소화성능은 단백포소화약제에 비하여 5배 정도되며, 소화에 사용되는 소화약제의 양도 1/3밖에 되지 않는다.
㉢ 수성막포소화약제는 유류화재에 대해 질식소화작용·냉각소화작용을 가지며, 분말과 겸용하면 7~8배 소화효과가 있다.
㉣ 일반적으로 25% 환원시간(포가 깨져서 원래의 포 수용액으로 돌아가는 시간)이 수성막포는 60초 이상이다.

제4회 정답 및 해설

빠른	1	③	2	④	3	④	4	①	5	①	6	②	7	①	8	④	9	④	10	④	11	④	12	③	13	③
정답	14	④	15	①	16	②	17	①	18	④	19	④	20	①	21	②	22	④	23	④	24	④	25	①		

01 소방조직 1) 소방조직 – 소방의 발전과정

(가) 시기에 대한 설명으로 옳은 것은?

> (가) 시기에는 중앙은 내무부 치안국 소방과에서 업무를 취급하였고, 각 도에는 경찰기구에 인수되어 소방행정은 경찰행정체제 속에 흡수되었다.

① 국가소방과 자치소방의 이원화 시기였으며, 정부조직법의 개정으로 자치사무로 하도록 하였으나 제도의 미비로 완벽한 자치사무는 시행되지 못하였다.
② 소방본부가 일제히 설치되면서 소방사무는 시·도지사의 책임으로 일원화 되었다.
③ 소방법이 제정되었고, 지방세법 개정으로 소방공동시설세가 신설되었고, 다시 치안국에 소방과를 설치하였다.
④ 소방업무와 통신업무를 합쳐 소방과를 설치하였고 그 이후 소방과에서 소방부로 변경하고, 도 경찰부 산하에 소방과를 설치하였다.

정답 ③

정부수립 이후 국가소방체제에 대한 설명이다.
① 국가소방과 자치소방의 이원화 시기였으며, 정부조직법의 개정으로 자치사무로 하도록 하였으나 제도의 미비로 완벽한 자치사무는 시행되지 못하였다.(×)
  → (발전기 1970~1992)
② 소방본부가 일제히 설치되면서 소방사무는 시·도지사의 책임으로 일원화 되었다.(×)
  → (시·도(광역)자치소방체제)
③ 소방법이 제정(1958)되었고, 1961년 지방세법 개정으로 소방공동시설세가 신설되었고, 1961년 10월 21일 다시 치안국에 소방과를 설치하였다.(○)
④ 소방업무와 통신업무를 합쳐 소방과를 설치하였고 그 이후 1945년 11월 소방과에서 소방부로 변경하고, 도 경찰부 산하에 소방과를 설치하였다.(×)
  → 미군정시대(1945~1948)

02 소방조직 1) 소방조직 – 소방의 발전과정

(가), (나) 시기 사이에 있었던 사실로 옳은 것은?

> (가) 시기에는 상비 소방제도로서의 관서는 아니지만 화재를 방비하는 독자적 기구로서 우리나라 최초의 소방기구가 나왔다.
> (나) 시기에 나온 조직은 금화군을 개편한 것으로 도끼, 쇠갈고리, 불 덮개 등 구화기구를 의무적으로 갖춘 50명의 일정 인원으로 구성된 구화조직이다. 임진왜란을 거치는 동안 없어졌다.

① 총무국 분장 사무에 "수화소방은"이라 하여 처음으로 '소방'이라는 용어를 사용하였다.
② 우리나라 최초의 소방법규라 볼 수 있는 금화령(禁火令)이 호조의 건의에 의해 시행되었다.
③ 운흥창의 화재를 계기로 수도 개성과 각 창고 소재지에 일반 관리 외에 별도로 방화(防火)전담 관리를 둔 것으로 우리나라 최초의 소방행정의 근원이다.
④ 성문도감과 금화도감은 상시로 다스릴 일이 없는데 각각 따로 설치하여 모든 사령을 접대하는 폐단이 있어 이를 병합하여 공조 소속으로 수성금화도감을 설치하였다.

정답 ④

금화도감 1426년 2월(세종 8년) ~ 멸화군 1467년
(가) 시기에는 상비 소방제도로서의 관서는 아니지만 화재를 방비하는 독자적 기구로서 우리나라 최초의 소방기구가 나왔다.
  → 금화도감에 대한 설명이다. 1426년(세종 8년)
(나) 시기에는 금화군을 멸화군으로 개편한 것인데 도끼, 쇠갈고리, 불 덮개 등 구화기구를 의무적으로 갖춘 50명의 일정 인원으로 구성된 구화조직이다. 임진왜란을 거치는 동안 없어졌다.
  → 멸화군에 대한 설명이다. 1467년(세조 13년)
① 총무국 분장 사무에 "수화소방은"이라 하여 처음으로 '소방'이라는 용어를 사용하였다.
  → 1895. 5. 3 [경무청처리계획] 제정 시
② 우리나라 최초의 소방법규라 볼 수 있는 금화령(禁火令)이 호조의 건의에 의해 시행되었다.
  → 1417년(태종 17년)
③ 운흥창의 화재를 계기로 수도 개성과 각 창고 소재지에 일반 관리 외에 별도로 방화(防火)전담 관리를 둔 것으로 우리나라 최초의 소방행정의 근원이다.
  → 고려 전기 문종 20년

④ 성문도감과 금화도감은 상시로 다스릴 일이 없는데 각각 따로 설치하여 모든 사령을 접대하는 폐단이 있어 이를 병합하여 공조 소속으로 수성금화도감을 설치하였다.
→ 1426년 6월

03 〔1〕〔2〕〔3〕 소방조직 1) 소방조직 - 소방자원관리

「소방장비관리법 시행령」상 자체에 동력원이 부착되어 자력으로 이동하거나 견인되어 이동할 수 있는 장비를 모두 고르시오.

ㄱ. 소방펌프차 ㄴ. 구조차
ㄷ. 행정 및 교육지원차 ㄹ. 지휘정
ㅁ. 고정익항공기

① ㄷ
② ㄱ, ㄴ, ㄷ, ㄹ
③ ㄴ, ㄷ, ㅁ
④ ㄱ, ㄴ, ㄷ, ㄹ, ㅁ

정답 ④

기동장비에 대한 설명이다.
자체에 동력원이 부착되어 자력으로 이동하거나 견인되어 이동할 수 있는 장비

구분	품목
가. 소방자동차	소방펌프차, 소방물탱크차, 소방화학차, 소방고가차, 무인방수차, 구조차 등
나. 행정지원차	행정 및 교육지원차 등
다. 소방선박	소방정, 구조정, 지휘정 등
라. 소방항공기	고정익항공기, 회전익항공기 등

04 〔1〕〔2〕〔3〕 소방조직 2) 소방기능 - 위험물 안전관리

GHS 그림 문자 중 물리적 위험성에 따른 물반응성 물질 및 혼합물을 고르시오.

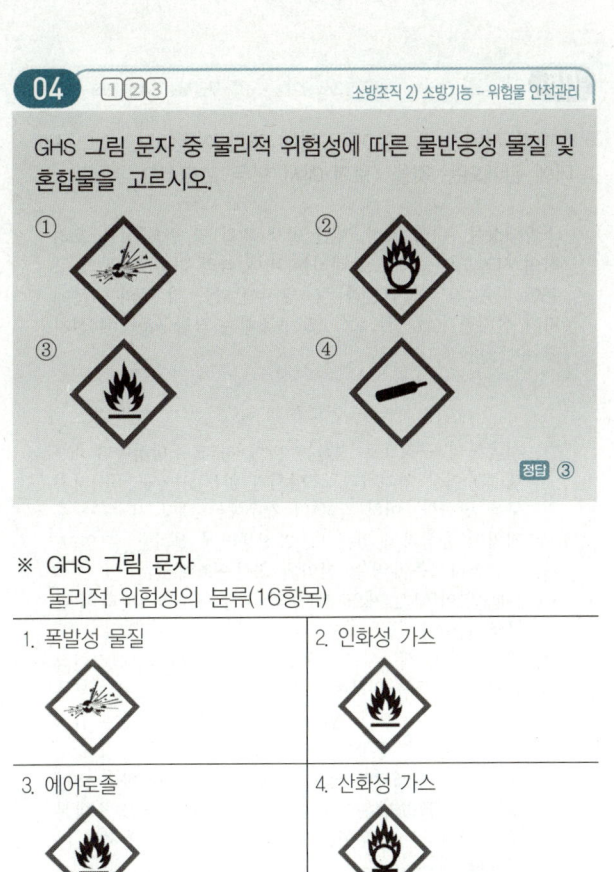

정답 ③

※ GHS 그림 문자
물리적 위험성의 분류(16항목)

1. 폭발성 물질	2. 인화성 가스

3. 에어로졸	4. 산화성 가스

5. 고압가스	6. 인화성 액체

7. 인화성 고체	8. 자기반응성 물질 및 혼합물

9. 자연발화성 액체	10. 자연발화성 고체

11. 자기발열성 물질 및 혼합물	12. 물반응성 물질 및 혼합물
13. 산화성 액체	14. 산화성 고체
15. 유기과산화물	16. 금속부식성 물질

05 소방조직 2) 소방기능 – 구조·구급 행정관리와 구조·구급활동

「119법 시행령」상 ○○구조대에 대한 설명이다. ○○구조대에 관계되는 것을 〈보기〉에서 모두 고르시오.

소방대상물, 지역 특성, 재난 발생 유형 및 빈도 등을 고려하여 시·도의 규칙으로 정하는 바에 따라 다음 각 목의 구분에 따른 지역을 관할하는 소방서에 다음 각 목의 구분에 따라 설치한다. 다만, 고속국도구조대는 직할구조대에 설치할 수 있다.

보기

ㄱ. 시·도의 규칙으로 정하는 바에 따라 소방서마다 1개 대(隊) 이상 설치하되, 소방서가 없는 시·군·구(자치구를 말한다. 이하 같다)의 경우에는 해당 시·군·구 지역의 중심지에 있는 119안전센터에 설치할 수 있다.
ㄴ. 석유화학제품이 있는 지역의 화학구조대
ㄷ. 「내수면어업법」 제2조제1호의 따른 내수면지역의 수난구조대
ㄹ. 대형·특수 재난사고의 구조, 현장 지휘 및 테러현장 등의 지원 등을 위하여 소방청 또는 시·도 소방본부에 설치하되, 시·도 소방본부에 설치하는 경우에는 시·도의 규칙으로 정하는 바에 따른다.
ㅁ. 테러 및 특수재난에 전문적으로 대응하기 위하여 소방청과 시·도 소방본부에 각각 설치하며, 시·도 소방본부에 설치하는 경우에는 시·도의 규칙으로 정하는 바에 따른다.

① ㄷ
② ㄴ, ㄷ
③ ㄴ, ㄷ, ㅁ
④ ㄱ, ㄴ, ㄷ, ㄹ, ㅁ

정답 ①

특수구조대에 대한 설명이다.
소방대상물, 지역 특성, 재난 발생 유형 및 빈도 등을 고려하여 시·도의 규칙으로 정하는 바에 따라 다음 각 목의 구분에 따른 지역을 관할하는 소방서에 다음 각 목의 구분에 따라 설치한다. 다만, 라목에 따른 고속국도구조대는 제3호에 따라 설치되는 직할구조대에 설치할 수 있다.

ㄱ. 시·도의 규칙으로 정하는 바에 따라 소방서마다 1개 대(隊) 이상 설치하되, 소방서가 없는 시·군·구(자치구를 말한다. 이하 같다)의 경우에는 해당 시·군·구 지역의 중심지에 있는 119안전센터에 설치할 수 있다.(×)
→ 일반구조대에 대한 설명이다.
ㄴ. 석유화학제품이 있는 지역의 화학구조대(×)
→ 화학공장이 밀집한 지역의 화학구조대이다.
ㄷ. 「내수면어업법」 제2조제1호에 따른 내수면지역에 수난구조대(○)
ㄹ. 대형·특수 재난사고의 구조, 현장 지휘 및 테러현장 등의 지원 등을 위하여 소방청 또는 시·도 소방본부에 설치하되, 시·도 소방본부에 설치하는 경우에는 시·도의 규칙으로 정하는 바에 따른다.(×)
→ 직할구조대에 대한 설명이다.
ㅁ. 테러 및 특수재난에 전문적으로 대응하기 위하여 소방청과 시·도 소방본부에 각각 설치하며, 시·도 소방본부에 설치하는 경우에는 시·도의 규칙으로 정하는 바에 따른다.(×)
→ 테러대응구조대에 대한 설명이다.

06 재난관리 1) 재난 및 재난관리의 개념 – 재난의 특징과 유형

(가), (나)는 학자에 따른 재해분류에 대한 설명이다. 옳은 것은? (단, (가), (나)는 각각 존스(Jones)의 재해분류, 아네스(Anesth)의 재해분류 중 하나임)

(가) 대기오염, 수질오염과 같이 장기간에 걸쳐 완만히 전개되고 인명피해를 발생시키지 않는 일반행정관리 분야의 재해는 제외하였다.
(나) 재해를 자연재해, 준자연재해, 인위재해로 분류하였다.

① (가)는 지구물리학적 재해에 지진, 화산, 쓰나미가 있다.
② (나)는 눈사태와 홍수는 준자연재해이다.
③ (가)는 해일은 기상학적 재해이다.
④ (나)는 인위재해에 테러, 폭동, 전쟁은 계획적 재해이다.

정답 ②

(가)는 아네스 재해분류, (나)는 존스의 재해분류이다.

※ Jones의 재해분류

재해				
자연재해				준자연재해	인위재해
지구물리학적 재해			생물학적 재해	• 스모그현상 • 온난화현상 • 사막화현상 • 염수화현상 • 눈사태 • 산성화 • 홍수 • 토양침식 등	• 공해 • 광화학연무 • 폭동 • 교통사고 • 폭발사고 • 태업 • 전쟁 등
지질학적 재해	지형학적 재해	기상학적 재해	• 세균 • 질병 • 유독식물 • 유독동물		
지진 화산 쓰나미 등	산사태, 염수토양 등	안개, 눈, 해일, 번개, 토네이도, 폭풍, 태풍, 가뭄, 이상기온 등			

※ Anesth의 재해분류

대분류	세분류	재해의 종류
자연재해	기후성 재해	태풍
	지진성 재해	지진, 화산폭발, 해일
인위재해	사고성 재해	• 교통사고(자동차, 철도, 항공, 선박사고) • 산업사고(건축물 붕괴) • 폭발사고(갱도, 가스, 화학, 폭발물) • 화재사고 • 생물학적 재해(박테리아, 바이러스, 독혈증) • 화학적 재해(부식성물질, 유독물질) • 방사능재해
	계획적 재해	테러, 폭동, 전쟁

① (가)는 지구물리학적 재해에 지진, 화산, 쓰나미가 있다.(×)
→ (가)는 아네스이므로 아네스는 지진, 화산폭발, 해일이 자연재해 중 지진성이고, (나)는 존스이고, 지구물리학적 재해 중 지질학적 재해에는 지진, 화산, 쓰나미가 있다.
② (나)는 눈사태와 홍수는 준자연재해이다.(○)
③ (가)는 해일은 기상학적 재해이다.(×)
→ (가)는 아네스이므로 해일은 자연재해 중 지진성이 되며, (나) 존스에 따라서는 기상학적 재해이다.

07 재난관리 1) 재난 및 재난관리의 개념 – 재난관리의 개념과 단계별 관리사항

다음 글은 재난관리 단계를 설명하고 있다. 이에 대한 내용 중 〈보기〉에서 옳지 않은 것을 모두 고른 것은? (단, 보기는 재난 및 안전관리기본법상 예방, 대비, 대응, 복구 중 하나이다)

> ○○화재가 발생하였다. 재난관리기관의 각종 임무 및 기능을 실제 적용하는 단계이다.

보기

ㄱ. 중앙대책본부장은 대통령령으로 정하는 규모의 재난이 발생하여 국가의 안녕 및 사회질서의 유지에 중대한 영향을 미치거나 피해를 효과적으로 수습하기 위하여 특별한 조치가 필요하다고 인정하는 경우에는 중앙위원회의 심의를 거쳐 해당 지역을 특별재난지역으로 선포할 것을 대통령에게 건의할 수 있다.
ㄴ. 시·도지사는 관할 구역에서 재난이 발생하거나 발생할 우려가 있는 등 대통령령으로 정하는 경우 사람의 생명·신체 및 재산에 미치는 중대한 영향이나 피해를 줄이기 위하여 긴급한 조치가 필요하다고 인정하면 시·도위원회의 심의를 거쳐 재난사태를 선포할 수 있다. 이 경우 시·도지사는 지체 없이 그 사실을 행정안전부장관에게 통보하여야 한다.
ㄷ. 재난관리주관기관의 장은 대통령령으로 정하는 재난에 대한 징후를 식별하거나 재난발생이 예상되는 경우에는 그 위험 수준, 발생 가능성 등을 판단하여 그에 부합되는 조치를 할 수 있도록 위기경보를 발령할 수 있다.
ㄹ. 재난관리책임기관의 장은 사람의 생명·신체 및 재산에 대한 피해가 예상되면 그 피해를 예방하거나 줄이기 위하여 재난에 관한 예보 또는 경보 체계를 구축·운영할 수 있다.

① ㄱ
② ㄱ, ㄴ
③ ㄱ, ㄴ, ㄷ
④ ㄴ, ㄷ, ㄹ

정답 ①

재난관리 단계는 예방, 대비, 대응, 복구가 있으며 대응단계에 해당된다.
ㄱ. 중앙대책본부장은 대통령령으로 정하는 규모의 재난이 발생하여 국가의 안녕 및 사회질서의 유지에 중대한 영향을 미치거나 피해를 효과적으로 수습하기 위하여 특별한 조치가 필요하다고 인정하는 경우에는 중앙위원회의 심의를 거쳐 해당 지역을 특별재난지역으로 선포할 것을 대통령에게 건의할 수 있다.(×)
→ 특별재난지역의 선포로 복구단계이다.
ㄴ. 시·도지사는 관할 구역에서 재난이 발생하거나 발생할 우려가 있는 등 대통령령으로 정하는 경우 사람의 생명·신체 및 재산에 미치는 중대한 영향이나 피해를 줄이기 위하여 긴급한 조치가 필요하다고 인정하면 시·도위원회의 심의를 거쳐 재난사태를 선포할 수 있다. 이 경우 시·도지사는 지체 없이 그 사실을 행정안전부장관에게 통보하여야 한다.(○)
→ 재난사태선포로 대응단계이다.
ㄷ. 재난관리주관기관의 장은 대통령령으로 정하는 재난에 대한 징후를 식별하거나 재난발생이 예상되는 경우에는 그 위험 수준, 발생 가능성 등을 판단하여 그에 부합되는 조치를 할 수 있도록 위기경보를 발령할 수 있다.(○)
→ 위기경보의 발령으로 대응단계이다.
ㄹ. 재난관리책임기관의 장은 사람의 생명·신체 및 재산에 대한 피해가 예상되면 그 피해를 예방하거나 줄이기 위하여 재난에 관한 예보 또는 경보 체계를 구축·운영할 수 있다.(○)
→ 재난 예보·경보체계구축·운영으로 대응단계이다.

08 재난관리 2) 우리나라 재난관리 – 안전관리 기구 및 기능

다음 글은 「재난 및 안전관리기본법 시행령」상 재난관리주관기관에 대한 설명이다. 〈보기〉에서 재난관리주관기관이 일치하는 것을 모두 고르시오.

> 「난민법」 제41조에 따른 난민신청자의 주거시설 및 같은 법 제45조에 따른 난민지원시설에 화재가 발생이 되어 대규모 피해가 발생하였다.

보기

ㄱ. 「형의 집행 및 수용자의 처우에 관한 법률」 제2조제1호에 따른 교정시설 붕괴가 발생이 되어 대규모 피해가 발생하였다.
ㄴ. 「보호관찰 등에 관한 법률」 제14조에 따른 보호관찰소 및 같은 법 제65조제3항에 따른 갱생보호시설에 다중운집인파사고에 따른 대규모 피해가 발생하였다.
ㄷ. 「소방기본법」 제2조제1호에 따른 소방대상물의 화재로 인해 대규모 피해가 발생되었다.
ㄹ. 「위험물안전관리법」 제2조제1항제1호에 따른 위험물의 누출·화재·폭발 등으로 인해 대규모 피해가 발생되었다.
ㅁ. 「국방·군사시설 사업에 관한 법률」 제2조제1호에 따른 국방·군사시설의 화재 등으로 인해 대규모 피해가 발생되었다.

① ㄷ, ㄹ
② ㄱ, ㄴ
③ ㄱ, ㄴ, ㅁ
④ ㄴ, ㄷ, ㄹ

정답 ②

사회재난 중 법무부에 해당된다.
ㄱ. 「형의 집행 및 수용자의 처우에 관한 법률」 제2조제1호에 따른 교정시설 붕괴가 발생이 되어 대규모 피해가 발생하였다.(○)
→ 사회재난 중 법무부이다.
ㄴ. 「보호관찰 등에 관한 법률」 제14조에 따른 보호관찰소 및 같은 법 제65조제3항에 따른 갱생보호시설에 다중운집인파사고에 따른 대규모 피해가 발생하였다.(○)
→ 사회재난 중 법무부이다.
ㄷ. 「소방기본법」 제2조제1호에 따른 소방대상물의 화재로 인해 대규모 피해가 발생되었다.(×)
→ 사회재난 중 행정안전부 및 소방청이다.
ㄹ. 「위험물안전관리법」 제2조제1항제1호에 따른 위험물의 누출·화재·폭발 등으로 인해 대규모 피해가 발생되었다.(×)
→ 사회재난 중 행정안전부 및 소방청이다.
ㅁ. 「국방·군사시설 사업에 관한 법률」 제2조제1호에 따른 국방·군사시설의 화재 등으로 인해 대규모 피해가 발생되었다.(×)
→ 사회재난 중 국방부이다.
※ 화재·붕괴·폭발·다중운집인파사고 등을 화재 등이라 한다.

09 재난관리 2) 우리나라 재난관리 - 재난관리관련내용

「재난 및 안전관리 기본법」상 '안전기준'의 정의로 옳은 것은?

① 재난이 발생할 우려가 현저하거나 재난이 발생하였을 때에 국민의 생명·신체 및 재산을 보호하기 위하여 필요한 긴급한 조치
② 재난이나 그 밖의 각종 사고로부터 사람의 생명·신체 및 재산의 안전을 확보하기 위하여 하는 모든 활동
③ 각종 시설 및 물질 등의 제작, 유지관리 과정에서 안전을 확보할 수 있도록 적용하여야 할 기술적 기준을 체계화 한 것
④ 모든 유형의 재난에 공통적으로 활용할 수 있도록 재난관리의 전 과정을 통일적으로 단순화·체계화 한 것

정답 ③

① 재난이 발생할 우려가 현저하거나 재난이 발생하였을 때에 국민의 생명·신체 및 재산을 보호하기 위하여 필요한 긴급한 조치
→ 긴급구조
② 재난이나 그 밖의 각종 사고로부터 사람의 생명·신체 및 재산의 안전을 확보하기 위하여 하는 모든 활동
→ 안전관리
④ 모든 유형의 재난에 공통적으로 활용할 수 있도록 재난관리의 전 과정을 통일적으로 단순화·체계화 한 것
→ 국가재난관리기준

10 재난관리 2) 우리나라 재난관리 - 안전관리 기구 및 기능

「재난 및 안전관리 기본법」상 중앙안전관리위원회에 대한 설명으로 옳지 않은 것은?

① 재난사태 선포 및 특별재난지역 선포에 관한 사항은 중앙안전관리위원회 심의사항이다.
② 국무총리 소속기관으로, 재난안전의무보험의 관리·운용 등에 관한 사항도 심의한다.
③ 중앙안전관리위원회에 간사 1명을 두며, 간사는 행정안전부장관이 된다.
④ 중앙안전관리위원회에 상정될 안건을 사전에 검토하기 위하여 실무위원회를 둔다.

정답 ④

※ 안전정책조정위원회(법 제10조)
① 중앙위원회에 상정될 안건을 사전에 검토하고 다음 각 호의 사무를 수행하기 위하여 중앙위원회에 안전정책조정위원회(이하 "조정위원회"라 한다)를 둔다.
  ㉠ 중앙위원회 심의사항 중
  ㉡ 제23조에 따른 집행계획의 심의 ㉣, ㉤, ㉥, ㉦, ㉨에 대한 사전 조정
  ㉢ 제26조에 따른 국가핵심기반의 지정에 관한 사항의 심의
  ㉣ 제71조의2에 따른 재난 및 안전관리기술 종합계획의 심의
  ㉤ 그 밖에 중앙위원회가 위임한 사항

11 연소이론 3) 폭발개요 및 분류 - 폭발의 조건

프로판이 50%, 수소가 30%, 메탄이 20%가 공기 중에서 혼합되어 있다. 이때 연료가스의 하한계는 약 얼마인가? (단, 르샤틀리에 법칙에 따라서 계산하며, 가장 가까운 것을 찾는다.)

① 1.82%   ② 1.52%
③ 2.83%   ④ 6.23%

정답 ③

※ 혼합가스의 폭발하한계 계산방법
두 종류 이상의 가연성 가스 또는 증기 혼합물이 있을 때 폭발범위 하한계를 계산에 의하여 구하는 경우 르샤틀리에(Le Chateilier)의 법칙을 사용한다.

$$L = \frac{100}{\frac{V_1}{L_1} + \frac{V_2}{L_2} + \frac{V_3}{L_3} + \cdots}$$

여기서, L : 혼합가스의 폭발하한계(vol%)
V_1 : 각 단독성분의 혼합가스 중의 농도(vol%)
L_1 : 혼합가스를 형성하는 각 단독성분의 폭발하한계(vol%)

$$L = \frac{100}{\frac{V_1}{L_1} + \frac{V_2}{L_2} + \frac{V_3}{L_3}} = \frac{100}{\frac{50}{2.1} + \frac{30}{4} + \frac{20}{5}} = 2.83$$

12

다음 설명 중 발화온도의 순서로 옳은 것은? (단, 낮은 온도에서 높은 온도 순이다.)

① 에탄(Ethane)＜메탄(Methane)＜헥산(Hexane)＜부탄(Butane)
② 옥탄(Octane)＜메탄(Methane)＜펜탄(Pentane)＜프로판(Propane)
③ 헵탄(Heptane)＜펜탄(Pentane)＜프로판(Propane)＜메탄(Methane)
④ 펜탄(Pentane)＜메탄(Methane)＜프로판(Propane)＜부탄(Butane)

정답 ③

※ CxHy 수의 증가[파라핀계]
- 연소범위가 좁아지고 하한계는 낮아진다.
- 분자구조가 복잡해진다.
- 휘발성(증기압)이 감소하고 비점은 상승한다.
- 인화점이 높아진다.
- 발열량이 증가한다.
- 발화점이 낮아진다.

헵탄(Heptane)＜펜탄(Pentane)＜프로판(Propane)＜메탄(Methane)

메테인/메탄(Methane) : 탄소 1개
에테인/에탄(Ethane) : 탄소 2개
프로페인/프로판(Propane) : 탄소 3개
부테인/부탄(Butane) : 탄소 4개
펜테인/펜탄(Pentane) : 탄소 5개
헥세인/헥산(Hexane) : 탄소 6개
헵테인/헵탄(Heptane) : 탄소 7개
옥테인/옥탄(Octane) : 탄소 8개
노네인/노난(Nonane) : 탄소 9개

13

연소에 대한 설명이다. 옳은 것만을 〈보기〉에서 있는 대로 고른 것은?

보기

ㄱ. 미리 혼합된 분젠버너의 연소는 예혼합연소이다.
ㄴ. 확산연소는 폭발에서 나타날 수 있는 형태로 예열대에서 반응대로 넘어가면서 연소한다.
ㄷ. 레이놀즈수가 낮은 곳은 교란이 없는 층류확산화염이 형성된다.
ㄹ. 확산연소는 기체의 일반적인 연소형태로 미리 가연성기체와 공기가 혼합되어 있는 기상 중에 연소이다.

① ㄱ, ㄴ
② ㄷ, ㄹ
③ ㄱ, ㄷ
④ ㄱ, ㄷ, ㄹ

정답 ③

㉠ 분젠버너의 연소는 예혼합연소이다.(○)
㉡ 확산연소는 폭발에서 나타날 수 있는 형태로 예열대에서 반응대로 넘어가면서 연소한다.(×)
  → 예혼합연소
㉢ 레이놀즈수가 낮은 곳은 교란이 없는 층류확산화염이 형성된다.(○)
㉣ 확산연소는 기체의 일반적인 연소형태로 가연성기체와 공기가 혼합되어 있는 기상 중에 연소이다.(×)
  → 가연성기체와 공기가 혼합되어 있는 기상 중에 연소는 예혼합연소이다.

14

다음 글은 폭발에 대한 설명이다. 〈보기〉에서 폭발의 분류와 일치하는 것을 모두 고르시오.

질적변화에 따른 폭발이며 종류는 증기운폭발이 있다.

보기
ㄱ. 분진폭발
ㄴ. 알루미늄 전선폭발
ㄷ. 감압폭발
ㄹ. 분무폭발
ㅁ. 증기폭발

① ㄷ, ㄹ　　② ㄱ, ㄴ
③ ㄴ, ㄷ, ㄹ　　④ ㄱ, ㄹ

정답 ④

화학적 폭발에 대한 설명이다.
ㄱ. 분진폭발(○)
　→ 화학적 폭발이다.
ㄴ. 알루미늄 전선폭발(×)
　→ 물리적 폭발이다.
ㄷ. 감압폭발(×)
　→ 물리적 폭발이다.
ㄹ. 분무폭발(○)
　→ 화학적 폭발이다.
ㅁ. 증기폭발(×)
　→ 물리적 폭발이다.

15

〈보기〉에서 기상폭발에 대한 설명 중 옳은 것을 모두 고르시오.

보기
ㄱ. 공기 중에 분출된 가연성 액체의 미세한 액적이 무상으로 되어 공기 중에 부유하고 있을 때에 발생한다.
ㄴ. 수소, 일산화탄소, 메탄, 프로판, 아세틸렌 등의 가연성 가스와 지연성 가스(공기 또는 산소)와의 혼합기체가 존재할 때에 항상 폭발이 발생하는 것은 아니고 다음의 두 가지 조건이 동시에 만족될 때에 발생한다.
ㄷ. 액화가스(LPG, LNG 등)가 사고로 인해 물 위에 분출되었을 때에는 조건에 따라서 급격한 기화에 동반하는 비등현상을 나타내는 것으로 액상에서 기상으로의 급격한 상변화에 의한 폭발현상이다.
ㄹ. 가연성 고체의 미분이 공기 중에 부유하고 있을 때에 어떤 착화원에 의해 에너지가 주어지면 폭발하는 현상으로 탄광에서 발생이 잘 된다.
ㅁ. 대기 중에 가연성 기체 또는 기화하기 쉬운 가연성 액체가 유출되어서 대량의 가연성 혼합기체가 형성되어 발생하는 폭발이다.

① ㄱ, ㄴ, ㄹ, ㅁ　　② ㄷ
③ ㄴ, ㄷ, ㄹ, ㅁ　　④ ㄱ, ㄴ, ㄷ, ㄹ, ㅁ

정답 ①

ㄱ. 공기 중에 분출된 가연성 액체의 미세한 액적이 무상으로 되어 공기 중에 부유하고 있을 때에 발생한다.(○)
　→ 분무폭발로 기상폭발이다.
ㄴ. 수소, 일산화탄소, 메탄, 프로판, 아세틸렌 등의 가연성 가스와 지연성 가스(공기 또는 산소)와의 혼합기체가 존재할 때에 항상 폭발이 발생하는 것은 아니고 농도와 발화원이 동시에 만족될 때에 발생한다.(○)
　→ 가스폭발로 기상폭발이다.
ㄷ. 액화가스(LPG, LNG 등)가 사고로 인해 물 위에 분출되었을 때에는 조건에 따라서 급격한 기화에 동반하는 비등현상을 나타내는 것으로 액상에서 기상으로의 급격한 상변화에 의한 폭발현상이다.(×)
　→ 증기폭발로 응상폭발이다.
ㄹ. 가연성 고체의 미분이 공기 중에 부유하고 있을 때에 어떤 착화원에 의해 에너지가 주어지면 폭발하는 현상으로 탄광에서 발생이 잘 된다.(○)
　→ 분진폭발로 기상폭발이다.
ㅁ. 대기 중에 가연성 기체 또는 기화하기 쉬운 가연성 액체가 유출되어서 대량의 가연성 혼합기체가 형성되어 발생하는 폭발이다.(○)
　→ 증기운폭발로 기상폭발이다.

16

다음은 (가)와 (나)에 대한 설명이다. 옳은 것을 고르시오.
(단, (가), (나)는 각각 화재강도와 화재심도 중 하나임.)

> (가) 화재가 발생한 곳에서 발생하는 열발생률과 외부로 유출되는 열누설률에 의해 결정이 된다.
> (나) 최고온도(질) × 지속시간(량)으로 표현될 수 있다.

① (가)는 단위면적당 가연물의 중량이다(단위 : kg/m²).
② (나)를 줄이기 위해선 주수시간과 주수율을 높여야 한다.
③ (가)는 화재실의 열방출률이 작을수록 온도가 높아져 (가)는 커진다.
④ (나)는 단위면적당 가연물의 발열량을 목재(등가가연물)의 무게로 환산한 것으로 성능위주설계와 밀접한 관계가 있다.

정답 ②

(가)는 화재강도이고, (나)는 화재가혹도(화재심도)이다.
① (가)는 단위면적당 가연물의 중량이다(단위 : kg/m²).(×)
→ 화재하중에 대한 설명이다.
② (나)를 줄이기 위해선 주수시간과 주수율을 높여야 한다.(○)
③ (가)는 화재실의 열방출률이 작을수록 온도가 높아져 (가)는 커진다.(×)
→ 높을수록 화재강도는 커진다.
④ (나)는 단위면적당 가연물의 발열량을 목재(등가가연물)의 무게로 환산한 것으로 성능위주설계와 밀접한 관계가 있다.(×)
→ 화재하중에 대한 설명이다.

17

산화성고체에 대한 일반적인 설명으로 옳은 것은?

> ㄱ. 염소산염류는 유독성물질로 대부분 물에 녹는다.
> ㄴ. 황린은 공기와 접촉하면 자연발화하여 유독성 가스인 오산화인을 생성하므로 물속에 저장한다.
> ㄷ. 휘발유는 인화점 및 연소하한계가 낮아 적은 양으로는 화재의 위험이 있다.
> ㄹ. 대부분 산소를 가지고 있는 무기화합물로 산화제로 작용한다.
> ㅁ. 아염소산염류는 위험등급이 1등급이다.

① ㄱ, ㄹ, ㅁ
② ㄴ, ㄷ, ㄹ, ㅁ
③ ㄱ, ㄷ, ㄹ, ㅁ
④ ㄱ, ㄴ, ㄷ, ㄹ, ㅁ

정답 ①

ㄱ. 염소산염류는 유독성물질로 대부분 물에 녹는다.(○)
ㄴ. 황린은 공기와 접촉하면 자연발화하여 유독성 가스인 오산화인을 생성하므로 물속에 저장한다.(×)
→ 3류 위험물에 대한 설명이다.
ㄷ. 휘발유는 인화점 및 연소하한계가 낮아 적은 양으로는 화재의 위험이 있다.(×)
→ 4류 위험물에 대한 설명이다.
ㄹ. 대부분 산소를 가지고 있는 무기화합물로 산화제로 작용한다.(○)
ㅁ. 아염소산염류는 위험등급이 1등급이다.(○)

18

위험물의 류별 소화방법으로 옳지 않은 것은?

① 3류 위험물인 CaC_2 화재 시 다량의 물로 냉각소화할 수 없다.
② 4류 위험물인 CH_3OH 화재에는 내알코올포를 사용한다.
③ P는 다량의 물로 냉각소화하며, 소량의 P의 경우에는 마른모래나 이산화탄소 소화약제도 일시적인 효과가 있다.
④ 트리나이트로톨루엔(TNT)은 마른모래, 팽창질석, 팽창진주암으로 소화한다.

정답 ④

TNT는 마른모래, 팽창질석, 팽창진주암으로 소화한다.
→ TNT는 5류 위험물로서 물로 소화한다.

19. 화재이론 2) 건물화재의 성상 - 보일오버 등 위험물 특수현상과 대처법

다음은 (가)와 (나)에 대한 설명이다. 옳지 않은 것을 고르시오. (단, (가), (나)는 각각 경질유와 중질유 중 하나임.)

(가) 액온이 인화점보다 높다.
(나) 액온이 인화점보다 낮다.

① (가)는 FRT탱크를 적용한다.
② (나)는 다성분 액체이다.
③ (가)는 예혼합형전파를 한다.
④ (나)는 중유, 원유로 등유에 비해 비점이 낮다.

정답 ④

(가)는 경질유이고, (나)는 중질유이다.

구분	경질유	중질유
증기압	100°F에서 2~4psi 이상인 액체	100°F에서 2psi 미만인 액체
종류	휘발유, 등유	중유, 원유
비점	낮다	높다
증기공간	증기공간이 상온에서 연소범위 형성	상온에서 연소범위 형성 안 됨
적용탱크	FRT	CRT
예방대책	증기공간 형성 방지, 불활성 가스 주입	물분무설비, Vent
성분	단일성분 액체	다성분 액체
인화점	액온이 인화점보다 높다.	액온이 인화점보다 낮다.
연소형태	예혼합형 전파	예열형 전파
재해현상	VCE, BLEVE	Boil over, Slop over

20. 화재이론 4)화재조사 - 화재원인 및 피해조사 기초 등 화재관련내용

「화재조사 보고 규정」상 건물 등 자산에 대한 최종잔가율이 20%인 것을 고르시오.

ㄱ. 건물   ㄴ. 부대설비
ㄷ. 그 외 자산   ㄹ. 구축물
ㅁ. 가재도구

① ㄱ, ㄴ, ㄹ, ㅁ   ② ㄴ, ㄷ, ㄹ, ㅁ
③ ㄷ   ④ ㄱ, ㄴ, ㄷ, ㄹ

정답 ①

※ 제18조(화재피해금액 산정)
③ 건물 등 자산에 대한 최종잔가율은 건물·부대설비·구축물·가재도구는 20%로 하며, 그 이외의 자산은 10%로 정한다.

21. 소화이론 3)소방시설 - 소화설비의 종류와 작동원리

소화설비에 대한 설명으로 옳은 것을 고르시오.

보기

ㄱ. 산·알칼리 소화기는 수계 소화기로 분류된다.
ㄴ. CO_2 소화설비는 화재감지기, 선택밸브, 엑셀레이터, 압력스위치 등으로 구성된다.
ㄷ. 자동확산소화기는 일반화재용, 주방화재용, 전기설비용이 있다.
ㄹ. 순환배관은 옥내소화전설비의 펌프 체절운전 시 수온하강 방지를 위해 설치한다.

① ㄱ, ㄴ, ㄹ   ② ㄱ, ㄷ
③ ㄷ   ④ ㄱ, ㄴ, ㄷ, ㄹ

정답 ②

ㄱ. 산·알칼리 소화기는 수계 소화기로 분류된다.(○)
ㄴ. CO_2 소화설비는 화재감지기, 선택밸브, 엑셀레이터, 압력스위치 등으로 구성된다.(×)
 → 엑셀레이터는 건식스프링클러 설비이다.
ㄷ. 자동확산소화기는 일반화재용, 주방화재용, 전기설비용이 있다.(○)
ㄹ. 순환배관은 옥내소화전설비의 펌프 체절운전 시 수온하강 방지를 위해 설치한다.(×)
 → 수온상승을 방지하기 위해서이다.

22. 소화이론 2)소화약제 - 포소화약제 소화원리

포(foam)에 대한 일반적인 설명으로 옳은 것은?

① 불화단백포 및 수성막포는 표면하주입방식에 사용할 수 없다.
② 불소를 함유하고 있는 합성계면활성제포는 친수성이므로 유동성과 내유성이 좋다.
③ 단백포는 유동성은 좋으나, 내화성은 좋지 않다.
④ 알콜형포 사용 시 비누화현상이 일어나면 소화능력이 좋아진다.

정답 ④

① 불화단백포 및 수성막포는 표면하주입방식에 **사용할 수 있다.**
② 합성계면활성제포는 **불소를 함유하지 않고,** 유동성이 양호하여 소화속도가 빠르고, **내유성이 약하다.**
③ 단백포는 유동성이 좋지 않아서 소화속도가 느리고, 내화성은 우수하여 대형 유류저장탱크의 소화설비에 적합하다.
④ 알콜형포 사용 시 비누화현상이 일어나면 소화능력이 좋다.

23

다음 중 농도변화 없이 소화할 수 있는 것으로 옳은 것은?

① 다량의 물을 주수하여 소화한다.
② 할로겐화합물을 방사하여 부촉매효과로 소화한다.
③ 연소물이나 화원을 제거하여 소화한다.
④ 포를 이용하여 소화한다.

정답 ②

① 냉각소화
③ 제거소화
④ 유화소화

24

소화약제에 대한 설명 중 옳지 않은 것은?

① 제3종 소화분말인 제1인산암모늄으로부터 유리되어 나온 활성화된 암모늄이온(NH^+)이 가연물질 내부에 함유되어 있는 활성화된 수산이온(OH)과 반응하여 연속적인 연소의 연쇄반응을 억제·차단함으로써 화재를 소화한다.
② CDC분말소화약제에 사용되는 포는 수성막포와 불화단백포이다.
③ 제2종 소화분말의 주성분은 탄산수소칼륨으로 적응화재에 대해 제1종 소화분말이 가지는 소화성능 값의 2배 정도이며, 냉각·질식·부촉매소화작용 등에 의해서 화재를 소화하며, 분말의 색상은 담회색(담자색 : 보라색)이다.
④ 제4종 소화분말은 제1종 소화분말인 탄산수소칼륨과 요소가 혼합되어 있으므로 제2종 소화분말의 소화작용과 같이 냉각·질식·부촉매소화작용 및 열전달방지 소화작용을 갖는다.

정답 ④

④ 제4종 소화분말은 **제2종 소화분말인 탄산수소칼륨**과 요소가 혼합되어 있으므로 제2종 소화분말의 소화작용과 같이 냉각·질식·부촉매소화작용 및 열전달방지 소화작용을 갖는다.

25

다음 소화기구 중 일반화재의 적응성이 가장 떨어지는 것은?

① 이산화탄소소화약제
② 고체에어로졸화합물소화약제
③ 강화액소화약제
④ 포소화약제

정답 ①

※ 소화기의 소화약제

소화약제 구분 적응대상	가스		분말		액체				기타			
	이산화탄소소화약제	할론소화약제	할로겐화합물 및 불활성기체 소화약제	인산염류소화약제	중탄산염류소화약제	산알칼리소화약제	강화액소화약제	포소화약제	물·침윤소화약제	고체에어로졸화합물	마른모래	팽창질석·팽창진주암	그 밖의 것
일반화재 (A급화재)	-	O	O	O	-	O	O	O	O	O	O	O	-
유류화재 (B급화재)	O	O	O	O	O	O	O	O	O	O	O	O	-
전기화재 (C급화재)	O	O	O	O	*	*	*	*	O	-	-	-	
주방화재 (K급화재)	-	-	-	-	*	-	*	*	*	-	-	-	*
금속화재 (D급화재)					*						O	O	*

제 5 회 정답 및 해설

빠른 정답	1	①	2	②	3	④	4	④	5	③	6	④	7	②	8	②	9	③	10	①	11	④	12	②	13	④
	14	③	15	③	16	②	17	①	18	①	19	②	20	①	21	②	22	③	23	④	24	②	25	②		

01 연소이론 3) 폭발개요 및 분류 – 폭연과 폭굉

다음 〈보기〉는 폭연과 폭굉에 대한 설명이다. ( ) 안에 들어갈 내용으로 옳은 것은?

보기
(1) 폭연의 압력증가는 (㉠)이고 폭굉은 폭연의 (㉡)이다.
(2) 폭연은 충격파가 (㉢), 폭굉은 충격파가 (㉣)

	㉠	㉡	㉢	㉣
①	8배	10배 이상	없다	있다
②	없다	10배 이상	있다	없다
③	없다	없다	있다	없다
④	없다	10배 이하	없다	있다

정답 ①

※ 폭연과 폭굉의 비교(연소공학 水谷幸夫著)

구 분	폭연(Deflagration)	폭굉(Detonation)
화염의 전파속도	0.1~10m/s(아음속)	1,000~3000(3,500)m/s (초음속)
충격파	없다	있다
에너지방출속도 (온도 상승)	물질(열)의 전달속도에 영향을 받는다.	열에 의한 전파보다 충격파에 의한 압력에 영향을 받는다.
압력증가	수 기압 정도(8배)	폭연의 10배 이상
화염면	화염면에서 상대적으로 완만한 에너지 변화에 의해서 온도, 압력 밀도가 연속적으로 나타난다.	화염면에서 급격한 에너지 변화에 의해 온도, 압력, 밀도가 불연속적으로 나타난다.
특 징	폭굉으로 전이될 때는 반응 또는 화염면의 전파가 물질의 분자량이나 공기의 난류확산에 영향을 받는다.	물질전달속도에 영향을 받지 않고 짧은 시간안에 방출

02 재난관리 2) 우리나라의 재난관리 – 재난 및 안전관리기본법

다음 〈보기〉에서 「재난 및 안전관리 기본법」상 자연재난에 해당하는 것을 모두 고르시오.

보기
㉠ 강풍   ㉡ 가뭄
㉢ 황사(黃砂)   ㉣ 제방붕괴(폭발로 인한)
㉤ 미세먼지로 인한 피해   ㉥ 폭발
㉦ 조류인플루엔자   ㉧ 화산활동

① ㉠, ㉡
② ㉠, ㉡, ㉢, ㉧
③ ㉡, ㉣, ㉥, ㉦, ㉧
④ ㉠, ㉡, ㉣, ㉤, ㉥, ㉦

정답 ②

② ㉠, ㉡, ㉢, ㉧

※ 재난 및 안전관리 기본법 제3조(정의)
이 법에서 사용하는 용어의 뜻은 다음과 같다.
1. "재난"이란 국민의 생명·신체·재산과 국가에 피해를 주거나 줄 수 있는 것으로서 다음 각 목의 것을 말한다.
   가. 자연재난 : 태풍, 홍수, 호우(豪雨), 강풍, 풍랑, 해일(海溢), 대설, 한파, 낙뢰, 가뭄, 폭염, 지진, 황사(黃砂), 조류(藻類) 대발생, 조수(潮水), 화산활동, 소행성·유성체 등 자연우주물체의 추락·충돌, 그 밖에 이에 준하는 자연현상으로 인하여 발생하는 재해
   나. 사회재난 : 화재·붕괴·폭발·교통사고(항공사고 및 해상사고를 포함한다)·화생방사고·환경오염사고 등으로 인하여 발생하는 대통령령으로 정하는 규모 이상의 피해와 국가핵심기반의 마비, 「감염병의 예방 및 관리에 관한 법률」에 따른 감염병 또는 「가축전염병예방법」에 따른 가축전염병의 확산, 「미세먼지 저감 및 관리에 관한 특별법」에 따른 미세먼지, 「우주개발 진흥법」에 따른 인공우주물체의 추락·충돌 등으로 인한 피해

03 연소이론 1) 연소개요 등 - 연소반응식과 에너지 수지

다음 중 메탄(CH_4)의 연소특성을 설명한 것으로 옳지 않은 것은?

① 에탄에 비해서 하한계가 높고, 부탄에 비해 발화점이 높다.
② 연소 하한계는 헵탄보다 높다.
③ 연소 시 메탄 $1m^3$에 산소 $2m^3$가 필요하다.
④ 프로판과 비교하여 연소에 필요한 공기가 상대적으로 크다.

정답 ④

④ 메탄은 공기부피가 9.52부피이고, 프로판은 23.80이다.

04 연소이론 2) 연기 및 화염 - 열전달 방식 등 연소 관련내용

푸리에(Fourier)의 열전도 법칙으로 옳지 않은 것은?

① 열유속(열전달속도)은 열전도율에 비례한다.
② 열유속(열전달속도)은 열전달면적에 비례한다.
③ 열유속(열전달속도)은 고온부와 저온부의 온도 차이에 비례한다.
④ 열유속(열전달속도)은 시간과 거리에는 반비례한다.

정답 ④

※ 푸리에(Fourier)의 열전도 법칙
열유속(열전달속도)은 열전도율, 열전달면적, 고온부와 저온부의 온도 차이에 비례하고 열이 전달되는 거리에는 반비례하며, 열의 유동은 시간에 따라 변화하지 않는다.

05 소화이론 - 이산화탄소 소화약제, 소화설비

다음 〈보기〉는 이산화탄소에 대한 설명이다. 옳은 것을 모두 고르시오.

보기
㉠ 이산화탄소는 고압이므로 저장용기 충전비는 저압식은 없고 고압식만 있으며, 외부에 동력없이 자체압력으로 방사 가능하다.
㉡ 인체의 질식우려가 있으며, 온실가스로 지구온난화를 유발하지 않는다.
㉢ 수계에 비해 소화 후 소화약제에 의한 오손이 없고, 비전도성이다.
㉣ 흰색운무로 가시도를 저하시켜서 피난에 장애를 줄 수 있다.

① ㉠, ㉢, ㉣　　② ㉠, ㉡, ㉢
③ ㉢, ㉣　　　　④ ㉢

정답 ③

㉠ 이산화탄소는 고압이므로 저장용기 충전비는 저압식은 없고 고압식만 있으며, 외부에 동력없이 자체압력으로 방사 가능하다.
→ 고압식과 저압식이 있다.
㉡ 인체의 질식우려가 있으며, 온실가스로 지구온난화를 유발하지 않는다.
→ 온실가스로 지구온난화 유발물질이다.

06 소방조직 - 소방장비

「소방장비관리법 시행령」상 박스에서 설명하고 있는 장비를 〈보기〉에서 고르시오.

자체에 동력원이 부착되어 자력으로 이동하거나 견인되어 이동할 수 있는 장비

보기
㉠ 고정익항공기　　㉡ 차량이동기
㉢ 교육지원차　　　㉣ 무인방수차

① ㉠, ㉣　　　　② ㉠, ㉡, ㉢, ㉣
③ ㉢, ㉣　　　　④ ㉠, ㉢, ㉣

정답 ④

기동장비에 대한 설명이다.
㉠ 고정익항공기(기동장비)
㉡ 차량이동기(보조장비)
㉢ 교육지원차(기동장비)
㉣ 무인방수차(기동장비)

07 연소이론 – 연소반응식

이황화탄소 1몰이 완전연소하기 위한 이론 산소량은 몇 g인가? (단, 이황화탄소의 화학식은 CS_2이며, C는 질량이 12, S의 질량은 32이다.)

① 32
② 96
③ 128
④ 64

정답 ②

가. 조건
- CS_2(분자량 ≒ 76) 1몰이 연소
- 산소 O_2의 분자량 32

나. 연소반응식
- $CS_2 + 3O_2 \rightarrow CO_2 + 2SO_2$

다. 풀이
- CS_2 1몰 연소 시 산소 3몰이 필요하므로
- $3 \times 32 = 96g$

08 소화이론 – 분말소화약제

다음 분말 소화약제의 특성을 설명한 것으로 옳지 않은 것은?

① 약제가 운무를 형성하여 화염으로부터 복사열(방사열)을 차단하는 효과가 있다.
② 피연소 물질에 영향을 끼치는 단점을 가지고 있다.
③ 전기절연성이 높아 고전압의 전기화재에도 적합하다.
④ 약 850℃에서 $2NaHCO_3 \rightarrow Na_2CO_3 + H_2O + CO_2$ 이다.

정답 ④

※ 탄산수소나트륨의 열분해 반응
㉠ 270℃에서 $2NaHCO_3 \rightarrow Na_2CO_3 + H_2O + CO_2$
㉡ 850℃에서 $2NaHCO_3 \rightarrow \underline{Na_2O} + H_2O + \underline{2CO_2}$

09 화재이론 – 위험물화재의 성상

2류 위험물 중 물로 소화할 수 있는 것으로 옳은 것은?

① 황화인
② 철분
③ 인화성고체
④ 유기과산화물

정답 ③

금속분, 철분, 마그네슘, 황화인 등은 마른모래, 건조분말에 의한 질식소화를 한다. 인화성고체와 유기과산화물이 물로 소화할 수 있지만, 유기과산화물은 5류 위험물이다. 따라서 2류 위험물을 고르는 문제이므로 인화성고체만 해당된다.

10 소화이론 – 포소화설비

다음 그림을 설명하고 있는 방식으로 옳은 것은?

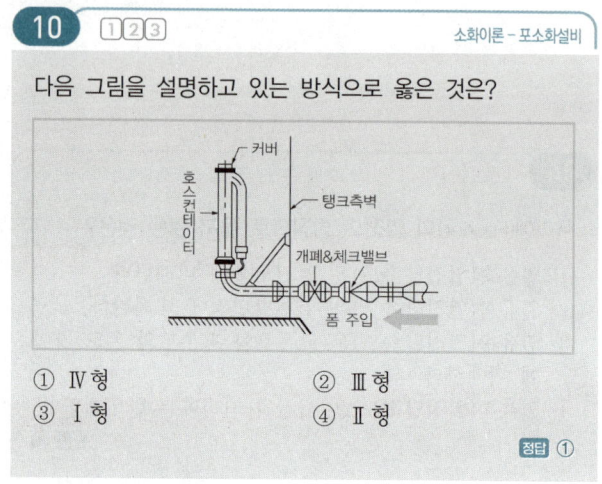

① Ⅳ형
② Ⅲ형
③ Ⅰ형
④ Ⅱ형

정답 ①

① 반표면하주입방식이다.
① 고정포: 대형소방대상물에 사용되는 방식으로 전체 설비가 고정되어 있는 방식이며, 감지기가 없고, 수동식 및 선택밸브로 개방이 가능하다.
  ㉠ Ⅰ형 방출구
    표면주입방식으로 위험물이 Over Flow하는 것을 막을 수 있는 방식으로 방출된 포가 위험물과 섞이지 않고 탱크의 액면 위로 흘러 들어가서 소화작용을 하도록 통계단(활강로) 등을 설치한 방출구 방식이고, CRT*(Cone Roof Tank)에 사용된다.
  ㉡ Ⅱ형 방출구
    표면주입방식으로 반사판(디플렉터)에 의해 포가 탱크벽면을 따라 소화되도록 설치된 것으로 Cone Roof Tank에 사용된다.
  ㉢ 특형 방출구
    FRT(Floating Roof Tank : 부상식 탱크)의 측면과 포 방지턱(굽도리판)에 의해 형성된 환상 부분에 포를 방출하여 소화한다.
  ㉣ 표면하주입방식(SSI방식 ; Sub-Surface Injection Method)
    Ⅲ형 방식으로 포를 탱크 밑으로 주입하여 포가 탱크 내의 유류를 통해 표면으로 떠올라 소화하도록 한 것이다. 그러나 이 방식은 수용성 위험물 탱크에는 적용할 수 없다.
  ㉤ 반표면하주입방식(SSSI방식 ; Semi Sub-Surface Injection Method)
    Ⅳ형 방식으로 표면하주입방식의 단점을 보완한 것으로 탱크의 밑에서 공급되지만 호스를 이용해서 탱크의 액면에서 포를 방출하도록 한다.

11 소화이론 – 소화설비

〈보기〉에서 수격작용방지대책으로 옳은 것을 모두 고르시오.

보기

㉠ 수격을 흡수하는 수격방지기를 설치한다.
㉡ 관로에 서지탱크(Surge tank)를 설치한다.
㉢ 플라이휠(flywheel)을 부착하여 펌프의 급격한 속도변화를 억제한다.
㉣ 관경의 확대를 통해 유체의 유속을 감소시켜 압력변동치를 감소시킨다.

① ㉠, ㉢
② ㉡, ㉣
③ ㉠, ㉢, ㉣
④ ㉠, ㉡, ㉢, ㉣

정답 ④

④ ㉠, ㉡, ㉢, ㉣

※ **수격작용 방지대책**
① 수격을 흡수하는 수격방지기를 설치한다.
② 관로에 서지탱크(Surge tank)를 설치한다.
③ 플라이휠(flywheel)을 부착하여 펌프의 급격한 속도변화를 억제한다.
④ 관경의 확대를 통해 유체의 유속을 감소시켜 압력변동치를 감소시킨다.

12 연소이론 – 연소범위

다음 중 〈보기〉에서 연소범위에 관한 설명으로 옳지 않은 것을 모두 고르시오.

보기

㉠ 물질이 발화, 연소하는 데는 물적조건과 에너지조건을 만족하여야 하는데 이 물적조건을 연소범위라 하며, 에너지조건을 발화온도나 발화에너지, 충격감도라 한다.
㉡ 연소하한계는 공기 중에서 가장 낮은 농도에서 연소할 수 있는 부피로서 가연물의 최저 용량비라 하며 연소상한계는 지연성가스는 적으나 가연성가스는 많아지게 되고 그 이상에서는 연소할 수 없는 한계치를 말한다.
㉢ 고체의 물질이 가연성가스를 내면서 연소할 때 연소하한계 이하에서는 증기압 및 농도가 낮아 기상에서 반응이 일어나지 못하고 표면에서 산화반응을 하기 때문에 화염전파를 하지 못하고 불꽃이 있는 작열연소를 하게 된다.
㉣ 외부의 입열로 계 내의 온도가 상승하게 되면 물적 조건인 농도, 압력도 상승하게 되는데 일정한 농도인 연소범위에 도달하게 되면 화염을 전파하게 된다. 이때 시작되는 점이 물적 조건과 에너지조건의 최댓값에서 시작된다.

① ㉠, ㉢
② ㉢, ㉣
③ ㉠, ㉢, ㉣
④ ㉠, ㉡, ㉢, ㉣

정답 ②

㉢ 고체의 물질이 가연성 가스를 내면서 연소할 때 연소하한계 이하에서는 증기압 및 농도가 낮아 기상에서 반응이 일어나지 못하고 표면에서 산화반응을 하기 때문에 화염전파를 하지 못하고 불꽃이 있는 작열연소를 하게 된다.
→ 불꽃이 없는

㉣ 외부의 입열로 계 내의 온도가 상승하게 되면 물적 조건인 농도, 압력도 상승하게 되는데 일정한 농도인 연소범위에 도달하게 되면 화염을 전파하게 된다. 이때 시작되는 점이 물적 조건과 에너지 조건의 최댓값에서 시작된다.
→ 최솟값

13

다음 중 보일오버(Boil-over) 현상을 설명한 것으로 옳지 않은 것은?

① 열류층의 온도는 200~300℃로 열류층 아래로 열 흐름이 생기고, 이 열 흐름에 의해 반대 방향으로 물질이 이동하여 고온층은 천천히 하강한다.
② 다성분 액체인 중질유는 끓는점이 달라 저장 탱크에 화재가 장기간 진행되면 유류 중 가벼운 성분은 유류 표면층에서 증발하여 연소되고, 무거운 성분은 화염의 온도에 의해 가열, 축적되어 200~300℃의 열류층을 형성한다.
③ 보일오버의 조건은 개방공간, 중질유, 물과 에멀젼, 열파가 있다.
④ 보일오버의 방지대책은 물의 배출과 물의 가열방지, 내용물의 기계적 교반방지가 있다.

정답 ④

※ 보일오버의 조건 및 방지 대책
- 보일오버 조건
  - 개방공간
  - 중질유
  - 물 및 에멀젼
  - 열파(열류층)

- 보일오버 방지대책
  - 물의 배출
  - 물의 가열방지(냉각소화)
  - **내용물의 기계적 교반(열류층형성방지)**

보일오버의 방지대책은 물의 배출과 물의 가열방지, 내용물의 기계적 교반방지가 있다.
→ **기계적 교반방지가 아니라** 기계적 교반을 통한 열류층형성 방지이다.

14

「119법」상 119항공대에 대한 설명으로 옳지 않은 것을 모두 고르시오. (단, 법기준상이다)

보기

㉠ "119항공대"란 항공기, 구조장비(구급장비 제외) 및 119항공대원으로 구성된 단위조직을 말한다.
㉡ "119항공대원"이란 구조를 위한 119항공대에 근무하는 조종사, 정비사, 항공교통관제사, 운항관리사, 119구조대원(구급대원 제외)을 말한다.
㉢ 소방청장 또는 시·도지사는 초고층 건축물 등에서 요구조자의 생명을 안전하게 구조하거나 도서·벽지에서 발생한 응급환자를 의료기관에 긴급히 이송하기 위하여 119항공대를 편성하여 운영한다.
㉣ 항공대의 편성과 운영, 업무 및 항공대원의 자격기준, 그 밖에 필요한 사항은 대통령령으로 정한다.

① ㉠, ㉢
② ㉢, ㉣
③ ㉠, ㉡, ㉢
④ ㉠, ㉡, ㉢, ㉣

정답 ③

㉠ "119항공대"란 항공기, 구조장비(구급장비 제외) 및 119항공대원으로 구성된 단위조직을 말한다.
→ "119항공대"란 항공기, **구조·구급장비** 및 119항공대원으로 구성된 단위조직을 말한다.
㉡ "119항공대원"이란 구조를 위한 119항공대에 근무하는 조종사, 정비사, 항공교통관제사, 운항관리사, 119구조대원(구급대원 제외)을 말한다.
→ "119항공대원"이란 구조·구급을 위한 119항공대에 근무하는 조종사, 정비사, 항공교통관제사, 운항관리사, **119구조·구급대원**을 말한다.
㉢ 소방청장 또는 시·도지사는 초고층 건축물 등에서 요구조자의 생명을 안전하게 구조하거나 도서·벽지에서 발생한 응급환자를 의료기관에 긴급히 이송하기 위하여 119항공대를 편성하여 운영한다.
→ 소방청장 또는 **소방본부장**은 초고층 건축물 등에서 요구조자의 생명을 안전하게 구조하거나 도서·벽지에서 발생한 응급환자를 의료기관에 긴급히 이송하기 위하여 119항공대를 편성하여 운영한다.

15 소화이론 – 소화설비

박스에서 설명하고 있는 설비와 같은 설비를 〈보기〉에서 모두 고르시오. (단, 박스는 습식, 건식, 준비작동식, 일제살수식 중 하나이다.)

> 스프링클러설비 중에서 가장 먼저 개발된 시스템으로 신뢰성이 좋으며, 구성도 다른 설비방식에 비하여 간단한 것으로 가장 많이 이용하는 표준설비방식이나 동결의 위험이 있으므로 주의하여야 한다.

보기

㉠ 평상시 물이 없는 드라이파이프의 부분에 물이 분출하는 것을 억제하고 있는 밸브이다. 밸브의 1차측은 가압송수장치에 연결되어 있고, 밸브까지 공기가 충만되어 있다.
㉡ 액셀러레이터의 중요한 역할은 2차측의 공기를 신속하게 배출시켜서 클래퍼를 빨리 열리게 하는 보조장치이다.
㉢ 알람밸브 중심으로 1차측과 2차측에 각 1개씩의 압력계가 부착되어 항상 같은 압력 값을 지시하고 있다가 헤드가 개방되면 2차측의 압력이 감소되면서 알람밸브가 개방되어 수신반에 화재표시등을 점등시킴과 동시에 경보를 발령하게 된다.
㉣ 화재감지기의 화재신호에 의하여 작동되며, 작동과 동시에 가압부의 충압수를 배출함으로써 클래퍼를 개방시키는 역할을 하는 밸브이다.

① ㉠, ㉣ ② ㉠, ㉡, ㉢, ㉣
③ ㉢ ④ ㉢, ㉣

정답 ③

습식스프링클러에 대한 설명이다.
㉠ 평상시 물이 없는 드라이파이프의 부분에 물이 분출하는 것을 억제하고 있는 밸브이다. 밸브의 1차측은 가압송수장치에 연결되어 있고, 밸브까지 공기가 충만되어 있다.
   → 건식스프링클러설비이다.
㉡ 액셀러레이터의 중요한 역할은 2차측의 공기를 신속하게 배출시켜서 클래퍼를 빨리 열리게 하는 보조장치이다.
   → 건식스프링클러설비이다.
㉢ 알람밸브 중심으로 1차측과 2차측에 각 1개씩의 압력계가 부착되어 항상 같은 압력 값을 지시하고 있다가 헤드가 개방되면 2차측의 압력이 감소되면서 알람밸브가 개방되어 수신반에 화재표시등을 점등시킴과 동시에 경보를 발령하게 된다.
   → 습식스프링클러설비이다.
㉣ 화재감지기의 화재신호에 의하여 작동되며, 작동과 동시에 가압부의 충압수를 배출함으로써 클래퍼를 개방시키는 역할을 하는 밸브이다.
   → 준비작동식스프링클러설비이다.

※ **습식스프링클러설비**
① 스프링클러설비 중에서 가장 먼저 개발된 시스템으로 신뢰성이 좋으며, 구성도 다른 설비방식에 비하여 간단한 것으로 가장 많이 이용하는 표준설비방식이나 동결의 위험이 있으므로 주의하여야 한다.
② 유수검지장치의 1, 2차 배관*에 가압수가 충만되어 있다가 헤드의 감열부가 화재로 인해 개방되면 가압수가 방출됨으로써 압력의 균형이 깨지고 이로 인하여 기동용수압개폐장치의 압력스위치 작동에 의하여 가압송수장치가 기동하게 되고 연속하여 방수됨으로써 소화하게 되는 소화설비이다.

③ 구성 요소
  ㉠ 알람밸브(자동경보밸브) : 알람밸브 중심으로 1차측과 2차측에 각 1개씩의 압력계가 부착되어 항상 같은 압력 값을 지시하고 있다가 헤드가 개방되면 2차측의 압력이 감소되면서 알람밸브가 개방되어 수신반에 화재표시등을 점등시킴과 동시에 경보를 발령하게 된다.
  ㉡ 리타딩챔버 : 리타딩챔버는 자동경보밸브에 설치되어 경보밸브의 오동작을 방지한다.
  ㉢ 압력스위치 : 리타딩챔버 상단이나, 알람밸브에 연결되어 있는 압력스위치에 압력수가 도달되면 압력스위치의 벨로우즈를 가압하여 접점을 이루어서 회로를 연결시킴으로써 수신부에 화재표시 및 경보를 발령시키게 된다.

보충

① 리타딩챔버는 자동경보밸브에 설치되어 경보밸브의 오동작(오보)을 방지한다.
② 건식밸브는 평상시 물이 없는 드라이파이프의 부분에 물이 분출하는 것을 억제하고 있는 밸브이다. 밸브의 1차측은 가압송수장치에 연결되어 있고, 밸브까지 공기가 충만되어 있다.
③ 액셀러레이터의 중요한 역할은 건식밸브 2차측의 공기를 신속하게 배출시켜서 클래퍼를 빨리 열리게 하는 보조장치이다.
④ 슈퍼비조리판넬은 준비작동밸브의 작동속도를 증가시키는 역할을 하는 급속개방장치 중의 하나이다.

16. 화재이론 – 목조건축물의 화재 시 특성

다음 중 목조건축물의 화재를 설명한 것으로 옳은 것은? (단, 내화건축물에 비해)

① 목조건축물은 내화건축물보다 연소속도가 빠르고 연소시간이 짧으며, 화재 최고온도는 비슷하나 유지시간이 긴 특징이 있다.
② 목조건축물은 골조 등 불타기 쉽고 개구부가 많아 내화건축물에 비해 플래시오버(Flash Over)에 도달하는 시간이 빠르며 비화에 의한 화재확대의 위험성이 높다.
③ 화재 원인에서 발화까지를 화재의 전기, 발염착화에서 진화까지를 화재의 후기라 하며, 보통 화재의 전기는 시간적으로 일정한 경로로 진행되나 후기는 여러 상황에 따라 시간적으로 일정하지 않은 특징이 있다.
④ 목조건축물의 옥내출화로는 불연천장이나 불연벽체인 경우 실내의 그 뒷면에서 발염착화, 창, 출입구 등에서 발염착화 등이 있다.

정답 ②

② 목조건축물은 골조 등 불타기 쉽고 개구부가 많아 내화건축물에 비해 플래시오버(Flash Over)에 도달하는 시간이 빠르며 화재 최성기 이후 비화에 의한 화재확대의 위험성이 높다.
① 목조건축물은 내화건축물보다 연소속도가 빠르고 연소시간이 짧으며, 화재 최고온도는 비슷하나 유지시간이 긴 특징이 있다.
→ 높다. (목조 최고온도 : 1,300℃, 내화 : 900~1,000℃) 유지시간도 짧다.
③ 화재 원인에서 발화까지를 화재의 전기, 발화에서 진화까지를 화재의 후기라 하며, 보통 화재의 전기는 ~~시간적으로 일정한 경로로 진행되나 후기는 여러 상황에 따라 시간적으로 일정하지 않은~~ 특징이 있다.
→ 보통 화재의 전기는 여러 상황에 따라 시간적으로 일정하지 않은 반면, 후기는 시간적으로 일정한 경로로 진행된다.
④ 목조건축물의 옥내 출화로는 불연천장이나 불연벽체인 경우 실내의 그 뒷면에서 발염착화, ~~창, 출입구 등에서 발염착화~~ 등이 있다.
→ 창, 출입구 등에서의 발염착화는 옥외출화에 해당한다.

17. 연소이론 – 불꽃연소와 작열연소

다음 〈보기〉에서 불꽃연소에 관한 설명으로 옳은 것을 모두 고르시오. (단, 작열연소에 비해)

보기

㉠ 화염에서의 온도는 약간 낮거나 높게 나타나는 현상이 반복되며, 연소반응은 화염 온도가 충분히 높아야 지속된다.
㉡ 연료의 표면에서 화염이 발생하지 않고 작열하면서 연소하는 현상으로 표면연소라고도 하며 화재의 양상은 산소의 공급이 불충분한 상태에서 진행되는 연소로 심부화재라고도 한다.
㉢ 고체의 열분해, 액체의 증발에 따른 기체의 확산에 의한 연소, 연소속도가 매우 빠르며 시간당 방출 열량이 많다.
㉣ 연소 시 가연성가스와 산소가 높은 농도에서 낮은 농도로 이동한다는 Fick의 법칙에 따라 가연성가스와 산소가 반응에 의해 농도가 영(0)이 되는 화염 쪽으로 이동되는 확산이라는 과정을 통해 연소한다.
㉤ 낮은 휘발분의 경우 증기압이 낮아 거의 대류를 일으키지 못하고 산소가 높은 농도에서 낮은 농도로 이동하는 원칙에 따라 표면에서 산소와 반응하면서 일어나는 연소형태이다.
㉥ 흡열을 통해 열분해 생성물을 방출하지 않고 진동에너지에 의해 고상 결합이 결렬되면서 일어나는 연소형태이다.

① ㉠, ㉢, ㉣
② ㉡, ㉣, ㉤, ㉥
③ ㉠, ㉡, ㉢, ㉤, ㉥
④ ㉠, ㉡, ㉢, ㉣, ㉤, ㉥

정답 ①

① ㉠, ㉢, ㉣
㉡ 연료의 표면에서 화염이 발생하지 않고 작열하면서 연소하는 현상으로 표면연소라고도 하며 화재의 양상은 산소의 공급이 불충분한 상태에서 진행되는 연소로 심부화재라고도 한다.
→ 작열연소
㉤ 낮은 휘발분의 경우 증기압이 낮아 거의 대류를 일으키지 못하고 산소가 높은 농도에서 낮은 농도로 이동하는 원칙에 따라 표면에서 산소와 반응하면서 일어나는 연소형태이다.
→ 작열연소
㉥ 흡열을 통해 열분해 생성물을 방출하지 않고 진동에너지에 의해 고상 결합이 결렬되면서 일어나는 연소형태이다.
→ 작열연소

18. 재난관리 – 재난 및 안전관리 기본법

다음 중 「재난 및 안전관리 기본법 및 그 하위법령」상 중앙안전관리위원회에 관한 설명으로 옳지 않은 것은?

① 재난 및 안전관리에 관한 사항을 심의하기 위하여 행정안전부 소속으로 중앙안전관리위원회를 두며 재난안전의무보험의 관리 및 운용에 관한 사항도 심의할 수 있다.
② 중앙위원회의 위원장이 사고 또는 부득이한 사유로 직무를 수행할 수 없어 행정안전부장관이 중앙안전관리위원회 위원장의 직무를 대행할 때에는 행정안전부의 재난안전관리사무를 담당하는 본부장이 중앙안전관리위원회 간사의 직무를 대행한다.
③ 중앙안전관리위원회의 회의는 재적위원 과반수의 출석으로 개의하고, 출석위원 과반수의 찬성으로 의결하며 그 밖에 중앙안전관리위원회의 운영에 필요한 사항은 위원회의 의결을 거쳐 위원장이 정한다.
④ 중앙안전관리위원회의 위원 중 공무원인 위원의 임기는 해당 직위에 재임하는 기간으로 하고, 공무원인 위원이 업무와 직접 관련하여 회의에 출석하는 경우에는 수당, 여비 또는 그 밖의 실비를 지급할 수 없다.

정답 ①

① 재난 및 안전관리에 관한 사항을 심의하기 위하여 **국무총리** 소속으로 중앙안전관리위원회를 두며 재난안전의무보험의 관리 및 운용에 관한 사항도 심의할 수 있다.

19. 소방조직 – 의용소방대

다음 〈보기〉는 소방조직에 관한 설명이다. ( ) 안에 들어갈 내용으로 옳은 것은?

보기

( )는 그동안 제기되어 왔던 소방행정 수요에 비해 절대 부족한 현장활동 인력을 확충하여 소방업무의 효율성을 높이고 국민의 생명과 재산을 보호하기 위해 2001년 8월 14일 도입된 제도이다.

① 의용소방대   ② 의무소방대
③ 자체소방대   ④ 자위소방대

정답 ②

② 의무소방대
의무소방대는 2001년 홍제동주택화재를 계기로 만들어졌다.

20. 재난관리 – 재난 및 안전관리 기본법

「재난 및 안전관리 기본법」상 각종 시설 및 물질 등의 제작, 유지관리 과정에서 안전을 확보할 수 있도록 적용하여야 할 기술적 기준을 체계화한 것으로 옳은 것은?

① 안전기준
② 재난관리정보
③ 재난안전데이터
④ 국가재난관리기준

정답 ①

① 안전기준
② 재난관리정보
→ "재난관리정보"란 재난관리를 위하여 필요한 재난상황정보, 동원가능자원정보, 시설물정보, 지리정보를 말한다.
③ 재난안전데이터
→ "재난안전데이터"란 정보처리능력을 갖춘 장치를 통하여 생성 또는 처리가 가능한 형태로 존재하는 재난 및 안전관리에 관한 정형 또는 비정형의 모든 자료를 말한다.
④ 국가재난관리기준
→ "국가재난관리기준"이란 모든 유형의 재난에 공통적으로 활용할 수 있도록 재난관리의 전 과정을 통일적으로 단순화·체계화한 것으로서 행정안전부장관이 고시한 것을 말한다.

21. 소방조직 – 소방조직의 변천과정

소방행정에 관한 설명 중 옳지 않은 것은?

① 1978년 소방학교 직제가 제정·공포, 소방교육이 체계화되었다.
② 1975년 경찰에 소방이 흡수되었다.
③ 1977년 소방공무원법이 제정되었다.
④ 1972년 서울과 부산은 소방본부를 설치하였고, 다른 지역은 국가소방체제였다.

정답 ②

② 1975년 내무부에 민방위본부 설치로 민방위제도를 실시하게 되면서 치안본부 소방과에서 민방위본부 소방국으로 이관되면서 소방이 경찰로부터 분리되었다.

22. 소방조직 - 민간소방조직

다음은 위험물안전관리자에 대한 설명이다. 빈칸에 들어갈 ㉠과 ㉡의 합으로 알맞은 것은?

〈선임·신고〉
① 해임·퇴직한 때 : 해임·퇴직한 날부터 (㉠)일 이내에 선임
② 선임한 때 : 선임한 날부터 (㉡)일 이내 소방본부장 또는 소방서장에게 신고

① 15
② 32
③ 44
④ 62

정답 ③

※ 위험물안전관리자 선임·신고
① 해임·퇴직한 때 : 해임·퇴직한 날부터 **30일** 이내에 선임
② 선임한 때 : 선임한 날부터 **14일** 이내 소방본부장 또는 소방서장에게 신고
㉠ = 30, ㉡ = 14, 합은 44

23. 연소이론 - 연소반응식

다음 중 이상기체 상태방정식을 유도하기 위한 기체의 운동에 관한 가정을 설명한 것으로 옳지 않은 것은?

① 기체 분자가 차지하는 부피는 없다.
② 기체 분자는 불규칙한 직선운동을 한다.
③ 충돌에 의한 에너지의 변화가 없는 완전탄성체이다.
④ 기체 분자들의 평균 운동 에너지는 절대 온도에 반비례한다.

정답 ④

④ 기체 분자들의 평균 운동 에너지는 절대 온도에 반비례한다.
→ 비례

24. 연소이론 - 폭발

박스에서 설명하고 있는 현상의 형성에 미치는 요인을 〈보기〉에서 모두 고르시오. (단, 잘 발생되는 조건이다)

액화가스의 탱크가 파열하면 주위의 공기와 만나 불이 공모양으로 되고 더욱 상승하면 버섯형화염이 된다.

보기
㉠ 넓은 폭발범위
㉡ 높은 증기밀도
㉢ 높은 연소열
㉣ 유출되는 가연성 혼합물 중량

① ㉠, ㉣
② ㉠, ㉢, ㉣
③ ㉠, ㉡, ㉢, ㉣
④ ㉢, ㉣

정답 ②

파이어볼에 대한 설명이다.
Fire ball은 액화가스의 탱크가 파열하면 주위의 공기와 만나 불이 공모양으로 되고 더욱 상승하면 버섯형화염이 된다.

※ Fire ball 형성에 미치는 요인
1. 넓은 폭발범위
2. 낮은 증기밀도
3. 높은 연소열
4. 유출되는 가연성 혼합물 중량

25 화재이론 - 화재조사

「화재조사 및 보고규정」상 소방본부장이 운영하는 화재합동조사단의 기준으로 옳은 것은?

① 사상자가 30명 이상이거나 2개 시·도 이상에 걸쳐 발생한 화재
② 사상자가 20명 이상이거나 2개 시·군·구 이상에 발생한 화재
③ 사망자가 5명 이상이거나 사상자가 10명 이상 또는 재산피해액이 100억원 이상 발생한 화재
④ 사망자가 5명 이상 발생한 화재

정답 ②

[화재조사 및 보고규정]
※ 제20조(화재합동조사단 운영 및 종료)
① 소방관서장은 영 제7조제1항에 해당하는 화재가 발생한 경우 다음 각 호에 따라 화재합동조사단을 구성하여 운영하는 것을 원칙으로 한다.
  1. 소방청장 : 사상자가 30명 이상이거나 2개 시·도 이상에 걸쳐 발생한 화재(임야화재는 제외한다. 이하 같다)
  2. 소방본부장 : 사상자가 20명 이상이거나 2개 시·군·구 이상에 발생한 화재
  3. 소방서장 : 사망자가 5명 이상이거나 사상자가 10명 이상 또는 재산피해액이 100억원 이상 발생한 화재

제6회 정답 및 해설

빠른 정답	1	②	2	①	3	①	4	③	5	②	6	②	7	③	8	②	9	④	10	①	11	②	12	②	13	①
	14	②	15	④	16	①	17	②	18	①	19	①	20	②	21	①	22	①	23	③	24	①	25	④		

01　　　　　　　　　소방조직 - 소방업무의 특징

다음 〈보기〉는 소방업무의 특징을 설명한 것이다. ( ) 안에 들어갈 내용으로 옳은 것은?

보기

(1) (㉠) : 긴급구조통제단이 가동된 경우 긴급구조통제단장이 긴급구조요원에게 강력한 지휘 명령권을 통해 지휘통제를 쉽게 할 수 있으며, 긴급한 상황시 소방대장이 엄격한 명령을 함으로써 명령을 받은 소방대원이 국민의 생명을 구조한다.

(2) (㉡) : 한 기능이 여러 기관에 혼합된 중첩성과 동일 기능이 여러 기관에서 독립적으로 수행되는 중복성 등을 포괄하는 개념으로 비상시를 대비하여 현재 필요한 소방력보다 많은 소방력이 필요하다. 따라서 재난이 일어나지 않았지만, 언제 일어날지 모르는 재난상황에 대해 미리 준비한다.

(3) (㉢) : 화재 또는 재난이 발생하였을 때 신속한 출동 및 현장 도착 여부는 당해 사고로부터 피해를 최소화하는 데 결정적인 관건이 되며, 소방관은 골든타임확보를 위한 최선을 다하여야 한다.

	㉠	㉡	㉢
①	규제성	효율성	기술성
②	일체성(계층성)	가외성	신속정확성(긴급성)
③	신속대응성	상호연관성	획일성
④	전문성	효율성	기술성

정답 ②

(1) (일체성 혹은 계층성) : 긴급구조통제단이 가동된 경우 긴급구조통제단장이 긴급구조요원에게 지휘통제를 쉽게 할 수 있으며, 긴급한 상황시 소방대장이 엄격한 명령을 함으로써 명령을 받은 소방대원이 국민의 생명을 구조한다.

(2) (가외성) : 한 기능이 여러 기관에 혼합된 중첩성과 동일 기능이 여러 기관에서 독립적으로 수행되는 중복성 등을 포괄하는 개념으로 비상시를 대비하여 현재 필요한 소방력보다 많은 소방력이 필요하다. 따라서 재난이 일어나지 않았지만, 언제 일어날지 모르는 재난상황에 대해 미리 준비한다.

(3) (신속정확성 혹은 긴급성) : 화재 또는 재난이 발생하였을 때 신속한 출동 및 현장 도착 여부는 당해 사고로부터 피해를 최소화하는 데 결정적인 관건이 되며, 소방관은 골든타임확보를 위한 최선을 다하여야 한다.

02　　　　　　　　　소방조직 - 조선시대의 소방조직

다음 중 조선시대의 소방조직을 설명한 것으로 옳지 않은 것은?

① 이 시기에 처음으로 각 관아에서는 금화하는 일을 엄격히 하도록 하고 화재사고가 있을 때에는 이를 규찰하며 대창에는 금화를 담당하는 관리를 배치하고 화재를 방어케 하기 위하여 지하에 창고를 쌓았으며 사요(私窯)를 설치하여 최초의 소방행정이 시작된 시기이다.

② 기본법전인 경국대전의 편찬으로 금화법령이 제정되었다. 금화(禁火)는 병조, 의금부, 형조, 한성부, 수성금화사 및 5부의 숙식하는 관원이 행순(行巡)하여 화재를 단속하는 일을 말한다. 여기서는 화재 시 종을 치는 것, 구화패발급, 화재감시, 순찰경계, 구화시설(救火施設) 등을 정하고 있다.

③ 종로 인경각 근처에서의 대화재 발생 등의 계기로 이조에서 건의하여 병조 소속으로 금화도감이 설치되었다. 금화도감은 오늘날과 같은 상비 소방제도는 아니지만 독자적으로 화재를 방비하는 역할을 한 우리나라 최초의 소방관서이다.

④ 금화도감 이후에도 화재가 줄지 않아 세종13년(1431년)에는 화재를 진압하는 임무를 맡은 금화군을 창설하였다.

정답 ①

각 관아에서는 금화하는 일을 엄격히 하도록 하고 화재사고가 있을 때에는 이를 규찰하며 대창에는 금화를 담당하는 관리를 배치하고 화재를 방어케 하기 위하여 지하에 창고를 쌓았으며 사요(私窯)를 설치하여 기와집을 짓게 하는 등의 제도가 있었다.
→ 고려시대 소방조직에 관한 내용이다.

※ 금화군을 우리나라 최초의 소방대로 보는 책도 있다.

03

박스에서 설명하는 소방조직의 분류가 같은 것을 모두 고르시오. (단, 박스에 조직의 분류는 중앙소방행정조직, 지방소방행정조직, 민간소방조직 중 하나이다.)

제조소등[제6조제3항의 규정에 따라 허가를 받지 아니하는 제조소등과 이동탱크저장소(차량에 고정된 탱크에 위험물을 저장 또는 취급하는 저장소를 말한다)를 제외한다.]의 관계인은 위험물의 안전관리에 관한 직무를 수행하게 하기 위하여 제조소등마다 대통령령이 정하는 위험물의 취급에 관한 자격이 있는 자를 위험물안전관리자로 선임하여야 한다.

보기

㉠ 의용소방대   ㉡ 의무소방대
㉢ 한국소방안전원   ㉣ 소방안전관리자
㉤ 소방본부   ㉥ 자체소방대
㉦ 국립소방연구원   ㉧ 한국소방산업기술원

① ㉠㉣㉥
② ㉡㉢㉤㉦
③ ㉠㉡㉢㉣㉤㉥
④ ㉠㉡㉢㉣㉤㉥㉦

정답 ①

제조소등[제6조제3항의 규정에 따라 허가를 받지 아니하는 제조소등과 이동탱크저장소(차량에 고정된 탱크에 위험물을 저장 또는 취급하는 저장소를 말한다)를 제외한다.]의 관계인은 위험물의 안전관리에 관한 직무를 수행하게 하기 위하여 제조소등마다 대통령령이 정하는 위험물의 취급에 관한 자격이 있는 자를 위험물안전관리자로 선임하여야 한다.
― 위험물안전관리자에 대한 설명이다 ―

위험물안전관리자가 민간소방조직이므로 민간소방조직을 찾으면 된다.
따라서 ㉠㉣㉥이다.

※ 소방행정조직

중앙소방행정조직	• 직접적 소방행정조직 : 소방청, 중앙소방학교, 중앙119구조본부, 국립소방연구원 • 간접적 소방행정조직 : 한국소방안전원, 대한소방공제회, 한국소방산업기술원, 소방산업공제조합
지방소방행정조직	소방본부 소방서 119안전센터·구조대·구급대·소방정대 지방소방학교(8개) 서울종합방재센터 의무소방대 소방체험관 119특수대응단
민간소방조직	의용소방대, 소방안전관리조직(소방안전관리자), 위험물안전관리조직(위험물안전관리자, 자체소방대), 기타(소방시설업, 소방시설관리업, 탱크안전성능시험자, 위험물안전관리대행기관)

04

현대사회의 재난관리의 행정환경으로 옳은 것은?

① 확실성, 급박성, 단순성, 개인주의, 인지성
② 불확실성, 누적성, 단순성, 상호작용성, 인지성
③ 불확실성, 누적성, 복잡성, 상호작용성, 인지성
④ 확실성, 비누적성, 단순성, 개인주의, 인지성

정답 ③

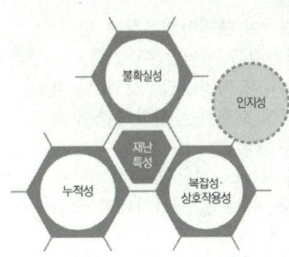

재난의 주요 특성

1) 불확실성
① 조직이 합리성을 추구할 때 주된 문제는 불확실성이며, 이 불확실의 원천은 기술과 환경이다(Thompson, 1967).
② 재난관리조직은 업무환경의 불확실성이 지배하고 있다.
③ 불확실한 상황을 대비한 가외성이 확보되어야 한다.

2) 상호작용성
① 재난 현장에는 여러 기관들이 광범위하게 연계된 체제가 존재한다.
② 재난기관들은 여러 기관이므로 서로 다른 분야의 이질적 조직들이 관여한다(Comfort, 1985).
③ 재난관리기관의 상호작용성을 토대로 재난관리를 하여야 한다.

3) 복잡성
재난 발생시에는 재난관리기관들이 많이 존재하여서 조직특성은 복잡하게 혼재되어 있다.

4) 누적성
재난이 갑자기 발생하는 것이 아니라 누적되고 있다가 발생이 되는 것이다.

5) 인지성
유아가 재난을 인지하는 것과 성인이 재난을 인지하는 것은 다르다.

05 재난관리 – 재난사태의 선포

다음 〈보기〉에서 「재난 및 안전관리 기본법」상 재난사태의 선포에 관한 설명으로 옳은 것을 모두 고르시오.

보기

㉠ 재난사태를 선포하려면 반드시 중앙안전관리위원회의 승인을 거쳐야 한다. (단, 긴급하거나 시간적 여유가 없을 때는 제외한다.)
㉡ 위원회의 승인을 받지 못하면 선포된 재난사태를 즉시 해제하여야 한다.
㉢ 재난사태가 선포된 지역에 대하여 행정안전부장관 및 지방자치단체의 장은 재난관리자원을 동원할 수 있다.
㉣ 재난사태가 선포된 지역에 대하여 행정안전부장관 및 지방자치단체의 장은 해당 지역에 소재하는 행정기관 소속 공무원을 비상소집할 수 있다.
㉤ 행정안전부장관 또는 시·도지사는 재난이 추가적으로 발생할 우려가 없어진 경우에는 선포된 재난사태를 즉시 해제하여야 한다.
㉥ 재난사태가 선포된 지역에 대하여 행정안전부장관 및 지방자치단체의 장은 해당 지역에 대한 여행 등 이동 자제를 권고할 수 있다.
㉦ 국가는 재난사태가 선포된 지역에 대하여 대통령령으로 정하는 바에 따라 재난구호와 복구에 필요한 행정상·재정상·금융상·의료상의 특별지원을 할 수 있다.

① ㉠㉡㉣㉦
② ㉡㉢㉣㉤㉥
③ ㉠㉢㉣㉤㉦
④ ㉠㉡㉢㉣㉤㉥

정답 ②

※ 재난 및 안전관리 기본법 제36조(재난사태 선포)
㉠ 재난사태를 선포하려면 반드시 중앙안전관리위원회의 승인을 거쳐야 한다. (단, 긴급하거나 시간적 여유가 없을 때는 제외한다.)
　→ 시·도지사가 선포할 수도 있다. 시·도지사가 선포할 경우 시도위원회 심의이다.
㉦ 국가는 재난사태가 선포된 지역에 대하여 대통령령으로 정하는 바에 따라 재난구호와 복구에 필요한 행정상·재정상·금융상·의료상의 특별지원을 할 수 있다.
　→ 특별재난지역 선포이다.

06 재난관리 – 재난관리주관기관

다음 〈보기〉에서 「재난 및 안전관리 기본법 시행령」상 재난관리주관기관이 행정안전부장 및 소방청인 재난의 유형을 모두 고르시오.

보기

㉠ 「자연재해대책법」 제2조제3호에 따른 풍수해(조수로 인해 발생하는 재해는 제외한다)
㉡ 「소방기본법」 제2조제1호에 따른 소방대상물의 화재로 인해 발생하는 대규모 피해
㉢ 「영유아보육법」 제2조제3호에 따른 어린이집의 화재등으로 인해 발생하는 대규모 피해
㉣ 「위험물안전관리법」 제2조제1항제1호에 따른 위험물의 누출·화재·폭발등으로 인해 발생하는 대규모 피해
㉤ 「공연법」 제2조제4호에 따른 공연장의 화재등으로 인해 발생하는 대규모 피해
㉥ 「공항시설법」 제2조제3호에 따른 공항의 화재등으로 인해 발생하는 대규모 피해
㉦ 「국토의 계획 및 이용에 관한 법률」 제2조제9호에 따른 공동구의 화재등으로 인해 발생하는 대규모 피해

① ㉠
② ㉡㉣
③ ㉢㉤㉥
④ ㉠㉢㉤㉥㉦

정답 ②

㉠ 「자연재해대책법」 제2조제3호에 따른 풍수해(조수로 인해 발생하는 재해는 제외한다)
　→ 행정안전부
㉡ 「소방기본법」 제2조제1호에 따른 소방대상물의 화재로 인해 발생하는 대규모 피해
　→ 행정안전부 및 소방청
㉢ 「영유아보육법」 제2조제3호에 따른 어린이집의 화재등으로 인해 발생하는 대규모 피해
　→ 교육부
㉣ 「위험물안전관리법」 제2조제1항제1호에 따른 위험물의 누출·화재·폭발 등으로 인해 발생하는 대규모 피해
　→ 행정안전부 및 소방청
㉤ 「공연법」 제2조제4호에 따른 공연장의 화재등으로 인해 발생하는 대규모 피해
　→ 문화체육관광부
㉥ 「공항시설법」 제2조제3호에 따른 공항의 화재등으로 인해 발생하는 대규모 피해
　→ 국토교통부
㉦ 「국토의 계획 및 이용에 관한 법률」 제2조제9호에 따른 공동구의 화재등으로 인해 발생하는 대규모 피해
　→ 국토교통부

07 재난관리 – 안전정책 등의 조정

다음 〈보기〉의 업무를 수행하는 위원회로 옳은 것은?

보기
1) 국가안전관리집행계획의 심의
2) 국가핵심기반의 지정에 관한 사항의 심의
3) 재난 및 안전관리기술 종합계획의 심의

① 중앙안전관리위원회
② 중앙안전관리분과위원회
③ 안전정책조정위원회
④ 안전관리민관협력위원회

정답 ③

※ 안전정책조정위원회(법 제10조)
① 중앙위원회에 상정될 안건을 사전에 검토하고 다음 각 호의 사무를 수행하기 위하여 중앙위원회에 안전정책조정위원회(이하 "조정위원회"라 한다)를 둔다.
  ㉠ 중앙위원회 심의사항 중 ㉣, ㉤, ㉥, ㉦, ㉨에 대한 사전 조정
  ㉡ 제23조에 따른 집행계획의 심의
  ㉢ 제26조에 따른 국가핵심기반의 지정에 관한 사항의 심의
  ㉣ 제71조의2에 따른 재난 및 안전관리기술 종합계획의 심의
  ㉤ 그 밖에 중앙위원회가 위임한 사항

08 재난관리 – 용어

다음 중 「재난 및 안전관리 기본법」상 용어를 설명한 것으로 틀린 것은?

① 긴급구조지원기관이란 긴급구조에 필요한 인력·시설 및 장비, 운영체계 등 긴급구조능력을 보유한 기관이나 단체로서 대통령령으로 정하는 기관과 단체를 말한다.
② 안전기준이란 각종 시설 및 물질 등의 제작, 유지관리 과정에서 안전을 확보할 수 있도록 적용하여야 할 기술적 기준을 체계화한 것을 말한다.
③ 국가재난관리기준이란 재난 유형별 특성에 맞게 활용할 수 있도록 재난관리의 전 과정을 재난별로 단순화·체계화한 것으로서 행정안전부장관이 고시한 것을 말한다.
④ 재난관리정보란 재난관리를 위하여 필요한 재난상황정보, 동원가능 자원정보, 시설물정보, 지리정보를 말한다.

정답 ③

국가재난관리기준이란 재난 유형별 특성에 맞게 활용할 수 있도록 재난관리의 전 과정을 재난별로 단순화·체계화한 것으로서 행정안전부장관이 고시한 것을 말한다.
→ 9. "국가재난관리기준"이란 모든 유형의 재난에 공통적으로 활용할 수 있도록 재난관리의 전 과정을 통일적으로 단순화·체계화한 것으로서 행정안전부장관이 고시한 것을 말한다.

09 연소이론 – 위험도

다음은 수소(H_2)의 연소범위와 위험도에 관한 내용이다. ( ) 안에 들어갈 내용으로 옳은 것은? (단, 계산결과 소수점 이하의 수는 반올림한다.)

가연물	연소범위	위험도
수소(H_2)	(㉠)	(㉡)

	㉠	㉡
①	5~15	4
②	4~75	9
③	5~15	2
④	4~75	18

정답 ④

수소의 연소범위 : 4~75(vol %)

$$H = \frac{U-L}{L} \quad \begin{array}{l} H : 위험도 \\ U : 상한계값 \\ L : 하한계값 \end{array}$$

수소의 위험도 = $\frac{75-4}{4}$ = 17.75 ≒ 18

10 연소이론 – 인화점, 연소점, 발화점

다음 〈보기〉는 인화점과 연소점 및 발화점을 설명한 것이다. 옳은 것을 모두 고르시오.

보기
㉠ 일반적인 온도 관계는 인화점 < 연소점 < 발화점이다.
㉡ 인화점, 발화점의 온도가 낮을수록 위험도는 증가하나 연소점은 관계없다.
㉢ 인화점이 낮으면 발화점이 낮아지는 경향이 있다. 즉, 인화점과 발화점은 밀접한 관계에 있다.
㉣ 분무된 액체는 발화점 미만에서 자연발화할 수 있다.
㉤ 가열된 증기발생속도가 연소속도보다 빠를 때를 연소점이라 한다.
㉥ 인화점과 발화점의 차이는 외부점화원을 제거했을 경우 화염 전파의 지속성 여부에 따라 구분된다.
㉦ 인화점과 발화점이 가까운 액체일수록 재점화가 쉽다.

① ㉠㉤㉦
② ㉡㉢㉣㉥
③ ㉠㉡㉢㉤
④ ㉠㉡㉢㉣㉤㉥㉦

정답 ①

㉡ 인화점, 발화점의 온도가 낮을수록 위험도는 증가하나 연소점은 관계없다.
→ 인화점, 연소점, 발화점의 온도가 낮을수록 위험도는 증가한다.
㉢ 인화점이 낮으면 발화점이 낮아지는 경향이 있다. 즉, 인화점과 발화점은 밀접한 관계에 있다.
→ 인화점이 낮으면 반드시 발화점이 낮아지는 것은 아니고, 인화점과 발화점은 관계가 없다.
㉣ 분무된 액체는 발화점 미만에서 자연발화 할 수 있다.
→ 분무된 액체는 인화점 이하에서 착화될 수 있다.
㉥ 인화점과 발화점의 차이는 외부점화원을 제거했을 경우 화염 전파의 지속성 여부에 따라 구분된다.
→ 인화점과 연소점의 차이는 외부점화원을 제거했을 경우 화염 전파의 지속성 여부에 따라 구분된다.

11. 연소이론 - 감광계수, 가시거리

다음 중 건물 내부에 익숙한 사람이 피난에 지장을 느낄 정도의 감광계수 및 가시거리로 옳은 것은?

① 감광계수 : 0.1, 가시거리 10m
② 감광계수 : 0.3, 가시거리 5m
③ 감광계수 : 0.5, 가시거리 3m
④ 감광계수 : 1, 가시거리 1~2m

정답 ②

② 감광계수 : 0.3, 가시거리 5m
※ 감광계수

감광계수	가시거리(m)	현상
0.1	20~30	연기감지기가 작동할 때의 정도
0.3	5	건물 내부에 익숙한 사람이 피난에 지장을 느낄 정도
0.5	3	어두침침한 것을 느낄 정도
1	1~2	거의 앞이 보이지 않을 정도
10	0.2~0.5	화재 최성기 때의 정도
30	–	출화실에서 연기가 분출될 때의 연기 농도

12. 연소이론 - 연소가스

다음 중 연소시 발생하는 연소가스에 대한 설명으로 틀린 것은?

① 이산화탄소 자체는 독성이 거의 없으나 다량이 존재할 때 사람의 호흡속도를 증가시키고 혼합된 유해가스의 흡입을 증가시켜 위험을 가중시킨다.
② 일산화탄소의 독성 허용농도는 50ppm으로서 헤모글로빈과 결합하지 않고도 호흡의 저해를 통한 질식을 유발한다.
③ 불화수소는 물에 잘 녹고 부식성이 있으며, 인화성 폭발성 가스를 발생시킨다. 독성의 허용농도는 3ppm이다.
④ 포스겐은 열가소성 수지인 폴리염화비닐, 수지류 등이 연소할 때 발생되는 연소생성물로서 발생량은 그리 많지 않다. 유독성이 큰 맹독성 가스로서 독성의 허용농도는 0.1ppm이다.

정답 ②

일산화탄소의 독성 허용농도는 50ppm으로서 헤모글로빈과 결합하지 않고도 호흡의 저해를 통한 질식을 유발한다.
→ 헤모글로빈과 결합하지 않고도 호흡의 저해를 통한 질식을 유발하는 가스는 시안화수소이다.

13. 연소이론 - 분진폭발

박스는 ○○폭발에 대한 설명이다. 다음 〈보기〉의 박스에서 설명하고 있는 ○○폭발을 일으키는 물질을 모두 고르시오.

가연성 고체의 미분이 공기 중에 부유하고 있을 때에 어떤 착화원에 의해 에너지가 주어지면 폭발하는 현상으로 탄광에 있어서의 ○○폭발이 대표적인 예이다.

보기
㉠ 알루미늄 ㉡ 쌀, 보리 등의 곡물
㉢ 유황 ㉣ 가성소다(NaOH)
㉤ 석회석($CaCO_3$) ㉥ 생석회(CaO)
㉦ 소석회($Ca(OH)_2$) ㉧ 산화알루미늄(Al_2O_3)

① ㉠㉡㉢
② ㉠㉡㉣
③ ㉡㉢㉤㉥
④ ㉡㉢㉣㉤㉦

정답 ①

분진폭발은 가연성 고체의 미분이 공기 중에 부유하고 있을 때에 어떤 착화원에 의해 에너지가 주어지면 폭발하는 현상으로 탄광에 있어서의 분진폭발이 대표적인 예이다.
→ 분진폭발 물질 : 유황, 플라스틱, 사료, 석탄, 알루미늄, 철, 쌀, 보리의 곡물 등으로 100여종이 넘는 물질이 있다.
→ 분진폭발을 일으키지 않는 물질 : 석회석($CaCO_3$), 생석회(CaO), 소석회($Ca(OH)_2$), 산화알루미늄(Al_2O_3), 시멘트 가루, 대리석 가루, 가성소다(NaOH), 유리 등은 분진폭발을 일으키지 않는다.
① ㉠㉡㉢

14 화재이론 - 식용유화재

다음 〈보기〉에서 식용유 화재에 관한 내용으로 옳은 것을 모두 고르시오.

보기

㉠ UL(미국보험협회 안전시험소)는 F급 화재로 분류하고 있으며 국내 화재안전기준에서는 주방에서 동식물유를 취급하는 조리기구에서 일어나는 화재로서 주방화재(K급 화재)로 분류하고 있다.
㉡ 식용유는 비점보다 발화점이 높기 때문에 소화 후 재발화 위험이 있다.
㉢ 소화약제는 비누화작용을 하는 강화액소화약제나 1종 분말소화약제가 주로 사용된다.
㉣ 식용유의 액면상에서 연소하는 화재를 액면화재(Pool Fire)라고 하며, 발생한 화염으로부터 열이 액면에 전달되어, 액체의 온도가 상승됨과 더불어 증기가 발생하며 예혼합연소를 하는 것이다. 따라서 빠른 시간에 온도를 낮추어야 하므로 물로 소화해야 한다.
㉤ 액면화재 현상은 화염으로부터 액면으로의 열전달과 액체의 증발에 지배된다.

① ㉠㉢
② ㉠㉢㉤
③ ㉡㉢㉣㉤
④ ㉠㉡㉢㉣

정답 ②

② ㉠㉢㉤
㉡ 식용유는 ~~비점보다 발화점이 높기~~ 때문에 소화 후 재발화 위험이 있다.
→ 식용유는 발화점이 비점보다 낮기 때문에 소화 후 재발화 위험이 있다.
㉣ 식용유의 액면상에서 연소하는 화재를 액면화재(Pool Fire)라고 하며, 발생한 화염으로부터 열이 액면에 전달되어, 액체의 온도가 상승됨과 더불어 증기가 발생하며 ~~예혼합연소~~를 하는 것이다. 따라서 빠른 시간에 온도를 낮추어야 하므로 ~~물로 소화~~해야 한다.
→ 확산연소를 하는 것이며, 물로 소화해서는 안된다.

15 화재이론 - 목조건축물 화재 확대 요인

다음 중 목조건축물의 화재 확대 요인을 설명한 것으로 틀린 것은?

① 접촉 : 화염의 접촉(접염)이라고 하며 불꽃의 직접접촉을 말한다.
② 비화 : 불티가 되어 날아가 발화하는 것을 말한다.
③ 복사열 : 열이 중간 매질을 통하지 않고 공간을 날아서 전자파 형태로 이동하는 현상으로 화재 시 가장 크게 작용한다.
④ 습도 : 습도는 촉매 역할을 하기 때문에 습도가 35% 이상일 때는 출화의 위험이 커지고 화재가 발생하면 화재확대 및 비화위험이 커진다.

정답 ④

습도 : 습도는 촉매 역할을 하기 때문에 습도가 35% 이상일 때는 출화의 위험이 커지고 화재가 발생하면 화재확대 및 비화위험이 커진다.
→ 건조주의보 기준은 실효 습도가 35% 이하인 날이 이틀 이상 지속될 때이며, 목조건축물의 화재확대 요인은 접촉, 복사열, 비화이다.

16 화재이론 - 피난대책

다음 중 피난대책의 일반원칙을 설명한 것으로 옳지 않은 것은?

① 피난수단은 과학적이고 공학적인 방법에 의한 것을 원칙으로 한다.
② 피난대책은 풀 프루프(Fool Proof)와 페일 세이프(Fail Safe)의 원칙을 중시하여야 한다.
③ 수평동선과 수직동선으로 구분되어야 하며, 상호 반대방향으로 다수의 출구와 연결되는 것이 좋다.
④ 피난경로는 간단명료하게 해야 하며, 복도와 통로 말단부에서 출구나 계단 등이 있는 것이 이상적이다.

정답 ①

① 피난수단은 ~~과학적이고 공학적인~~ 방법에 의한 것을 원칙으로 한다.
→ 원시적인 방법

17

다음 중 위험물 화재의 소화방법을 설명한 것으로 옳지 않은 것은?

① 제1류 위험물 중 알칼리금속의 과산화물(무기과산화물), 무수크롬산(삼산화크롬)은 금수성이 있으므로 물을 사용하여서는 안 되고 마른모래 등을 사용한다.
② 제2류 위험물 화재시는 다량의 열과 유독성의 연기가 발생하므로 반드시 방호의와 공기호흡기를 착용하여야 하며, 황화인은 주수에 의한 냉각소화가 적당하다.
③ 제3류 위험물은 발화·금수성 물질이므로 물을 충전한 소화기구는 사용할 수 없다. 다만, 황린의 화재 시에는 물에 의한 소화가 가장 효과적이다.
④ 수용성 가연물질인 알코올류·알데히드류·케톤류·에테르류·에스테르류 이외의 제4류 위험물은 포말·이산화탄소·할론·분말소화약제를 이용한 소화방법이 적합하다.

정답 ②

② 제2류 위험물 화재시는 다량의 열과 유독성의 연기가 발생하므로 반드시 방호의와 공기호흡기를 착용하여야 하며, 황화인은 주수에 의한 냉각소화가 적당하지 않다.

18

다음 〈보기〉는 할로겐 화합물 소화 약제별 화학식이다. 최대허용설계농도[NOAEL(%)]가 높은 것부터 낮은 순으로 옳은 것은?

보기
㉠ CHF_3
㉡ C_4F_{10}
㉢ $CF_3CH_2CF_3$
㉣ C_2HF_5
㉤ $CF_3CF_2C(O)CF(CF_3)_2$
㉥ CF_3I

① ㉠ > ㉡ > ㉢ > ㉣ > ㉤ > ㉥
② ㉣ > ㉠ > ㉢ > ㉡ > ㉥ > ㉤
③ ㉥ > ㉤ > ㉣ > ㉢ > ㉡ > ㉠
④ ㉤ > ㉥ > ㉡ > ㉢ > ㉠ > ㉣

정답 ①

① ㉠ > ㉡ > ㉢ > ㉣ > ㉤ > ㉥

소화약제	화학식	NOAEL(%)
FC-3-1-10	C_4F_{10}	40
HCFC BLEND A	HCFC-123($CHCl_2CF_3$) : 4.75% HCFC-22($CHClF_2$) : 82% HCFC-124($CHClFCF_3$) : 9.5% $C_{10}H_{16}$: 3.75%	10
HCFC-124	$CHClFCF_3$	1.0
HFC-125	CHF_2CF_3	11.5
HFC-227ea	CF_3CHFCF_3	10.5
HFC-23	CHF_3	50
HFC-236fa	$CF_3CH_2CF_3$	12.5
FIC-13I1	CF_3I	0.3
FK-5-1-12	$CF_3CF_2C(O)CF(CF_3)_2$	10

19. 소화이론 - 분말 소화약제

다음 〈보기〉는 분말 소화 약제의 열분해 반응식이다. ( ) 안에 들어갈 내용으로 옳은 것은?

보기

(270℃) $2NaHCO_3 \rightarrow$ (㉠) $+ H_2O + CO_2 - Q[kcal]$
(850℃) $2NaHCO_3 \rightarrow Na_2O + H_2O +$ (㉡) $- Q[kcal]$

	㉠	㉡
①	Na_2CO_3	$2CO_2$
②	Na_2CO_4	CO_2
③	Na_2O	$3CO_2$
④	Na_2O_3	$2CO_2$

정답 ①

① ㉠ : Na_2CO_3, ㉡ : $2CO_2$

※ 탄산수소나트륨의 열분해 반응
㉠ 270℃에서 $2NaHCO_3 \rightarrow Na_2CO_3 + H_2O + CO_2$
㉡ 850℃에서 $2NaHCO_3 \rightarrow Na_2O + H_2O + 2CO_2$
- 이산화탄소와 수증기에 의한 산소공급을 차단시키는 질식 효과
- 열분해 시 흡열반응에 의한 냉각효과
- 열분해 반응과정에서 생성된 나트륨이온에 의한 부촉매 효과

20. 소화이론 - 피난구조설비

다음 〈보기〉에서 피난구조설비에 관한 설명으로 옳은 것을 모두 고르시오.

보기

㉠ 피난구조설비는 화재가 발생할 경우 피난 및 구조하기 위하여 사용하는 기구 또는 설비이다.
㉡ 구조대는 사용자의 몸무게에 의하여 자동으로 하강하고 내려서면 스스로 상승하여 연속적으로 사용할 수 있는 무동력 승강식 기기를 말한다.
㉢ 공기안전매트는 화재 발생 시 사람이 건축물 내에서 외부로 긴급히 뛰어내릴 때 충격을 흡수하여 안전하게 지상에 도달할 수 있도록 포지에 공기 등을 주입하는 구조로 되어있는 것을 말한다.
㉣ 간이완강기는 사용자가 연속적으로 사용할 수 없다.
㉤ 완강기는 사용자의 몸무게에 따라 자동적으로 내려올 수 있는 기구는 아니지만 사용자가 교대하여 연속적으로 사용할 수 있는 것을 말한다.
㉥ 하향식 피난구용 내림식 사다리는 하향식 피난구 해치에 격납하여 보관하고 사용 시에는 사다리 등이 소방대상물과 접촉되는 내림식 사다리를 말한다.

① ㉠㉤
② ㉢㉣
③ ㉡㉤㉥
④ ㉠㉡㉣㉤㉥

정답 ②

② ㉢㉣
㉠ 피난구조설비는 화재가 발생할 경우 피난 및 구조하기 위하여 사용하는 기구 또는 설비이다.
→ 피난
㉡ **구조대**는 사용자의 몸무게에 의하여 자동으로 하강하고 내려서면 스스로 상승하여 연속적으로 사용할 수 있는 무동력 승강식 기기를 말한다.
→ 승강식피난기
"구조대"란 포지 등을 사용하여 자루 형태로 만든 것으로서 화재 시 사용자가 그 내부에 들어가 내려옴으로써 대피할 수 있는 것을 말한다.
㉤ 완강기는 사용자의 몸무게에 따라 자동적으로 내려올 수 있는 기구는 아니지만 사용자가 교대하여 연속적으로 사용할 수 있는 것을 말한다.
→ 완강기는 자동적으로 내려올 수 있는 기구이다.
㉥ 하향식 피난구용 내림식 사다리는 하향식 피난구 해치에 격납하여 보관하고 사용 시에는 사다리 등이 소방대상물과 접촉되는 내림식 사다리를 말한다.
→ 하향식 피난구용 내림식 사다리란 하향식 피난구 해치에 격납하여 보관하고 사용 시에는 사다리 등이 소방대상물과 접촉되지 않는 내림식 사다리를 말한다.

21. 소화이론 - 연결살수설비

다음 〈보기〉에서 연결살수설비에 관한 설명으로 옳은 것을 모두 고르시오.

보기
㉠ 물 또는 그 밖의 소화약제를 사용하여 소화하는 기계·기구 또는 설비이다.
㉡ 송수구, 배관, 방수기구함, 방수구, 소방용 호스, 방사형 관창 등으로 구성되어 있다.
㉢ 외부의 소방차 등으로부터 수원을 공급받아 화재를 소화할 수 있게 되어 있다.
㉣ 전력 또는 통신사업용의 지하 공동구 내에 연소를 방지하기 위하여 설치하는 수막설비와 유사한 설비이다.
㉤ 송수구역마다 선택 밸브가 설치되어 있어 선택 밸브를 개폐하여 물이 뿌려지도록 하고 있다.
㉥ 고층에 스프링클러설비, 물분무소화설비, 옥내소화전설비 등을 도와 소화 활동을 원활하게 하기 위해서 설치하는 설비이다.

① ㉢㉤
② ㉡㉣㉥
③ ㉠㉡㉣㉥
④ ㉢

정답 ①

① ㉢㉤
㉠ 물 또는 그 밖의 소화약제를 사용하여 소화하는 기계·기구 또는 설비이다.
→ 소화설비에 대한 설명이다.
㉡ 송수구, 배관, 방수기구함, 방수구, 소방용 호스, 방사형관창 등으로 구성되어 있다.
→ 연결송수관설비에 관한 설명이다.
㉣ 전력 또는 통신사업용의 지하 공동구 내에 연소를 방지하기 위하여 설치하는 수막설비와 유사한 설비이다.
→ 연소방지설비에 관한 설명이다.
㉥ 스프링클러, 물분무, 옥내소화전설비 등을 도와 소화 활동을 원활하게 하기 위해서 설치하는 설비이다.
→ 연결송수관설비에 관한 설명이다.

22. 소화이론 - 자동소화장치

다음 중 열, 연기 또는 불꽃 등을 감지하여 소화약제를 방사하여 소화하도록 형식승인을 받아야 하는 소화장치로 틀린 것은?

① 주거용 주방자동소화장치
② 캐비닛형 자동소화장치
③ 분말 자동소화장치
④ 고체에어로졸 자동소화장치

정답 ①

① 주거용 주방자동소화장치
→ 열을 감지하여 소화약제를 방출하는 방식이다. 즉, 열, 연기 또는 불꽃 등을 감지하여라는 부분이 나와 있지 않다.
"자동소화장치"란 소화약제를 자동으로 방사하는 고정된 소화장치로서 형식승인이나 성능인증을 받은 유효설치 범위(설계방호체적, 최대설치높이, 방호면적 등을 말한다) 이내에 설치하여 소화하는 다음 각 목의 것을 말한다.
① "주거용 주방자동소화장치"란 주거용 주방에 설치된 열발생 조리기구의 사용으로 인한 화재 발생시 열원(전기 또는 가스)을 자동으로 차단하며 소화약제를 방출하는 소화장치를 말한다.
② "상업용 주방자동소화장치"란 상업용 주방에 설치된 열발생 조리기구의 사용으로 인한 화재 발생시 열원(전기 또는 가스)을 자동으로 차단하며 소화약제를 방출하는 소화장치를 말한다.
③ "캐비닛형 자동소화장치"란 열, 연기 또는 불꽃 등을 감지하여 소화약제를 방사하여 소화하는 캐비닛형태의 소화장치를 말한다.
④ "가스자동소화장치"란 열, 연기 또는 불꽃 등을 감지하여 가스계 소화약제를 방사하여 소화하는 소화장치를 말한다.
⑤ "분말자동소화장치"란 열, 연기 또는 불꽃 등을 감지하여 분말의 소화약제를 방사하여 소화하는 소화장치를 말한다.
⑥ "고체에어로졸자동소화장치"란 열, 연기 또는 불꽃 등을 감지하여 에어로졸의 소화약제를 방사하여 소화하는 소화장치를 말한다.

23. 소화이론 - 소화기의 소화약제 적응성

다음 〈보기〉에서 일반화재(A급 화재)에 적응성 있는 소화기의 소화약제를 모두 고르시오. (단, 전역 방출은 제외한다.)

보기
- ㉠ 할론 소화약제
- ㉡ 이산화탄소 소화약제
- ㉢ 산알칼리 소화약제
- ㉣ 인산염류 소화약제
- ㉤ 중탄산염류 소화약제
- ㉥ 고체에어로졸 화합물 소화약제

① ㉡㉤
② ㉠㉢㉤
③ ㉠㉢㉣㉥
④ ㉠㉢㉣㉤㉥

정답 ③

③ ㉠㉢㉣㉥

※ 소화기의 소화약제

소화약제 구분 / 적응대상	가스			분말		액체				기타			
	이산화탄소 소화약제	할론 소화약제	할로겐화합물 및 불활성기체 소화약제	인산염류 소화약제	중탄산염류 소화약제	산알칼리 소화약제	강화액 소화약제	포 소화약제	물·침윤 소화약제	고체에어로졸 화합물	마른모래	팽창질석·팽창진주암	그 밖의 것
일반화재 (A급화재)	−	O	O	O	−	O	O	O	O	O	O	O	−
유류화재 (B급화재)	O	O	O	O	O	O	O	O	O	O	O	O	−
전기화재 (C급화재)	O	O	O	O	*	*	*	*	O	−	−	−	
주방화재 (K급화재)	−	−	−	−	*	−	*	*	−	−	−	−	*
금속화재 (D급화재)					*						O	O	*

24. 연소이론 - 연소개요 등 - 연소의 조건 및 형태

물 20℃를 화씨온도(℉)와 랭킨온도(°R)로 나타낸 값으로 가까운 것은 무엇인가?

① 68℉ 528°R
② −6℉ 454°R
③ 6℉ 534°R
④ 68℉ 341°R

정답 ①

화씨온도(℉) = $\frac{9}{5}$ × 섭씨온도(℃) + 32

$\frac{9}{5}$ × 20 + 32

36 + 32 = 68℉
랭킨온도(°R) = 화씨온도(℉) + 460 = 68 + 460 = 528°R

- 섭씨온도[℃] = $\frac{5}{9}$(℉ − 32)
- 화씨온도[℉] = $\frac{9}{5}$℃ + 32
- 절대온도[K] = ℃ + 273
- 랭킨온도(Rankine) R = ℉ + 460

	℉	R	℃	K
물의 끓는 점	212	672	100	373
물의 어는 점	+32	492	0	273
절대영도 (열역학적 에너지=0)	−460	0	−273	0

25

다음 〈보기〉는 전동기를 이용한 펌프방식에서 펌프의 흡입측에 설치하는 부속품의 기능을 설명한 것이다. 옳지 않은 것을 모두 고르시오.

보기

㉠ 후드 밸브(foot valve) 수조 내에 설치되며 소화수의 역류를 방지하는 역할을 한다.
㉡ 스트레이너는 후드 밸브에서 여과한 소화수를 2차적으로 여과시킨다.
㉢ 후렉시블 조인트는 펌프 및 전동기에서 발생한 진동 및 충격을 배관에 전달되지 않도록 도와주는 것이다.
㉣ 압력계 및 연성계는 펌프의 흡입압을 측정한다.
㉤ 순환배관은 체절운전 시 수온의 상승을 방지하기 위하여 설치한다.
㉥ 펌프 성능시험배관은 정격부하 운전 시 펌프의 성능을 시험하기 위하여 설치한다.
㉦ 편심레듀사는 펌프의 토출구와 토출 배관이 다를 경우에 배관 내 공기 고임의 발생과 공동현상이 발생되지 않도록 한다.

① ㉠, ㉡, ㉢
② ㉤, ㉥, ㉦
③ ㉣, ㉤
④ ㉣, ㉤, ㉥, ㉦

정답 ④

④ ㉣, ㉤, ㉥, ㉦
㉣ 압력계 및 연성계는 펌프의 흡입압을 측정한다.
  → 진공계(압력계는 토출측에 설치)
㉤ 순환배관은 체절운전 시 수온의 상승을 방지하기 위하여 설치한다.
  → 펌프 토출측에 설치
㉥ 펌프 성능시험배관은 정격부하 운전 시 펌프의 성능을 시험하기 위하여 설치한다.
  → 펌프 토출측에 설치
㉦ 편심레듀사는 펌프의 토출구와 토출 배관이 다를 경우에 배관 내 공기 고임의 발생과 공동현상이 발생되지 않도록 한다.
  → 흡입구, 흡입

제 7 회 정답 및 해설

빠른 정답																									
1	①	2	②	3	①	4	③	5	①	6	②	7	①	8	①	9	①	10	③	11	④	12	①	13	①
14	②	15	③	16	④	17	④	18	①	19	②	20	①	21	①	22	①	23	①	24	①	25	④		

01 소방조직 - 소방청 및 그 소속기관

다음 중 소방청 및 그 소속기관에 관한 내용으로 옳지 않은 것은?

① 소방청장의 계급은 소방총감이며, 차장의 계급은 소방준감이다. 소방청의 하부조직과 소속기관의 조직구성과 사무분장은 「소방청과 그 소속기관 직제」에서 규정하고 있으며 소방청의 하부조직으로는 예방국·재난대응국·소방행정국 및 장비관리국이 있다.
② 중앙소방학교는 1978년 9월 4일 경기도 수원시에 소방학교가 설립되었다. 수원에 설립된 소방학교는 1986년 12월 31일 충남 천안시로 신축 이전하였고, 1995년(대통령령 제14649호) 중앙소방학교로 개칭하였다. 중앙소방학교는 소방교육기관으로서 소방공무원에 대한 교육훈련을 실시하는 것이 주요 업무이며 학교장의 계급은 소방감이다.
③ 중앙119구조본부의 하부조직은 기획협력과·특수대응훈련과 및 특수장비항공과, 119구조견교육대, 119구조상황실이 있으며, 각 과의 과장은 소방정으로, 119구조상황실장 및 119구조견교육대장은 소방령으로 보한다.
④ 국립소방연구원장은 "나"등급의 고위공무원으로 하며 하부조직인 연구기획지원과·화재안전연구실·대응기술연구실, 소방정책연구실과 함께 소방사무를 관장한다. 주요 업무로는 화재원인 및 위험성 화학물질에 대한 과학적 조사·연구·분석 및 감정에 관한 사항이 있다.

정답 ①

① 소방청장의 계급은 소방총감이며, 차장의 계급은 소방준감이다. 소방청의 하부조직과 소속기관의 조직 구성과 사무분장은 「소방청과 그 소속기관 직제」에서 규정하고 있으며 소방청의 하부조직으로는 예방국·재난대응국·소방행정국 및 장비관리국이 있다.
→ 차장의 계급은 소방정감이다.
→ 소방청의 하부조직으로는 운영지원과·119대응국·화재예방국 및 장비기술국이 있다.

02 소방조직 - 소방서 및 119안전센터

다음 중 지방소방행정조직 중 소방서 및 119안전센터에 관한 내용으로 옳지 않은 것은?

① 소방서장은 소방정으로 보한다. 다만, 인구 100만명 이상의 시에 설치된 소방서장의 직급은 소방준감으로 할 수 있다. 이 경우 해당 시에 2개 이상의 소방서가 설치된 경우에는 그 중 1개의 소방서로 한정하여 그 장의 직급을 소방준감으로 할 수 있다.
② 소방서장은 소방청장의 명을 받아 소관사무를 통할하고 소속공무원을 지휘·감독하며, 소방서의 과·단·담당관과 그 하부조직 및 분장 사무에 관하여 필요한 사항은 소방청장이 정하여 고시한다. 다만, 소방서의 사무 분장은 소방서장에 따라 다르게 할 수 있다.
③ 소방서는 시·군·구 단위로 설치하는 것이 원칙이다. 그리고 소방서의 관할구역에 설치된 119안전센터의 수가 5개를 초과하는 경우에는 소방서를 추가로 설치할 수 있으며, 석유화학단지·공업단지·주택단지 또는 관광단지의 개발 등으로 대형화재의 위험이 있거나 소방수요가 급증하여 특별한 소방대책이 필요한 경우에는 해당 지역마다 소방서를 설치할 수 있다.
④ 특별시의 경우 인구 5만명 이상 또는 면적 2km² 이상, 광역시나 인구 50만명 이상의 시는 인구 3만명 이상 또는 면적 5km² 이상, 인구 5만명 미만의 지역인 경우 인구 1만명 이상 또는 면적 20km² 이상에 해당하는 경우에 119안전센터를 설치할 수 있도록 하고 있다.

정답 ②

② 소방서장은 소방청장의 명을 받아 소관사무를 통할하고 소속공무원을 지휘·감독하며, 소방서의 과·단·담당관과 그 하부조직 및 분장 사무에 관하여 필요한 사항은 소방청장이 정하여 고시한다. 다만, 소방서의 사무 분장은 소방서장에 따라 다르게 할 수 있다.
→ 시·도지사의 명을 받아
→ 시·도의 조례로 정하는 바에 따라

03 재난관리 – 예방단계 활동

「재난 및 안전관리기본법」상 재난의 예방단계에 이루어지는 활동을 모두 고르시오.

㉠ 재난예방을 위한 긴급안전점검 등
㉡ 국가재난관리기준의 제정·운용 등
㉢ 안전취약계층에 대한 안전 환경 지원
㉣ 재난분야 위기관리 매뉴얼 작성·운용
㉤ 재난관리 실태 공시 등
㉥ 안전기준의 등록 및 심의 등
㉦ 재난대비훈련 기본계획 수립
㉧ 위험구역의 설정

① ㉠㉢㉤
② ㉡㉣㉥㉦
③ ㉡㉤㉥㉦㉧
④ ㉠㉢㉣㉤㉥㉧

정답 ①

가. 대비단계 활동
  ㉡ 국가재난관리기준의 제정·운용 등
  ㉣ 재난분야 위기관리 매뉴얼 작성·운용
  ㉥ 안전기준의 등록 및 심의 등
  ㉦ 재난대비훈련 기본계획 수립
나. 대응단계 활동
  ㉧ 위험구역의 설정

04 재난관리 – 통합관리방식

다음 중 재난관리 방식 중 통합관리방식의 특징에 관한 내용으로 틀린 것은?

① 재난 발생 시 총괄적 자원 동원과 신속한 대응성 확보 및 자원봉사자 등 가용자원의 효과적 활용이 가능하다.
② 모든 재난에 대한 종합적 관리활동과 독립적 활동의 병행이 가능하다.
③ 한 재해 유형을 한 부처가 지속적으로 담당하므로 경험축적 및 전문성 제고가 쉬운 편이다.
④ 부처 이기주의 및 기존 조직들의 반대 가능성이 높고 업무와 책임이 과도하게 한 조직에 집중될 수 있다.

정답 ③

한 재해 유형을 한 부처가 지속적으로 담당하므로 경험축적 및 전문성 제고가 쉬운 편이다.
→ 분산관리방식의 장점에 해당한다.
① 재난 발생 시 총괄적 자원 동원과 신속한 대응성 확보 및 자원봉사자 등 가용자원의 효과적 활용이 가능하다.
  → 통합관리방식의 장점
② 모든 재난에 대한 종합적 관리활동과 독립적 활동의 병행이 가능하다.
  → 통합관리방식에 있어 관련부처의 활동 범위에 관한 사항이다.
④ 부처 이기주의 및 기존 조직들의 반대 가능성이 높고 업무와 책임이 과도하게 한 조직에 집중될 수 있다.
  → 통합관리방식의 단점

05 재난관리 - 중앙안전관리민관협력위원회 기능

다음 〈보기〉에서 「재난 및 안전관리 기본법」상 중앙안전관리민관협력위원회 기능에 해당하는 것을 모두 고르시오.

보기
- ㉠ 평상시 재난 및 안전관리 위험요소 및 취약시설의 모니터링·제보
- ㉡ 재난 발생 시 재난관리자원의 동원, 인명구조·피해복구 활동 참여, 피해주민 지원서비스 제공 등에 관한 협의
- ㉢ 재난 및 안전관리 사업 관련 중기사업계획서, 투자우선순위 의견 및 예산요구서에 관한 협의
- ㉣ 재난 및 안전관리 민관협력활동사업의 효율적 운영방안의 협의
- ㉤ 재난안전의무보험의 관리·운용 등에 관한 협의
- ㉥ 중앙행정기관의 장이 시행하는 대통령령으로 정하는 재난 및 사고의 예방사업 추진에 관한 협의
- ㉦ 재난이나 그 밖의 각종 사고가 발생하거나 발생할 우려가 있는 경우 이를 수습하기 위한 관계 기관 간 협력에 관한 중요 사항 협의

① ㉠㉡㉣
② ㉡㉢㉣㉦
③ ㉠㉡㉣㉤㉦
④ ㉠㉡㉢㉣㉥㉦

정답 ①

※ 재난 및 안전관리 기본법 제12조의3(중앙민관협력위원회의 기능 등)
그 밖에 ㉢㉤㉥㉦은 재난 및 안전관리 기본법 제9조(중앙안전관리위원회)에 따른 심의사항이다.
- ㉢ 재난 및 안전관리 사업 관련 중기사업계획서, 투자우선순위 의견 및 예산요구서에 관한 협의
- ㉤ 재난안전의무보험의 관리·운용 등에 관한 협의
- ㉥ 중앙행정기관의 장이 시행하는 대통령령으로 정하는 재난 및 사고의 예방사업 추진에 관한 협의
- ㉦ 재난이나 그 밖의 각종 사고가 발생하거나 발생할 우려가 있는 경우 이를 수습하기 위한 관계 기관 간 협력에 관한 중요 사항 협의

06 연소이론 - 가연물의 구비조건

다음 〈보기〉에서 연소의 필수요소인 가연물의 구비조건에 대한 설명이다. 옳은 것을 모두 고르시오.

보기
- ㉠ 화학적 활성도가 높아야 한다. 화학적 활성도가 높으면 물질의 안정도가 높아지기 때문이다.
- ㉡ 한계산소농도(LOI)가 높을수록 낮은 농도의 산소 조건에서도 연소가 가능하므로 가연물이 되기 쉽다.
- ㉢ 산소와 접촉할 수 있는 비표면적이 작은 물질이어야 한다.
- ㉣ 일반적으로 산화되기 쉬운 물질로서 산소와 결합할 때 발열량 및 열전도율이 작아야 한다.
- ㉤ 조연성(지연성) 가스인 산소·염소와의 결합력이 강하고 연속적으로 연쇄반응을 일으키는 물질이어야 한다.
- ㉥ 연소반응을 일으키는 점화원의 활성화에너지(최소발화에너지)의 값이 적어야 한다.

① ㉠㉡㉢㉣
② ㉤㉥
③ ㉢㉣㉤㉥
④ ㉡㉢

정답 ②

㉠ 화학적 활성도가 높아야 한다. 화학적 활성도가 높으면 물질의 안정도가 높아지기 때문이다.
→ 활성도가 높을수록 물질이 불안정하기 때문이다
㉡ 한계산소농도(LOI)가 높을수록 낮은 농도의 산소 조건에서도 연소가 가능하므로 가연물이 되기 쉽다.
→ 낮을수록
㉢ 산소와 접촉할 수 있는 비표면적이 작은 물질이어야 한다.
→ 큰
㉣ 일반적으로 산화되기 쉬운 물질로서 산소와 결합할 때 발열량 및 열전도율이 작아야 한다.
→ 발열량은 커야하고, 열전도율은 작아야 한다.

07 연소이론 - 자연발화에 영향을 주는 요인

다음 중 자연발화에 영향을 주는 요인을 설명한 것으로 가장 옳지 않은 것은?

① 온도가 높으면 열의 축적속도가 빨라지기 때문에 자연발(화)열 발생이 늦어진다.
② 적당한 수분은 촉매 역할을 하기 때문에 반응속도를 빠르게 하여 자연발화가 쉽다.
③ 공기의 유통이 잘 될수록 열의 축적이 어려워 자연발화가 어렵다.
④ 열의 축적이 용이하게 퇴적될수록 자연발화가 쉽다.

정답 ①

① 온도가 높으면 열의 축적속도가 빨라지기 때문에 자연발(화)열 발생이 늦어진다.
→ 반응속도가 빨라지기 때문에, 빨라진다.

08 연소이론 - 확산연소

다음 〈보기〉에서 확산연소에 대한 내용으로 옳은 것을 모두 고르시오.

보기

㉠ 연소속도는 공기와의 혼합과정이 필요하기 때문에 예혼합연소보다 느리다.
㉡ 화염(불꽃)은 청색이나 백색을 나타내고 화염의 온도도 예혼합연소에 비해 높다.
㉢ 확산연소의 예로 분젠버너의 연소, 불꽃점화식의 내연기관 연소실 내에서의 연소가 있다.
㉣ 층류확산화염에서는 화염의 길이(화염의 높이)와 화염의 속도는 함께 증가한다.
㉤ 연료노즐에서 흐름이 난류인 경우, 확산연소에서 화염의 높이는 분출속도에 비례하지 않는다.
㉥ 연소속도가 빠를 경우 정상 연소인 역화의 우려가 있다.
㉦ 레이놀즈 수가 일정하게 유지되는 곳에서는 교란이 있는 층류 확산화염이 형성된다.

① ㉠㉣㉤
② ㉡㉢㉥㉦
③ ㉠㉢㉣㉤㉦
④ ㉠㉡㉢㉣㉤㉥

정답 ①

㉡ 화염(불꽃)은 청색이나 백색을 나타내고 화염의 온도도 예혼합연소에 비해 높다.
→ 화염(불꽃)은 청색이나 백색을 나타내고 화염의 온도도 확산연소에 비해 높다.
㉢ 확산연소의 예로 분젠버너의 연소, 불꽃점화식의 내연기관 연소실 내에서의 연소가 있다.
→ 예혼합연소
㉥ 연소속도가 빠를 경우 정상 연소인 역화의 우려가 있다.
→ 비정상연소이며, 예혼합연소에 관한 내용이다.
㉦ 레이놀즈 수가 일정하게 유지되는 곳에서는 교란이 있는 층류 확산화염이 형성된다.
→ 낮은 곳에서는, 교란이 없는

09 연소이론 - 천장제트흐름

다음 중 화재시 천장제트흐름(Ceiling Jet Flow)에 관한 내용으로 옳지 않은 것은?

① 높은 온도의 연소가스는 큰 상승 기류를 형성하므로 일반적으로 천장제트흐름은 화재 최성기에 존재한다.
② 흐름의 두께는 천장에서 화염까지 높이의 5~12% 내외 정도 범위로서 스프링클러헤드를 유효범위 내에 설치하는 근거가 된다.
③ 고온의 연소생성물이 부력에 의해 힘을 받아 천장면 아래에 얇은 층을 형성하는 빠른 가스흐름을 말한다.
④ 천장열류보다 온도가 낮은 천장재와 유입 공기쪽에서 일어나는 열손실에 의해 천장열류의 온도는 감소한다.

정답 ①

① 높은 온도의 연소가스는 큰 상승 기류를 형성하므로 일반적으로 천장제트흐름은 화재 최성기에 존재한다.
→ 화재 초기에 존재

10. 연소이론 - 화학적 폭발

다음 〈보기〉는 화학적 폭발을 설명한 것이다. 옳은 것을 모두 고르시오.

보기

㉠ 산화폭발이란 인화성이 강한 액체연료에서 기화된 증기가 신속한 산화반응에 의해 화재와 폭발이 동시에 발생되는 현상을 말한다.
㉡ 4불화에틸렌, 프로파디엔, 오존, 아산화질소, 산화질소, 히드라진, 비닐아세틸렌, 메틸아세틸렌, 에틸렌 등은 산화폭발을 한다.
㉢ 반응폭주란 화학반응기 내에 압력, 온도 혼합물의 질량 등의 제어상태가 규정조건을 벗어나서 화학반응속도가 지수 함수적으로 증가함으로써 화학반응이 과격해지는 현상으로 화학적 폭발을 한다.
㉣ 산화폭발은 일반적으로 급격한 연소반응에 의한 압력의 발생으로 일어나는 폭발로서 종류로는 가스폭발, 분무폭발, 분진폭발 등이 있다.
㉤ 분해폭발은 압력과 온도의 영향을 받아 분해되며, 분해 반응시 발생하는 열과 압력에 의해서 주위에 많은 재해를 주는 폭발을 말한다.
㉥ 아세틸렌은 연소범위가 공기 중에서 2.5~81%로서 연소범위가 넓어도 폭발을 일으킬 위험성이 높은 가스이며, 압축하면 산화 발열하여 이 열에 의하여 폭발이 일어난다.
㉦ 중합폭발은 불포화탄화수소 등이 급격한 중합반응을 일으켜 중합열에 의해 폭발하는 경우를 말하며 산화에틸렌, 부타디엔, 염화비닐, 시안화수소 등이 있다.

① ㉠㉡㉤㉥
② ㉡㉤㉥㉦
③ ㉠㉢㉣㉤㉦
④ ㉡㉢㉣㉤㉥

정답 ③

③ ㉠㉢㉣㉤㉦
㉡ 4불화에틸렌, 프로파디엔, 오존, 아산화질소, 산화질소, 히드라진, 비닐아세틸렌, 메틸아세틸렌, 에틸렌 등은 산화폭발을 한다.
→ 분해폭발에 대한 설명이다.
㉥ 아세틸렌은 연소범위가 공기 중에서 2.5~81%로서 연소범위가 넓어도 폭발을 일으킬 위험성이 높은 가스이며, 압축하면 산화 발열하여 이 열에 의하여 폭발이 일어난다.
→ 분해를 일으켜

11. 화재이론 - 유류화재의 이상현상

다음 중 유류화재의 이상현상을 설명한 것으로 옳은 것은?

① 오일오버(Oil-over)란 액체 가연물질인 제4류 위험물의 저장탱크에서 화재가 발생하는 경우 나타나는 이상 현상으로서 저장탱크 내에 저장된 제4류 위험물의 양이 내용적의 1/2 이상 충전되어 있을 때 화재로 인하여 저장탱크 내의 유류를 외부로 분출하면서 탱크가 파열되는 것을 말한다.
② 슬롭오버(Slop-over)란 물보다 끓는점(비점)이 낮은 점성을 가진 석유류나 식용유에 물이 접촉될 때 석유류·식용유의 표면온도에 의해 물이 수증기가 되어 팽창·비등함에 따라 주위에 있는 뜨거운 석유류·식용유의 일부를 외부로 비산시키는 현상을 말한다.
③ 프로스오버(Froth-over)는 뜨거운 아스팔트가 물이 가득 채워진 무개(無蓋) 탱크차에 옮겨질 때 일어날 수 있는데 처음엔 아스팔트가 조금 냉각될 뿐 아무런 변화가 없다가 탱크차 속의 물이 가열되고 끓기 시작하면 아스팔트가 상당량 주입되면서부터 화재를 수반하여 프로스오버(Froth-over)가 발생한다.
④ 보일오버(Boil-over)란 점성이 크고 비점이 높은 중질유의 저장탱크에 화재가 발생하여 장기간 화재에 노출되면 열류층(고온층)이 형성되어 그 열이 아래로 내려오게 되는데 외부로부터 침투하거나 원유 자체에 함유된 수분이나 기름의 에멀션이 열을 공급받아 급격한 부피 팽창을 하게 되고 이때 부피 팽창으로 상층의 유류를 밀어 올리며 기름과 함께 비산하게 되는 현상을 말한다.

정답 ④

④ 보일오버(Boil-over)란 점성이 크고 비점이 높은 중질유의 저장탱크에 화재가 발생하여 장기간 화재에 노출되면 열류층(고온층)이 형성되어 그 열이 아래로 내려오게 되는데 외부로부터 침투하거나 원유 자체에 함유된 수분이나 기름의 에멀션이 열을 공급받아 급격한 부피 팽창을 하게 되고 이때 부피 팽창으로 상층의 유류를 밀어 올리며 기름과 함께 비산하게 되는 현상을 말한다.
① 오일오버(Oil-over)란 액체 가연물질인 제4류 위험물의 저장탱크에서 화재가 발생하는 경우 나타나는 이상 현상으로서 저장탱크 내에 저장된 제4류 위험물의 양이 내용적의 1/2 이상 충전되어 있을 때 화재로 인하여 저장탱크 내의 유류를 외부로 분출하면서 탱크가 파열되는 것을 말한다.
→ 1/2 이하로 충전되어 있을 때
② 슬롭오버(Slop-over)란 물보다 끓는점(비점)이 낮은 점성을 가진 석유류나 식용유에 물이 접촉될 때 석유류·식용유의 표면온도에 의해 물이 수증기가 되어 팽창·비등함에 따라 주위에 있는 뜨거운 석유류·식용유의 일부를 외부로 비산시키는 현상을 말한다.
→ 높은
③ 프로스오버(Froth-over)는 뜨거운 아스팔트가 물이 가득 채워진 무개(無蓋) 탱크차에 옮겨질 때 일어날 수 있는데 처음엔 아스팔트가 조금 냉각될 뿐 아무런 변화가 없다가 탱크차 속의 물이 가열되고 끓기 시작하면 아스팔트가 상당량 주입되면서부터 화재를 수반하여 프로스오버(Froth-over)가 발생한다.
→ 약간 채워진, 화재를 수반하지 않는다.

12 화재이론 - 금속화재

다음 〈보기〉는 물과 반응하여 가연성 또는 조연성 가스를 발생하는 물질에 관한 내용이다. ( ) 안에 들어갈 내용으로 옳은 것은?

보기

1) 칼륨은 물과 반응하여 (㉠)가 발생한다.
2) 무기과산화물은 물과 반응하여 (㉡)가 발생한다.
3) 탄화칼슘은 물과 반응하여 (㉢)가 발생한다.
4) 인화칼슘은 물과 반응하여 (㉣)가 발생한다.

	㉠	㉡	㉢	㉣
①	H_2	O_2	C_2H_2	PH_3
②	KOH	O_3	C_2H_4	PH_4
③	C_2H_2	H_2O_2	KOH	PH_3
④	KOH	H_2O_2	C_2H_4	PH_2

정답 ①

① 나트륨, 칼륨은 물과 반응하여 가연성 가스인 수소가스(H_2)가 발생한다.
② 무기과산화물은 물과 반응하여 조연성 가스인 산소(O_2)가 발생한다.
③ 탄화칼슘(카바이트)은 물과 반응하여 가연성 가스인 아세틸렌가스(C_2H_2)가 발생한다.
④ 인화석회(인화칼슘)는 물과 반응하여 가연성 가스인 인화수소(PH_3, 포스핀)가 발생한다.

13 화재이론 - 화재가혹도

다음 중 구획실 화재에서 화재가혹도에 관한 설명으로 옳지 않은 것은?

① 화재가혹도는 화재하중과 화재강도로 구성되며, 화재강도는 단위면적당 가연물의 양으로 계산한다.
② 화재가혹도를 낮추기 위해서는 가연물을 최소단위로 저장하고 불연성 밀폐용기에 보관한다.
③ 화재가혹도에 견디는 내력을 화재저항이라고 하며 건축물의 내화구조, 방화구조 등을 의미한다.
④ 화재가혹도는 최고온도의 지속시간으로 화재가 건물에 피해를 입히는 능력의 정도를 나타낸다.

정답 ①

① 화재가혹도는 화재하중과 화재강도로 구성되며, 화재강도는 단위면적당 가연물의 양으로 계산한다.
→ 화재하중은

14 화재이론 - 화재하중관련 계산문제

다음 중 바닥면적이 100m^2인 창고에 고무제품 100kg이 적재되어 있는 경우 완전연소되었을 때 화재하중이 2kg/m^2이다. 이때 고무제품의 발열량[kcal/kg]은 얼마인가? (단, 목재의 발열량은 4,500kcal/kg이다.)

① 4,500　　② 9,000
③ 13,500　　④ 18,000

정답 ②

화재하중 $(Q) = \dfrac{\Sigma(G_t H_t)}{HA}[kg/m^2](*\Sigma : 합)$

G_t : 가연물의 양(kg), H_t : 단위발열량$(kcal/kg)$
H : 목재단위발열량$(4500 kcal/kg)$, A : 화재실 바닥면적(m^2)

$$\dfrac{100[kg] \times G_t[kcal/kg]}{4,500[kcal/kg] \times 100[m^2]} = 2[kg/m^2]$$

$G_t = 9,000[kcal/kg]$

15. 화재이론 – 방화구조

다음 〈보기〉는 화재시 불에 견디는 성능은 없어도 화염의 확산을 막을 수 있는 정도와 성능을 가진 구조에 관한 내용이다. ( ) 안에 들어갈 내용으로 옳은 것은?

보기

1) 철망모르타르로서 그 바름두께가 (㉠) 이상인 것
2) 석고판 위에 시멘트모르타르 또는 회반죽을 바른 것으로 그 두께의 합계가 (㉡) 이상인 것
3) 시멘트모르타르 위에 타일을 붙인 것으로서 그 두께의 합계가 (㉢) 이상인 것
4) 산업표준화법에 따른 한국산업표준이 정하는 바에 따라 시험한 결과 (㉣) 이상에 해당하는 것

	㉠	㉡	㉢	㉣
①	1.2cm	2cm	2.5cm	난연 1급
②	2cm	2cm	2.5cm	난연 2급
③	2cm	2.5cm	2.5cm	방화 2급
④	2cm	2.5cm	3.2cm	방화 1급

정답 ③

※ 방화구조
① 철망모르타르로서 그 바름두께가 2cm 이상인 것
② 석고판 위에 시멘트모르타르 또는 회반죽을 바른 것으로 그 두께의 합계가 2.5cm 이상인 것
③ 시멘트모르타르 위에 타일을 붙인 것으로서 그 두께의 합계가 2.5센티미터 이상인 것
④ 심벽에 흙으로 맞벽치기한 것
⑤ 산업표준화법에 따른 한국산업표준이 정하는 바에 따라 시험한 결과 방화 2급 이상에 해당하는 것

16. 화재이론 – 위험물 소화방법

다음 중 자기반응성 물질에 대한 화재 시 소화대책을 설명한 것으로 옳은 것은?

① CO_2, 포, 할론, 분말에 의한 질식소화는 효과가 적으므로 사용에 주의해야 하며 질산염류의 화재시 유독가스가 발생하므로 소화작업에 특별한 주의가 요구된다.
② 마른모래, 팽창질석, 건조석회 및 D급화재용 분말소화기로 질식소화하며, K, Na은 적절한 소화약제가 없으므로 연소확대 방지에 주력해야 한다.
③ 연소물 자체는 연소하지 않으나 고농도의 위험물은 물과 작용하여 비산하며 인체에 접촉하면 화상을 입으므로 주의하도록 하며 발생증기는 유해한 것이 많으므로 활동 중 공기호흡기를 장착한다.
④ 화재 시 폭발위험이 상존하므로 화재진압시에는 충분히 안전거리를 유지하고, 접근시에는 엄폐물을 이용하며 방수시에는 무인방수포 등을 이용하여 화재를 소화한다.

정답 ④

④ 화재 시 폭발위험이 상존하므로 화재진압시에는 충분히 안전거리를 유지하고, 접근시에는 엄폐물을 이용하며 방수시에는 무인방수포 등을 이용하여 화재를 소화한다.
① CO_2, 포, 할론, 분말에 의한 질식소화는 효과가 적으므로 사용에 주의해야 하며 **질산염류**의 화재시 유독가스가 발생하므로 소화작업에 특별한 주의가 요구된다.
→ 제1류 위험물(산화성 고체)에 대한 소화방법이다.
② 마른모래, 팽창질석, 건조석회 및 D급화재용 분말소화기로 질식소화하며, K, Na은 적절한 소화약제가 없으므로 연소확대 방지에 주력해야 한다.
→ 제3류 위험물(자연발화성 및 금수성물질)에 대한 소화방법이다.
③ **연소물 자체는 연소하지 않으나 고농도의 위험물은 물과 작용하여 비산하며 인체에 접촉하면 화상을 입으므로 주의하도록 하며 발생증기는 유해한 것이 많으므로 활동 중 공기호흡기를 장착한다.**
→ 제6류 위험물(산화성 액체)에 대한 소화방법이다.

17 소화이론 - 냉각소화

다음 중 가연물의 냉각소화 방법을 설명한 것으로 옳은 것은?

① 연소의 3요소 또는 4요소 중의 점화원을 이용한 소화의 원리로서 연소 중인 가연물질의 온도를 연소점 이하로 냉각시켜 소화하는 것을 말한다.
② 가연물질의 종류 및 성상에 따라 활성화에너지 값은 다르지만 고체, 액체 및 기체상태의 가연물질은 냉각소화와 밀접한 관계가 있다.
③ 아레니우스 방정식은 한계산소농도와 온도와의 관계를 나타낸다. 그러므로 아레니우스 방정식은 소화원리 중 냉각소화와 밀접한 관계가 있다.
④ 가연성 분해물질의 생성을 억제하고 연소반응의 속도를 지연시키기 위한 것으로서 소화약제로는 물, 강화액, CO_2, 할론, 포 소화약제 등이 있다.

정답 ④

④ 가연성 분해물질의 생성을 억제하고 연소반응의 속도를 지연시키기 위한 것으로서 소화약제로는 물, 강화액, CO_2, 할론, 포 소화약제 등이 있다.
① 연소의 3요소 또는 4요소 중의 점화원을 이용한 소화의 원리로서 연소 중인 가연물질의 온도를 연소점 이하로 냉각시켜 소화하는 것을 말한다.
  → 발화점(착화점) 이하
② 가연물질의 종류 및 성상에 따라 활성화에너지 값은 다르지만 ~~고체, 액체 및 기체상태의~~ 가연물질은 냉각소화와 밀접한 관계가 있다.
  → 고체, 액체의 가연물질은
③ 아레니우스 방정식은 ~~한계산소농도와~~ 온도와의 관계를 나타낸다. 그러므로 아레니우스 방정식은 소화원리 중 냉각소화와 밀접한 관계가 있다.
  → 연소속도와

18 소화이론 - 물소화약제

다음 〈보기〉는 물소화약제의 물리적·화학적 성질에 관한 내용이다. 옳은 것을 모두 고르시오.

보기

㉠ 물이 기체가 될 경우 공기나 이산화탄소 등을 흡수하는 성질을 가진다.
㉡ 물의 용융열은 80cal/g이며, 융점은 -4℃, 비점은 100℃이다.
㉢ 물의 분자간 결합은 수소결합이며, 물이 비교적 큰 표면 장력, 비열을 갖는 것도 수소결합을 분리하는 데 많은 에너지가 들기 때문이다.
㉣ 물은 수소 1분자와 산소 1/2분자로 무극성 공유결합을 하고 있다.
㉤ 물 1g을 1℃ 올리는 데 필요한 열량인 비열은 15℃에서 1cal/g·℃이다.
㉥ 20℃의 물 1g을 100℃까지 가열하기 위해서는 539cal의 열이 필요하다.
㉦ 물소화약제는 수증기가 될 때 약 715배로 팽창하여 공기 중의 산소의 농도를 희석하여 질식소화한다.

① ㉠㉢㉤
② ㉡㉣㉥㉦
③ ㉠㉡㉣㉥㉦
④ ㉠㉡㉢㉣㉤㉥

정답 ①

㉡ 물의 용융열은 80cal/g이며, 융점은 ~~-4℃~~, 비점은 100℃이다.
  → 0℃
㉣ 물은 수소 1분자와 산소 1/2분자로 ~~무극성 공유결합~~을 하고 있다.
  → 극성 공유결합
㉥ 20℃의 물 1g을 100℃까지 가열하기 위해서는 ~~539cal~~의 열이 필요하다.
  → 80cal
㉦ 물소화약제는 수증기가 될 때 약 ~~715배~~로 팽창하여 공기 중의 산소의 농도를 희석하여 질식소화한다.
  → 약 1700배

19 ① ② ③   소방조직 1) 소방조직 – 소방의 발전과정

다음 상황이 나타난 시기를 연표에서 옳게 고른 것은?

대구 도시철도 1호선 중앙로역에서 발생한 방화사건으로 사망자 192명 실종 6명으로 2월 18일 발생한 참사이다.

(가)	(나)	(다)	(라)
소방법 제정	삼풍백화점 붕괴	소방기본법 제정	소방기본법 시행	재난안전법 제정

① (가)   ② (나)
③ (다)   ④ (라)

정답 ②

대구지하철화재는 2003년 2월 18일 발생한 참사이다.
소방법의 제정은 1958년, 삼풍백화점 붕괴와 재난관리법의 제정은 1995년, 소방기본법 제정은 2003년 5월이고 2004년 5월 시행이며, 재난안전법은 2004년, 119법 제정은 2011년이다.

20 ① ② ③   소화이론 – 금속화재용 소화약제

다음 중 금속화재용 분말소화약제에 대한 설명으로 옳은 것은?

① TMB((BOOCH$_3$)$_3$) : 금속화재용의 액체 소화약제로서 자신이 타서 유리상의 피막을 형성하여 질식소화한다. 이 소화약제 사용 후 물 또는 포소화약제의 사용도 가능하다.
② Na–X : Na 화재를 위해서 특별히 개발된 것이다. 염화나트륨을 주성분으로 하고 여기에 흡습성과 유동성을 향상시킬 수 있는 첨가제를 더한 약제이다.
③ Met–L–X : 탄산나트륨을 주성분으로 하고 분말의 유동성을 높이기 위해 제3인산칼슘과 가열되었을 때 염화나트륨 입자들을 결합하기 위하여 열경화성 고분자 물질을 첨가한 약제이다.
④ G–1 : 코크스를 주성분으로 하고 여기에 유기 인산염을 첨가한 약제로 리튬이온 배터리화재용으로 개발되었다.

정답 ①

① TMB((BOOCH$_3$)$_3$) : 금속화재용의 액체 소화약제로서 자신이 타서 유리상의 피막을 형성하여 질식소화한다. 이 소화약제 사용 후 물 또는 포소화약제의 사용도 가능하다.
② Na–X : Na 화재를 위해서 특별히 개발된 것이다. 염화나트륨을 주성분으로 하고 여기에 흡습성과 유동성을 향상시킬 수 있는 첨가제를 더한 약제이다.
   → 탄산나트륨, 비흡습성
③ Met–L–X : 탄산나트륨을 주성분으로 하고 분말의 유동성을 높이기 위해 제3인산칼슘과 가열되었을 때 염화나트륨 입자들을 결합하기 위하여 열경화성 고분자 물질을 첨가한 약제이다.
   → 염화나트륨, 열가소성
④ G–1 : 코크스를 주성분으로 하고 여기에 유기 인산염을 첨가한 약제로 리튬이온 배터리화재용으로 개발되었다.
   → Lith–X : 흑연을 주성분으로 하며 첨가된 소화약제로 리튬이온 배터리화재용으로 개발되었다.

21

할로겐화합물 및 불활성기체 소화약제의 종류 중 HCFC 계열로 〈보기〉에서 옳은 것을 모두 고르시오.

보기

ㄱ. HFC-125
ㄴ. CF_3CHFCF_3
ㄷ. $CHClFCF_3$
ㄹ. HFC-23
ㅁ. CF_3I

① ㄷ
② ㄱ, ㄴ, ㄷ
③ ㄱ, ㄴ, ㄷ, ㄹ
④ ㄱ, ㄴ, ㄷ, ㅁ

정답 ①

HFC 계열은 탄소(C), 수소(H), 불소(F)의 원소로 구성된 물질을 말하고, 탄소(C), 수소(H), 불소(F), 염소(Cl)의 원소로 구성되어서 HCFC계열이다.

ㄱ. CHF_2CF_3 → HFC-125
ㄴ. CF_3CHFCF_3 → HFC-227ea
ㄷ. $CHClFCF_3$ → HCFC-124
ㄹ. CHF_3 → HFC-23
ㅁ. CF_3I → FIC-13I1

22

다음 중 준비작동식 스프링클러설비의 구성에 관한 설명으로 틀린 것은?

① 수동기동밸브(긴급해제밸브)는 수동방식에 의하여 강제적으로 가압부의 충압수를 배출시킴으로써 다이아프렘 내 기밀부인 클래퍼를 개방시켜 밸브를 작동시키는 밸브이다.
② 익져스터(Exhauster)는 유수검지장치 2차측의 스프링클러헤드가 작동되어 공기압력이 설정압력보다 낮아지면 공기배출기로 2차측의 압축공기를 대기 중으로 신속하게 방출하여 클레퍼가 신속히 개방되도록 하는 장치이다.
③ 슈퍼비조리 패널(Supervisory Panel)은 스프링클러설비의 제어 기능을 하며 밸브를 작동시키고(스위치 작동시 솔레노이드밸브를 전기적으로 개방함으로써 가압부의 압력배출 및 클래퍼 개방) 전원차단, 자체 고장시 경보장치 작동 및 개구부 폐쇄작동 기능도 한다.
④ 감지기(Detector)는 스프링클러에 사용되는 감지장치로 차동식, 정온식 및 복합형 감지기, 연기감지기 등을 사용하고 감지기회로는 교차회로로 각 회로상의 감지기가 동시감지에 의하여 유수검지장치의 밸브가 작동하도록 되어 있다.

정답 ②

② 익져스터(Exhauster)는 유수검지장치 2차측의 스프링클러헤드가 작동되어 공기압력이 설정압력보다 낮아지면 공기배출기로 2차측의 압축공기를 대기 중으로 신속하게 방출하여 클레퍼가 신속히 개방되도록 하는 장치이다.
→ 건식 스프링클러설비에 관한 내용이다.

23. 재난관리 2) 우리나라 재난관리 – 대응

「재난 및 안전관리 기본법 시행령」상 긴급구조기관의 장이 수립하는 긴급구조대응계획에 대한 설명이다. 다음 글에서 설명하고 있는 계획과 〈보기〉에서 일치하는 계획을 모두 고르시오.

재난 발생 단계별 주요 긴급구조 대응활동 사항

보기

ㄱ. 주요 재난 유형별 대응 매뉴얼에 관한 사항
ㄴ. 비상경고 방송메시지 작성 등에 관한 사항
ㄷ. 긴급구조대응계획의 목적 및 적용범위
ㄹ. 긴급구조대응계획의 운영책임에 관한 사항
ㅁ. 긴급구조대응계획의 기본방침과 절차

① ㄱ, ㄴ
② ㄱ
③ ㄱ, ㅁ
④ ㄴ, ㄷ

정답 ①

보기는 재난 유형별 긴급구조계획이다.
ㄱ. 주요 재난 유형별 대응 매뉴얼에 관한 사항
 → 재난 유형별 긴급구조대응계획
ㄴ. 비상경고 방송메시지 작성 등에 관한 사항
 → 재난 유형별 긴급구조대응계획
ㄷ. 긴급구조대응계획의 목적 및 적용범위
 → 기본계획
ㄹ. 긴급구조대응계획의 운영책임에 관한 사항
 → 기본계획
ㅁ. 긴급구조대응계획의 기본방침과 절차
 → 기본계획

24. 소화이론 – 포소화설비의 포소화원액의 혼합장치

다음 중 포소화설비의 포소화원액의 혼합장치를 설명한 것으로 옳은 것은?

① 라인 프로포셔너 방식(Line Proportioner Type)은 위험물제조소 등에 주로 사용되며, 펌프와 발포기의 중간에 설치된 벤츄리관의 벤츄리작용에 의하여 약제를 흡입·혼합하는 방식이다. 압력손실이 커 혼합기의 흡입을 할 수 있는 높이가 4.5m 이하로 한정된다.
② 펌프 프로포셔너 방식(Pump Proportioner Type)은 펌프의 토출관과 흡입관 사이의 배관에 설치된 흡입기로 펌프에서 토출된 물의 일부를 보내고 농도조절밸브에서 조절된 포소화약제의 필요량을 포소화약제 탱크에서 펌프 토출측으로 보내어 혼합하는 방법이다. 위험물제조소 등의 포소화설비에 주로 사용하며 특히 농도조절밸브가 있어 원액을 사용하기 위한 손실이 적고 보수가 용이하다.
③ 프레져 사이드 프로포셔너 방식(Pressure Side Proportioner Type)은 펌프의 토출관에 흡입기를 설치하여 포소화약제 흡입용 펌프로 혼합하는 방식이다. 가압송수용 펌프와 소화원액펌프가 별도로 설치되어 있고 압력이 변동되면 농도조절밸브에서 자동 조절, 즉 약제펌프를 가동시켜 송수관로에 소화원액을 강제로 유입시켜 주는 방식으로 수용액의 혼합비율을 가장 정확하게 하여 주며 소화원액이 용량 800L 이상 되는 대형설비에서 주로 적용되는 방식이다.
④ 프레져 프로포셔너 방식(Pressure Proportioner Type)은 펌프와 발포기의 중간에 설치된 벤츄리관의 벤츄리작용과 펌프 가압수의 포소화약제 저장탱크에 대한 압력에 의해 약제를 흡입·혼합하는 방식으로 위험물제조소 등에 제일 많이 사용되고 있는 혼합방식이다.

정답 ④

④ 프레져 프로포셔너 방식(Pressure Proportioner Type)은 펌프와 발포기의 중간에 설치된 벤츄리관의 벤츄리작용과 펌프 가압수의 포소화약제 저장탱크에 대한 압력에 의해 약제를 흡입·혼합하는 방식으로 위험물제조소 등에 제일 많이 사용되고 있는 혼합방식이다.
① 라인 프로포셔너 방식(Line Proportioner Type)은 위험물제조소 등에 주로 사용되며, 펌프와 발포기의 중간에 설치된 벤츄리관의 벤츄리작용에 의하여 약제를 흡입·혼합하는 방식이다. 압력손실이 커 혼합기의 흡입을 할 수 있는 높이가 ~~4.5m 이하로 한정된다.~~
 → 1.8m 이하로 한정
② 펌프 프로포셔너 방식(Pump Proportioner Type)은 펌프의 토출관과 흡입관 사이의 배관에 설치된 흡입기로 펌프에서 토출된 물의 일부를 보내고 농도조절밸브에서 조절된 포소화약제의 필요량을 포소화약제 탱크에서 펌프 토출측으로 보내어 혼합하는 방법이다. 위험물제조소 등의 포소화설비에 ~~주로 사용하며~~ 특히 농도조절밸브가 있어 원액을 사용하기 위한 손실이 적고 보수가 용이하다.
 → 펌프 흡입부 측으로
 → 위험물제조소 등의 포소화설비에는 사용하지 않으며, 소방펌프차에 주로 사용되고 있다.

③ 프레져 사이드 프로포셔너 방식(Pressure Side Proportioner Type)은 펌프의 토출관에 흡입기를 설치하여 포소화약제 흡입용 펌프로 혼합하는 방식이다. 가압송수용 펌프와 소화원액펌프가 별도로 설치되어 있고 압력이 변동되면 농도조절밸브에서 자동조절, 즉 약제펌프를 가동시켜 송수관로에 소화원액을 강제로 유입시켜 주는 방식으로 수용액의 혼합비율을 가장 정확하게 하여 주며 소화원액이 용량 800L 이상 되는 대형설비에서 주로 적용되는 방식이다.
  → 펌프의 토출관에 압입기를 설치하여 포소화약제 압입용 펌프로 혼합하는 방식이다.
  → 차압밸브에서 자동조절

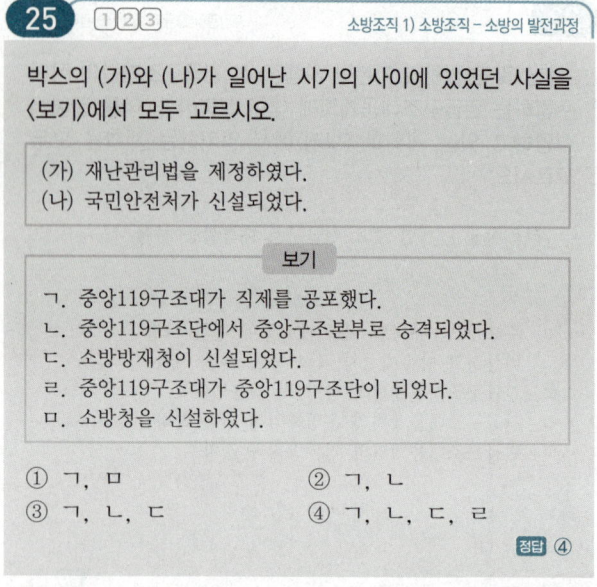

재난관리법은 1995년 7월 18일이고, 국민안전처는 2014년 11월 19일이다. 이 사이의 시기는 1995년 ~ 2014년이다.

ㄱ. 중앙119구조대가 직제를 공포했다.(○)
  → 1995. 10
ㄴ. 중앙119구조단에서 중앙구조본부로 승격되었다.(○)
  → 2013
ㄷ. 소방방재청이 신설되었다.(○)
  → 2004. 6
ㄹ. 중앙119구조대가 중앙119구조단이 되었다.(○)
  → 2011. 1
ㅁ. 소방청을 신설하였다.(×)
  → 2017. 7

제8회 정답 및 해설

빠른 정답	1 ①	2 ①	3 ①	4 ③	5 ①	6 ③	7 ③	8 ④	9 ③	10 ②	11 ①	12 ②	13 ④
	14 ①	15 ②	16 ④	17 ③	18 ①	19 ②	20 ①	21 ②	22 ②	23 ④	24 ②	25 ③	

01 소방조직 - 민간소방조직, 한국소방산업기술원

다음 〈보기〉에서 민간소방조직인 한국소방산업기술원의 업무를 모두 고르시오.

보기
㉠ 소방장비의 품질 확보, 품질 인증 업무
㉡ 소방산업에 관한 데이터베이스의 구축·운영
㉢ 탱크안전성능시험
㉣ 소방용 기계·기구, 소방시설에 관한 조사
㉤ 소방기술과 안전관리에 관한 조사·연구
㉥ 국내외 소방안전 연구기관과의 교류협력 및 공동연구에 관한 사항
㉦ 소방정책의 연구와 소방안전기술의 연구·개발
㉧ 화재진압·구조·구급 등 재난 대응기술 연구·개발

① ㉠㉡㉢㉣
② ㉤㉥㉦㉧
③ ㉢㉣㉤㉥
④ ㉠㉡㉦㉧

정답 ①

① ㉠㉡㉢㉣
㉤ 소방기술과 안전관리에 관한 조사·연구
→ 한국소방안전원 업무
㉥ 국내외 소방안전 연구기관과의 교류협력 및 공동연구에 관한 사항
→ 국립소방연구원 업무
㉦ 소방정책의 연구와 소방안전기술의 연구·개발
→ 국립소방연구원 업무
㉧ 화재진압·구조·구급 등 재난 대응기술 연구·개발
→ 국립소방연구원 업무

02 소방조직 - 소방공무원의 징계

다음 중 소방공무원의 징계에 관한 설명으로 옳은 것은? (단, 소극행정, 음주운전, 성폭력, 성희롱 또는 성매매가 아니다.)

① 감봉은 1월 이상 3월 이하의 기간 중 보수의 3분의 1을 감하는 징계로서 일정기간 12개월간 승진을 제한한다.
② 정직은 1월 이상 3월 이하의 기간 중 공무원의 신분은 보유하나 직무에 종사하지 못하며 그 기간 중 보수의 3분의 2를 감하고, 18개월간 승진이 제한된다.
③ 강등은 1계급 아래로 직급을 내리고 공무원신분은 보유하나 1월 이상 3월 이하의 기간 중 직무에 종사하지 못하며 그 기간 중 보수의 전액을 감하고, 18개월간 승진이 제한된다.
④ 해임은 공무원의 신분을 배제하는 징계로서 처분일로부터 3년간 공무원으로 임용 자격이 제한되며, 훈계는 전과에 대하여 회개하게 하는 징계로서 6개월간 승진이 제한된다.

정답 ①

① 감봉은 1월 이상 3월 이하의 기간 중 보수의 3분의 1을 감하는 징계로서 일정기간 12개월간 승진이 제한된다.
② 정직은 1월 이상 3월 이하의 기간 중 공무원의 신분은 보유하나 직무에 종사하지 못하며 그 기간 중 보수의 3분의 2를 감하고, 18개월간 승진이 제한된다.
→ 그 기간 중 보수의 전액을 감하고
③ 강등은 1계급 아래로 직급을 내리고 공무원신분은 보유하나 1월 이상 3월 이하의 기간 중 직무에 종사하지 못하며 그 기간 중 보수의 전액을 감하고, 18개월간 승진이 제한된다.
→ 3개월 간 직무에 종사하지 못하며
④ 해임은 공무원의 신분을 배제하는 징계로서 처분일로부터 3년간 공무원으로 임용 자격이 제한되며, 훈계는 전과에 대하여 회개하게 하는 징계로서 6개월간 승진이 제한된다.
→ 견책은 전과에 대하여 훈계하고 회개하게 하는 징계

03

소방조직 - 특수구조대

다음 중 소방대상물, 지역 특성, 재난 발생 유형 및 빈도 등을 고려하여 시·도의 규칙으로 정하는 바에 따라 설치하는 구조대의 종류를 설명한 것으로 틀린 것은?

① 화학구조대 : 「산업입지 및 개발에 관한 법률」에 따른 산업단지
② 수난구조대 : 「내수면어업법」에 따른 내수면지역
③ 산악구조대 : 「자연공원법」 자연공원 등 산악지역
④ 지하철구조대 : 「도시철도법」 도시철도의 역사 및 역 시설

정답 ①

화학구조대 : 「산업입지 및 개발에 관한 법률」에 따른 산업단지
→ 화학공장이 밀집한 지역

※ 119구조·구급에 관한 법률 시행령 제5조(119구조대의 편성과 운영)
① 법 제8조제1항에 따른 119구조대(이하 "구조대"라 한다)는 다음 각 호의 구분에 따라 편성·운영한다.
  2. 특수구조대 : 소방대상물, 지역 특성, 재난 발생 유형 및 빈도 등을 고려하여 시·도의 규칙으로 정하는 바에 따라 다음 각 목의 구분에 따른 지역을 관할하는 소방서에 다음 각 목의 구분에 따라 설치한다. 다만, 라목에 따른 고속국도구조대는 제3호에 따라 설치되는 직할구조대에 설치할 수 있다.
    가. 화학구조대 : 화학공장이 밀집한 지역
    나. 수난구조대 : 「내수면어업법」 제2조제1호에 따른 내수면지역
    다. 산악구조대 : 「자연공원법」 제2조제1호에 따른 자연공원 등 산악지역
    라. 고속국도구조대 : 「도로법」 제10조제1호에 따른 고속국도(이하 "고속국도"라 한다)
    마. 지하철구조대 : 「도시철도법」 제2조제3호가목에 따른 도시철도의 역사(驛舍) 및 역 시설

04

재난관리 - 자연재난

다음 중 「재난 및 안전관리 기본법」상 기상 요인으로 인하여 하천이 범람하거나 내륙지역의 우수배제 불량 등으로 발생되는 침수에 의해 인명 및 재산피해를 유발하는 재난으로 옳은 것은? (단, 존스에 따른 분류에서는 준자연재해이다)

① 태풍
② 호우
③ 홍수
④ 해일

정답 ③

① 태풍
→ 적도지방에서 발생하는 열대성 저기압으로서, 호우와 강풍을 동반하며, 이로 인한 홍수, 풍랑, 해일 등으로 인명 및 재산피해를 유발하는 재난
② 호우
→ 일정 시간동안 강한 강우가 집중되거나 지속적인 강우가 발생하여 인명 및 재산 피해를 유발하는 재난
④ 해일
→ 폭풍해일은 천문조, 태풍, 폭풍, 저기압 등의 복합적인 영향으로 해수면이 상승하여 인명 및 재산 피해를 유발하는 재난을 말하며, 지진해일은 해저에서 화산폭발, 지진, 지반의 함몰 등의 지각변동에 의해 발생한 지진해일로 해수면이 상승, 육지로 유입되어 인명 및 재산 피해를 유발하는 재난을 말한다.

05 소방조직 1) 소방조직 - 소방의 발전과정, 재난관리 2) 재난 및 안전관리기본법

박스에서 설명하고 있는 사건에 대해 〈보기〉에서 옳은 것을 고르시오.

> 2007년 12월 7일 오전 충청남도 만리포 북서방 8km 해상에서의 허베이 스피리트(Hebei Sprit)호(유조선)의 약 12,547kℓ의 원유가 해상으로 유출되는 국내 최대 해양오염사고가 발생하였다. [행정안전부 국가기록원 자료]

보기
ㄱ. 해양오염사고는 현재 「재난 및 안전관리기본법」상 사회재난이다.
ㄴ. 해양오염사고는 현재 재난관리주관기관은 환경부이다.
ㄷ. 재난 및 안전관리기본법이 생기고 3년 후에 허베이 스피리트호 사고가 발생되었다.
ㄹ. 허베이 스피리트호 사고가 발생 후 4년 후 초고층재난관리법이 생겼다.

① ㄱ, ㄷ, ㄹ
② ㄱ, ㄴ
③ ㄱ, ㄷ
④ ㄱ, ㄹ

정답 ①

ㄱ. 해양오염사고는 현재 「재난 및 안전관리기본법」상 사회재난이다.(○)
  → 「재난 및 안전관리기본법」상 사회재난이다.
ㄴ. 해양오염사고는 현재 재난관리주관기관은 환경부이다.(×)
  → 「재난 및 안전관리기본법」상 해양수산부 및 해양경찰청이다.
ㄷ. 재난 및 안전관리기본법이 생기고 3년 후에 허베이 스피리트호 사고가 발생되었다.(○)
  → 재난 및 안전관리기본법은 2004년이고 3년 후에 2007년 허베이 스피리트호 사고가 발생되었다.
ㄹ. 허베이 스피리트호 사고가 발생 후 4년 후 초고층재난관리법이 제정되었다.(○)
  → 2007년 허베이 스피리트호 사고가 발생되었고, 4년 후 2011년 초고층재난관리법이 제정되었다.

06 재난관리 - 재난관리주관기관

다음 중 「재난 및 안전관리 기본법 시행령」상 재난 및 그 밖의 각종 사고 유형별 재난관리주관기관을 설명한 것으로 틀린 것은?

① 사회재난 유형이 복합적으로 발생하는 경우에는 각 사회재난 유형별 시설사무관장기관 또는 재난사무관장기관이 각각 재난관리주관기관이 된다.
② 사회재난 유형이 복합적으로 발생하는 경우로서 신속대응 등이 필요한 경우에는 신속대응 등이 필요한 사무를 주관하는 재난관리주관기관이 신속대응 등을 우선적으로 수행해야 한다.
③ 신속대응 등의 필요 여부 및 신속대응 등을 우선적으로 수행하는 재난관리주관기관이 불분명한 경우에는 행정안전부장관이 재난관리주관기관이 된다.
④ 자연재난 유형의 경우에는 「정부조직법」, 관계 법령 및 중앙행정기관별 직제에 따라 해당 재난에 관한 사무를 관장하는 재난사무관장기관이 재난관리주관기관이 된다.

정답 ③

③ 신속대응 등의 필요 여부 및 신속대응 등을 우선적으로 수행하는 재난관리주관기관이 불분명한 경우에는 행정안전부장관이 재난관리주관기관이 된다.
  → 신속대응 등의 필요 여부 및 신속대응주관기관이 불분명한 경우에는 **행정안전부장관이 조정하여 신속대응 등의 필요 여부 및 신속대응주관기관을 정한다.**

07 연소이론 - 연소반응식

탄화수소(C_mH_n)로 이루어진 가연물이 완전연소하면 이산화탄소(CO_2)와 수증기(H_2O)가 생성된다. 프로판(C_3H_8) 1몰(mol)이 완전연소될 때 필요한 공기의 몰(mol) 수로 옳은 것은? (단, 공기 중 산소량은 21(vol)%이며, 계산결과 소수점 이하는 반올림한다)

① 10mol ② 17mol
③ 24mol ④ 31mol

정답 ③

※ 연소방정식

탄화수소(C_mH_n)로 이루어진 가연물이 완전연소하면 이산화탄소(CO_2)와 수증기(H_2O)가 생성된다.

$$C_mH_n + (m + \frac{n}{4})O_2 \rightarrow mCO_2 + \frac{n}{2}H_2O$$

① 메탄(CH_4) : $CH_4 + 2O_2 \rightarrow CO_2 + 2H_2O$
② 에탄(C_2H_6) : $C_2H_6 + \frac{7}{2}O_2 \rightarrow 2CO_2 + 3H_2O$
③ 프로판(C_3H_8) : $C_3H_8 + 5O_2 \rightarrow 3CO_2 + 4H_2O$
④ 부탄(C_4H_{10}) : $C_4H_{10} + \frac{13}{2}O_2 \rightarrow 4CO_2 + 5H_2O$

공기(100) : 산소(21) = 공기(X) : 산소(5)
$$\frac{(5 \times 100)}{21} = 23.8 ≒ 24$$

08 연소이론 - 정전기

다음 중 전기적 점화원인 정전기에 관한 내용으로 틀린 것은?

① 어떤 물질이 다른 물질과 마찰 또는 접촉하면서 각 물질 표면에 양전하 또는 음전하가 축적되는데 이 축적된 전기를 정전기라고 하며, 마찰전기라고도 한다.
② 정전기는 유속이 높거나, 비전도성 부유 물질이 많을 때 또는 와류가 생성될 때 발생이 잘 된다.
③ 정전기란 전하가 정지 상태에 있어 흐르지 않고 머물러 있는 전기를 말하며 머물러 있는 전하가 축적되고 방전함으로써 발화하게 된다.
④ 정전기는 접지를 해제하거나 습도를 70% 이상하여 방지할 수 있으며 접촉하는 전기의 전위차를 크게 하여 정전기의 발생을 억제하기도 한다.

정답 ④

정전기는 접지를 ~~해제하거나~~ 습도를 70% 이상하여 방지할 수 있으며 ~~접촉하는 전기의 전위차를 크게 하여~~ 정전기의 발생을 억제하기도 한다.
→ 접지를 하거나
→ 접촉하는 전기의 전위차를 작게 하여

09

다음 〈보기〉는 연소의 3요소 중 가연물의 종류이다. 발화점이 낮은 것부터 높은 순으로 옳은 것은?

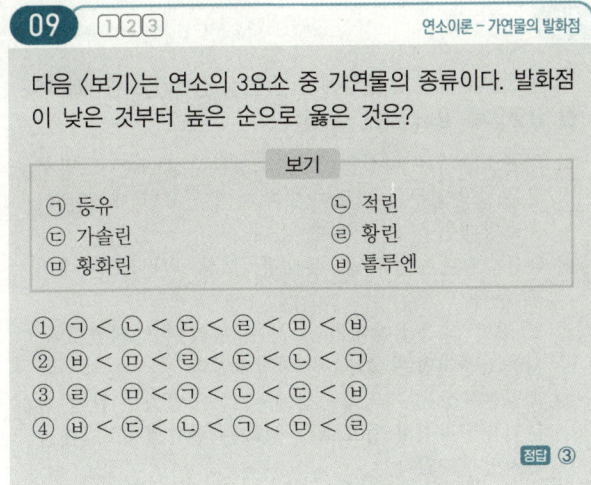

③ ㄹ(황린) < ㅁ(황화린) < ㄱ(등유) < ㄴ(적린) < ㄷ(가솔린) < ㅂ(톨루엔)

※ 가연물의 발화점

가연물	발화점(℃)	가연물	발화점(℃)
황 린	34	가솔린	300
이황화탄소	100	석 탄	350
황화린	100	목 재	410~470
셀룰로이드	180	산화에틸렌	430
디에틸에테르	180	산화프로필렌	450
등 유	200	톨루엔	480
경 유	210	아세톤	538
적 린	260	벤 젠	562

10

폭발 성립 조건은 밀폐된 공간에서 산소와 점화원이 존재할 때 가연성 가스나 분진, 증기가 폭발 가능한 범위 내에 있을 때 성립하며, 폭발 등급은 1등급부터 3등급으로 구분할 수 있다. 다음 〈보기〉의 가연성 물질 중 폭발 3등급(안전간격 0.4mm 이하)의 물질로 옳은 것을 모두 고르시오.

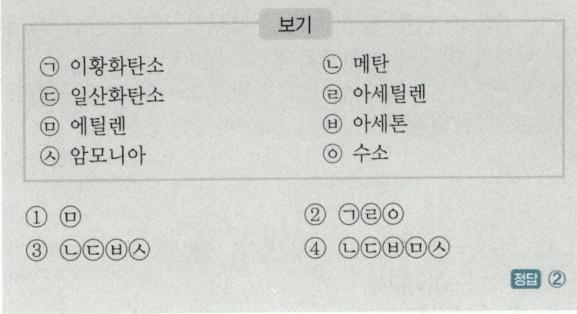

① ㅁ
→ 폭발 2등급
③ ㄴㄷㅂㅅ
→ 폭발 1등급

폭발등급	안전간격	종류
폭발 1등급	0.6mm 초과	메탄, 에탄, 일산화탄소, 암모니아, 아세톤, LPG
폭발 2등급	0.4mm 이상 0.6mm 이하	에틸렌, 석탄가스
폭발 3등급	0.4mm 이하	아세틸렌, 이황화탄소, 수소

11. 화재이론 - 산림화재

다음 중 산림화재의 형태에 관한 내용으로 틀린 것은?

① 지중화는 낙엽 속에 있는 무기물층, 갈탄층 등에서 화재가 발생하는 현상이다.
② 지표화는 습도가 50% 이하일 때 소나무, 삼나무, 편백나무 등에서 잘 일어난다.
③ 수간화는 나무 줄기가 타는 불로서 주로 수목에서 화재가 발생하는 현상이다.
④ 수관화는 인화물질인 수지가 많은 소나무 같은 침엽수에 잘 발생한다.

정답 ①

① 지중화는 <u>낙엽 속에</u> 있는 <u>무기물층</u>, 갈탄층 등에서 화재가 발생하는 현상이다.
→ 땅 속에, 유기물층

12. 화재이론 - 섬유류 및 플라스틱 화재

다음 〈보기〉에서 가연성 물질 및 연소특성에 관한 내용으로 옳은 것을 모두 고르시오.

보기

㉠ 모는 동물성 섬유로 발화점이 낮고 단백질로 이루어져 있어서 연소속도가 빠르고 연소되기가 쉽다.
㉡ 면은 식물성으로 주성분이 셀룰로오스이기 때문에 연소속도가 빠르나 소화도 면에서는 모에 비하여 용이하다.
㉢ 열경화성은 폴리염화비닐(polyvinyl chloride, PVC), 폴리에틸렌(polyethylene, PE), 폴리스틸렌(polystyrene), 폴리프로필렌(polypropylene, PP) 등이 있으며 고에너지 화재에 속한다.
㉣ 알루미늄, 금속나트륨 등은 물과 접촉했을 때 수소가스를 생성시키고, 인화석회는 포스핀을 발생시킨다.
㉤ 훈소는 톱밥이나 매트리스의 연소에서 보듯이 산소의 부족으로 불꽃을 내지 않고 연기만 나는 연소를 말한다.
㉥ 플라스틱 연소시 이산화탄소, 일산화탄소 및 암모니아 등 질소가 포함된 가스가 생성된다.
㉦ 섬유화재는 모직물, 견직물의 화재로서 연소시 일산화탄소 및 이산화탄소와 암모니아 등 질소가 함유된 가스를 방출한다.

① ㉠㉡㉢
② ㉣㉤㉥㉦
③ ㉢㉣㉤㉥㉦
④ ㉠㉡㉢㉣㉤㉥㉦

정답 ②

㉠ 모는 동물성 섬유로 발화점이 낮고 단백질로 이루어져 있어서 <u>연소속도가 빠르고 연소되기가 쉽다.</u>
→ 연소속도가 느리고 연소되기가 어렵다.
㉡ 면은 식물성으로 주성분이 셀룰로오스이기 때문에 연소속도가 빠르나 소화도 면에서는 <u>모에 비하여 용이하다.</u>
→ 모에 비하여 어렵다.
㉢ 열경화성은 폴리염화비닐, 폴리에틸렌, 폴리스틸렌, 폴리프로필렌 등이 있으며 고에너지 화재에 속한다.
→ 열가소성은

13. 소방조직 1) 소방조직 - 민간소방조직의 종류와 역할

「의용소방대 설치 및 운영에 관한 법령」상 의용소방대에 대한 설명으로 옳지 않은 것은?

① 의용소방대는 비상근이고, 소방본부장 또는 소방서장은 소방업무를 보조하기 위하여 필요한 때에는 의용소방대원을 소집할 수 있다.
② 의용소방대에는 대장, 부대장, 부장, 반장 또는 대원을 둔다.
③ 1958년 의용소방대의 설치 규정이 마련되었으며, 의용소방대법은 2014년 제정되었다.
④ 소방본부장은 지역특수성에 따라 소방업무 관련 전문기술·자격자 등으로 구성하는 전담의용소방대를 설치할 수 있다.

정답 ④

④ <u>소방본부장은</u> 지역특수성에 따라 소방업무 관련 전문기술·자격자 등으로 구성하는 <u>전담의용소방대를</u> 설치할 수 있다.(×)
→ ④ **시·도지사 또는 소방서장은** 지역특수성에 따라 소방업무 관련 전문기술·자격자 등으로 구성하는 **전문의용소방대를** 설치할 수 있다. (시행규칙 2조)

14 화재이론 – 피난경로

다음은 피난경로에 따른 특징을 나타낸 것이다. ( ) 안에 들어갈 내용으로 옳은 것은?

(㉠)	양방향으로 피난할 수 있는 확실한 형태
(㉡)	피난자에게 피난경로를 확실히 알려주는 형태
(㉢)	피난자의 집중으로 패닉현상이 일어날 우려가 있는 형태
(㉣)	중앙복도형 건축물에서의 피난경로로서 코너식 중 제일 안전한 형태

	㉠	㉡	㉢	㉣
①	X형	T형	H형	Z형
②	Z형	H형	T형	X형
③	H형	Z형	X형	T형
④	T형	H형	Z형	X형

정답 ①

15 화재이론 – 플래시오버에 영향을 주는 인자

다음 〈보기〉는 플래시오버 발생에 영향을 주는 요인에 관한 내용이다. 옳은 것을 모두 고르시오.

보기
㉠ 실외 산소분압이 높을수록 발생이 쉽다.
㉡ 벽에 비하여 천장재가 플래시오버 발생에 미치는 영향이 크다.
㉢ 가연물의 열전도율이 클수록 빨리 진행한다.
㉣ 층고가 높은 대규모 공간에서 층고가 낮은 소규모 공간보다 빠르게 진행한다.
㉤ 내장재료에서 불연재료<난연재료<가연재료 순으로 빨리 진행한다.
㉥ 점화원의 크기가 크고 강할수록 빨리 진행한다.
㉦ 일반적인 구획건물에서 개구부가 클수록 빨리 진행한다.

① ㉠㉢㉣
② ㉡㉤㉥㉦
③ ㉠㉡㉢㉤㉥㉦
④ ㉠㉡㉢㉣㉤㉥㉦

정답 ②

① X형, T형, H형, Z형

구분	특징
T형	피난자에게 피난경로를 확실히 알려주는 형태
X형	양방향으로 피난할 수 있는 확실한 형태
H형(CO형)	피난자의 집중으로 패닉현상이 일어날 우려가 있는 형태
Z형	중앙복도형 건축물에서의 피난경로로서 코너식 중 제일 안전한 형태

구분	피난방향 종류	피난방향	
X형			피난로가 보장
Y형			
T형			방향이 구분
I형			
Z형			중앙복도형에서 core식 중 양호
ZZ형			
H형			중앙 core식으로 panic 우려
CO형			

㉠ 실외 산소분압이 높을수록 발생이 쉽다.
 → 실내 산소분압이
㉢ 가연물의 열전도율이 클수록 빨리 진행한다.
 → 열전도율이 작을수록
㉣ 층고가 높은 대규모 공간에서 층고가 낮은 소규모 공간보다 빠르게 진행한다.
 → 층고가 높은 대규모 공간에서는 늦게 진행

16

다음 포소화설비에 대한 설명이다. 옳은 것은 무엇인가?

① 기계포(공기포)소화설비와 화학포소화설비가 있고, 현재는 화학포소화설비가 많이 쓰이고 있다.
② 프레져프로포셔너는 펌프와 발포기의 중간에 설치된 벤추리관의 벤추리작용에 따라 포소화약제를 흡입 및 혼합하는 방식이다.
③ 고발포는 합성계면활성제포가 주로 쓰이며 고발포로 쓰이는 포방출구는 포헤드가 있다.
④ 콘루프탱크는 원추형의 고정지붕을 가진 탱크로 표면상주입도 가능하고, 표면하주입도 가능하다.

정답 ④

① 기계포(공기포)소화설비와 화학포소화설비가 있고, 현재는 화학포소화설비가 많이 쓰이고 있다.(×)
→ 현재는 기계포(공기포)소화설비가 많이 쓰이고 있다.
② 프레져프로포셔너는 펌프와 발포기의 중간에 설치된 벤추리관의 벤추리작용에 따라 포소화약제를 흡입 및 혼합하는 방식이다.(×)
→ 라인프로포셔너 방식이 펌프와 발포기의 중간에 설치된 벤추리관의 벤추리작용에 따라 포소화약제를 흡입 및 혼합하는 방식이다.
③ 고발포는 합성계면활성제포가 주로 쓰이며 포방출구는 포헤드가 있다.(×)
→ 고발포는 고발포형 고정포방출구를 쓰며, 포헤드는 저발포이다.
④ 콘루프탱크는 원추형의 고정지붕을 가진 탱크로 표면(표면상)주입도 가능하고, 표면하주입도 가능하다.(○)
→ CRT탱크는 표면주입과 표면하주입이 가능하며, FRT탱크는 표면하가 부적합하다. 또한 표면하가 가능한 소화약제는 단친매성이고 내유염성인 수성막포와 불화단백포가 있다.

17

다음 중 물소화약제의 무상주수에 관한 내용으로 틀린 것은?

① 물을 구름 또는 안개모양으로 방사하는 방법으로서 물을 방사하는 부분이 특수하게 제작되어 있으며, 고압으로 방사되기 때문에 물입자가 서로 이격되어 있고 입자의 직경이 0.01~1.0mm로 적어 대기에 방사되면 안개모양을 갖는다.
② 전기의 전도성이 없어 전기화재의 소화에도 이용되며, 비점이 비교적 높은 제4류 위험물 중 제3석유류인 중질유(중유) 및 고비중을 가지는 윤활유·아스팔트유 등의 화재시 유류표면에 엷은 유화층을 형성하여 공기 중의 산소의 공급을 차단하는 유화효과(에멀션효과)를 나타내기도 한다.
③ 안개모양의 물입자는 공기 중의 산소의 공급을 차단하기 때문에 질식소화가 요구되는 가솔린화재의 소화에도 적합하며, 물과 반응하여 발열하거나 가연성 가스를 발생하는 물질인 제2류·제3류 위험물 또는 과산화물과 같은 특수한 소화방법이 요구되는 물질에도 적합하다.
④ 물분무는 설비의 표면 보호를 목적으로 하며, 미분무는 구획된 작은 공간에 대한 보호를 목적으로 한다. 물방울 입자의 크기는 스프링클러>물분무>미분무의 순으로 미분무가 가장 작다.

정답 ③

③ 안개모양의 물입자는 공기 중의 산소의 공급을 차단하기 때문에 질식소화가 요구되는 가솔린화재의 소화에도 적합하며, 물과 반응하여 발열하거나 가연성 가스를 발생하는 물질인 제2류·제3류 위험물 또는 과산화물과 같은 특수한 소화방법이 요구되는 물질에도 적합하다.
→ 중유화재, 특수한 소화방법이 요구되는 물질을 제외한 냉각소화효과가 요구되는 모든 물질에 적합하다.

18

다음 〈보기〉에서 강화액 소화기에 관한 내용으로 옳은 것을 모두 고르시오.

보기

㉠ 물의 유동성 때문에 소방대상물에 부착성이 떨어지므로, 물의 유실을 방지하고 장기간 체류하게 함으로써 소화력을 증대시키기 위한 것이다.
㉡ 소화력을 향상시키기 위해 탄산칼륨, 인산암모늄을 첨가해 만든 것으로 황색 또는 무색의 점성이 있는 알칼리 금속염을 주성분으로 하는 수용액이다.
㉢ 이산화탄소를 압력원으로 사용하며, 알카리금속염이 물의 소화능력을 강화시킨 것으로 일반화재에 적응성이 있고, 무상일 때는 전기화재에도 가능하다.
㉣ 알칼리성이므로 사용 후 세척하지 않으면 배관이 막히거나 용기가 부식될 수 있으며, 식용유화재에도 사용할 수 있다.
㉤ 점성이 강하므로 침투성이 떨어지며, 물방울 직경이 커지고, 마찰손실이 증가하나 물의 사용을 줄일 수 있다.
㉥ 물의 침투성을 증가시키는 Wetting Agents(합성계면활성제)를 혼합한 경우에는 물의 침투가 용이하지 않은 원면화재 등 심부화재에 대한 적응성을 높여준다.

① ㉡㉣
② ㉠㉢㉤
③ ㉡㉣㉤㉥
④ ㉠㉢㉣㉤㉥

정답 ①

㉠ 물의 유동성 때문에 소방대상물에 부착성이 떨어지므로, 물의 유실을 방지하고 장기간 체류하게 함으로써 소화력을 증대시키기 위한 것이다.
→ 증점제에 관한 내용
㉢ 이산화탄소를 압력원으로 사용하며, 알카리금속염이 물의 소화능력을 강화시킨 것으로 일반화재에 적응성이 있고, 무상일 때는 전기화재에도 가능하다.
→ 산·알칼리소화기에 관한 내용
㉤ 점성이 강하므로 침투성이 떨어지며, 물방울 직경이 커지고, 마찰손실이 증가하나 물의 사용을 줄일 수 있다.
→ 증점제에 관한 내용
㉥ 물의 침투성을 증가시키는 Wetting Agents(합성계면활성제)를 혼합한 경우에는 물의 침투가 용이하지 않은 원면화재 등 심부화재에 대한 적응성을 높여준다.
→ 침투제에 관한 내용

19

다음 중 수성막포 소화약제의 특징으로 틀린 것은?

① 일반적으로 25% 환원시간(포가 깨져서 원래의 포 수용액으로 돌아가는 시간)이 수성막포는 60초 이상이다.
② 유류화재에 대해 질식소화작용·냉각소화작용을 가지며, 포가 없는 수성막 단독으로는 일반화재의 진압이 어려우나 이산화탄소와 겸용하면 포의 생성을 도와 7~8배 소화효과가 있다.
③ 소화성능이 우수하여 기계포소화기의 소화약제로의 사용이 가능하며, 소화성능은 단백포소화약제에 비하여 5배 정도되며, 소화에 사용되는 소화약제의 양도 1/3밖에 되지 않는다.
④ 유동성이 우수한 포와 수성막을 형성하므로 초기 소화속도가 신속하여 유출유 화재에 가장 적합하며 유류에 오염되지 않고, 내유성이 강하여 표면하주입방식에 의한 설비를 할 수 있다.

정답 ②

② 유류화재에 대해 질식소화작용·냉각소화작용을 가지며, 포가 없는 수성막 단독으로는 일반화재의 진압이 어려우나 이산화탄소와 겸용하면 포의 생성을 도와 7~8배 소화효과가 있다.
→ 분말과 겸용하면 7~8배 소화효과가 있다.

20

다음 중 제1종 분말소화약제의 소화작용 및 적응화재에 관한 내용으로 옳은 것은?

① 제1종 소화분말인 탄산수소나트륨으로부터 열분해시 발생된 이산화탄소와 수증기가 화재로부터 발생되는 열의 전달을 차단시켜 화재의 전파를 방지케 함으로써 열전달방지 소화작용을 하며, 특히 식용유화재에서 나트륨을 가하면 지방을 가수분해하는 비누화작용을 일으켜서 질식소화한다.
② 제1종 소화분말의 부촉매소화작용은 제2종·제3종 소화분말에 비하여 그 진행속도가 완만하며, 성능면에서는 제2종 소화분말에 비하여 미약한 편이나 제1종 소화분말은 일반가연물로 인한 A급화재에도 부촉매소화작용을 일으킨다는 점이 다른 소화분말에 비하여 우수하다.
③ 탄산수소나트륨은 탄산수소칼륨보다 낮은 온도에서 열분해를 하며, 금속나트륨이 금속칼륨에 비하여 반응성이 크므로 냉각소화작용이 우수하다.
④ 중탄산수소나트륨으로부터 360℃ 이상의 온도에서 열분해하는 과정에서 생성되는 액체상태의 점성을 가진 메타인산(HPO_3)이 일반 가연물질인 나무·종이·섬유 등의 연소과정인 잔진상태의 숯불표면에 유리(glass)상의 피막을 이루어 공기 중의 산소의 공급을 차단시킨다.

정답 ①

① 제1종 소화분말인 탄산수소나트륨으로부터 열분해시 발생된 이산화탄소와 수증기가 화재로부터 발생되는 열의 전달을 차단시켜 화재의 전파를 방지케 함으로써 열전달방지 소화작용을 하며, 특히 식용유화재에서 나트륨을 가하면 지방을 가수분해하는 비누화작용을 일으켜서 질식소화한다.
② ~~제1종 소화분말의 부촉매소화작용은 제2종·제3종 소화분말에 비하여 그 진행속도가 완만하며, 성능면에서는 제2종 소화분말에 비하여 미약한 편이나 제1종 소화분말은 일반가연물로 인한 A급화재에도 부촉매소화작용을 일으킨다는 점이 다른 소화분말에 비하여 우수하다.~~
→ 제3종 소화분말의 부촉매소화작용은 제1종·제2종 소화분말에 비하여 그 진행속도가 완만하며, 성능면에서는 제2종 소화분말에 비하여 미약한 편이다. 제3종 소화분말은 일반가연물로 인한 보통화재(A급화재)에도 부촉매소화작용을 일으킨다는 점이 다른 소화분말에 비하여 특이하다.
③ ~~탄산수소나트륨은 탄산수소칼륨보다 낮은 온도에서 열분해를 하며, 금속나트륨이 금속칼륨에 비하여 반응성이 크므로 냉각소화작용이 우수하다.~~
→ 탄산수소칼륨은 탄산수소나트륨보다 낮은 온도에서 열분해를 하며, 금속칼륨이 금속나트륨에 비하여 반응성이 크므로 냉각소화작용이 우수하다.
④ ~~중탄산수소나트륨으로부터~~ 360℃ 이상의 온도에서 열분해하는 과정에서 생성되는 액체상태의 점성을 가진 메타인산(HPO_3)이 일반 가연물질인 나무·종이·섬유 등의 연소과정인 잔진상태의 숯불표면에 유리(glass)상의 피막을 이루어 공기 중의 산소의 공급을 차단시킨다.
→ 제1인산암모늄으로부터 360℃ 이상의 온도에서 열분해하는 과정에서 생성되는 액체상태의 점성을 가진 메타인산(HPO_3)이 일반가연물질인 나무·종이·섬유 등의 연소과정인 잔진상태의 숯불표면에 유리(glass)상의 피막을 이루어 공기 중의 산소의 공급을 차단시키며, 숯불모양으로 연소하는 작용을 방지한다.

21

다음 〈보기〉에서 해당 용도의 바닥면적 $50m^2$마다 능력단위 1단위 이상 소화기를 설치하여야 하는 대상을 모두 고르시오. (단, 건축물의 주요구조부가 내화구조가 아니다.)

보기
㉠ 근린생활시설 ㉡ 위락시설
㉢ 판매시설 ㉣ 숙박시설
㉤ 장례식장 ㉥ 의료시설
㉦ 문화재 ㉧ 공연장

① ㉠㉡㉢㉣ ② ㉤㉥㉦㉧
③ ㉠㉢㉦㉧ ④ ㉡㉣㉥㉧

정답 ②

※ 특정소방대상물별 소화기구의 능력단위기준

특정소방대상물	소화기구의 능력단위
1. 위락시설	해당 용도의 바닥면적 $30m^2$마다 능력단위 1단위 이상
2. 공연장·집회장·관람장·문화재·장례식장 및 의료시설	해당 용도의 바닥면적 $50m^2$마다 능력단위 1단위 이상
3. 근린생활시설·판매시설·운수시설·숙박시설·노유자시설·전시장·공동주택·업무시설·방송통신시설·공장·창고시설·항공기 및 자동차 관련 시설 및 관광휴게시설	해당 용도의 바닥면적 $100m^2$마다 능력단위 1단위 이상
4. 그 밖의 것	해당 용도의 바닥면적 $200m^2$마다 능력단위 1단위 이상

▷ 소화기구의 능력단위를 산출함에 있어서 건축물의 주요구조부가 내화구조이고, 벽 및 반자의 실내에 면하는 부분이 불연재료·준불연재료 또는 난연재료로 된 특정소방대상물에 있어서는 위 표의 기준면적의 2배를 해당 특정소방대상물의 기준 면적으로 한다.

※ 「국가유산기본법」('23.5.16.) 제정에 따라 '문화재' 용어 변경('24.5.17.)
지정문화재 → 지정유산, 등록문화재 → 등록문화유산,
무형문화재 → 무형유산, 민속문화재 → 민속문화유산,
유형문화재 → 유형문화유산, 시도기념물 → 시도기념물 및 시도자연유산, 문화재자료 → 문화유산자료 및 자연유산자료

㉠ 근린생활시설, ㉢ 판매시설, ㉣ 숙박시설
→ 바닥면적 $100m^2$마다 능력단위 1단위 이상 소화기를 설치
㉡ 위락시설
→ 바닥면적 $30m^2$마다 능력단위 1단위 이상 소화기를 설치

22 소화이론 – 옥외소화전

다음 중 옥외소화전설비에 관한 내용으로 옳은 것은?

① 노즐 선단에서의 방수압력은 0.25MPa 이상(0.7MPa 초과할 경우 호스접결구의 인입측에 감압장치 설치), 방수량은 250L/min 이상이어야 한다.
② 호스접결구는 특정소방대상물의 각 부분으로부터 하나의 호스접결구까지의 수평거리가 40m 이하가 되도록 설치하여야 하며, 호스는 구경 65mm의 것으로 하여야 한다.
③ 옥외소화전이 10개 이하일 때는 5m 이내마다 소화전함을 1개 이상 설치하며, 옥외소화전이 11~30개 이하일 때는 옥외소화전 3개마다 1개 이상의 소화전함을 설치한다.
④ 옥외소화전설비의 함은 소방청장이 정하여 고시한 「소화전함의 형식승인 및 제품검사의 기술기준」에 적합한 것으로 설치하되 밸브의 조작, 호스의 수납 등에 충분한 여유를 가질 수 있도록 해야 한다.

정답 ②

② 호스접결구는 특정소방대상물의 각 부분으로부터 하나의 호스접결구까지의 수평거리가 40m 이하가 되도록 설치하여야 하며, 호스는 구경 65mm의 것으로 하여야 한다.
① 노즐 선단에서의 방수압력은 0.25MPa 이상(0.7MPa 초과할 경우 호스접결구의 인입측에 감압장치 설치), 방수량은 ~~250L/min 이상~~이어야 한다.
  → 350L/min 이상
③ 옥외소화전이 10개 이하일 때는 5m 이내마다 소화전함을 1개 이상 설치하며, 옥외소화전이 11~30개 이하일 때는 옥외소화전 3개마다 ~~1개 이상의 소화전함을 설치한다.~~
  → 11개 이상의 소화전함을 각각 분산하여 설치한다.
④ 옥외소화전설비의 함은 소방청장이 정하여 고시한 「소화전함의 형식승인 및 제품검사의 기술기준」에 적합한 것으로 설치하되 밸브의 조작, 호스의 수납 등에 충분한 여유를 가질 수 있도록 해야 한다.
  → 성능인증

23 소화이론 – 비상경보설비

다음 중 비상경보설비에 관한 내용으로 틀린 것은?

① 지구음향장치는 특정소방대상물의 층마다 설치하되, 해당 특정소방대상물의 각 부분으로부터 하나의 음향장치까지의 수평거리가 25m 이하가 되도록 하고, 해당 층의 각 부분에 유효하게 경보를 발할 수 있도록 설치하여야 한다.
② 발신기는 특정소방대상물의 층마다 설치하되, 해당 층의 각 부분으로부터 하나의 발신기까지의 수평거리가 25m 이하가 되도록 하고, 복도 또는 별도로 구획된 실로서 보행거리가 40m 이상일 경우에는 추가로 설치해야 한다.
③ 음향장치의 음량은 부착된 음향장치의 중심으로부터 1m 떨어진 위치에서 90dB 이상이 되는 것으로 하여야 한다.
④ 비상경보설비에는 그 설비에 대한 감시상태를 60분간 지속한 후 유효하게 10분 이상 경보할 수 있는 축전지설비(수신기에 내장하는 경우를 포함한다) 또는 전기저장장치를 설치하여야 한다.

정답 ④

~~비상경보설비에는~~ 그 설비에 대한 감시상태를 60분간 지속한 후 유효하게 10분 이상 경보할 수 있는 축전지설비(수신기에 내장하는 경우를 포함한다) 또는 전기저장장치를 설치하여야 한다.
→ 비상방송설비에는
→ 비상경보설비는 수동설비로서 비상전원이 해당없는 설비이다.

24

소화이론 – 자동화재탐지설비 경계구역

다음 〈보기〉는 자동화재탐지설비의 경계구역에 관한 내용이다. ( ) 안에 들어갈 내용으로 옳은 것은?

보기

하나의 경계구역의 면적은 (㉠) 이하로 하고 한 변의 길이는 (㉡) 이하로 한다. 다만, 당해 소방대상물의 주된 출입구에서 그 내부 전체가 보이는 것에 있어서는 한 변의 길이가 (㉢)의 범위 내에서 (㉣) 이하로 할 수 있다.

	㉠	㉡	㉢	㉣
①	500m²	40m	60m	1,000m²
②	600m²	50m	50m	1,000m²
③	600m²	40m	60m	1,500m²
④	500m²	50m	50m	1,500m²

정답 ②

② 600m², 50m, 50m, 1,000m²

25

재난관리 1) 재난 및 재난관리의 개념 – 재난관리의 개념과 단계별 관리사항

다음 글은 재난관리 단계를 설명하고 있다. 이에 대한 내용 중 〈보기〉에서 옳은 것을 모두 고른 것은?

재난이 실제로 발생하기 전에 재난 촉발요인을 제거하는 단계로, 재난 및 안전관리 기본법에서 지방자치단체에 대한 지원이 있다.

보기

ㄱ. 에너지, 정보통신, 교통수송, 보건의료 등 국가경제, 국민의 안전·건강 및 정부의 핵심기능에 중대한 영향을 미칠 수 있는 시설, 정보기술시스템 및 자산 등을 말하는 것을 지정하는 단계이다.
ㄴ. 재난관리책임기관의 장은 안전취약계층이 재난이나 그 밖의 각종 사고로부터 안전을 확보할 수 있는 생활환경을 조성하기 위하여 안전용품의 제공 및 시설 개선 등 필요한 사항을 지원하기 위하여 노력하여야 한다.
ㄷ. 재난관리책임기관에서 재난 및 안전관리업무를 담당하는 공무원이나 직원은 행정안전부장관이 실시하는 전문교육을 행정안전부령으로 정하는 바에 따라 정기적으로 또는 수시로 받아야 한다.
ㄹ. 재난관리주관기관의 장은 재난을 효율적으로 관리하기 위하여 재난유형에 따라 위기관리 매뉴얼을 작성·운용하고, 이를 준수하도록 노력하여야 한다.

① ㄱ
② ㄱ, ㄴ
③ ㄱ, ㄴ, ㄷ
④ ㄴ, ㄷ, ㄹ

정답 ③

재난관리 단계는 예방, 대비, 대응, 복구가 있으며 예방단계에 해당된다.
ㄱ. 에너지, 정보통신, 교통수송, 보건의료 등 국가경제, 국민의 안전·건강 및 정부의 핵심기능에 중대한 영향을 미칠 수 있는 시설, 정보기술시스템 및 자산 등을 말하는 것을 지정하는 단계이다.
→ 국가핵심기반 지정으로 예방단계이다.
ㄴ. 재난관리책임기관의 장은 안전취약계층이 재난이나 그 밖의 각종 사고로부터 안전을 확보할 수 있는 생활환경을 조성하기 위하여 안전용품의 제공 및 시설 개선 등 필요한 사항을 지원하기 위하여 노력하여야 한다.
→ 안전취약계층에 대한 안전환경지원으로 예방단계이다.
ㄷ. 재난관리책임기관에서 재난 및 안전관리업무를 담당하는 공무원이나 직원은 행정안전부장관이 실시하는 전문교육을 행정안전부령으로 정하는 바에 따라 정기적으로 또는 수시로 받아야 한다.
→ 재난안전분야 종사자 교육으로 예방단계이다.
ㄹ. 재난관리주관기관의 장은 재난을 효율적으로 관리하기 위하여 재난유형에 따라 위기관리 매뉴얼을 작성·운용하고, 이를 준수하도록 노력하여야 한다.
→ 재난관리책임기관의 장이 위기관리매뉴얼을 작성·운영하며 대비단계이다.

김동준 소방학개론
FINAL
동형 모의고사

김동준 소방학개론
FINAL
동형 모의고사

김동준 소방학개론
FINAL
동형 모의고사

김동준 소방학개론
FINAL
동형 모의고사

2024년 소방단기 소방학·법규 매출 1위 • 2024년 소방학·법규 교재 판매량 1위

소방학박사가 집필한 책!

2025 김동준
소방공무원

※ 표지이미지는 변경될 수 있습니다.   Daum 카페 [김동준 소방학개론]

YouTube
김동준 소방

Instagram
kim_dongjoon

Daum 카페
김동준 소방&방재 아카데미

㈜도서출판 서울고시각
www.gosigak.co.kr

대표전화 02-706-2261 교재주문 02-706-2261~6
정보상담실/팩스 02-706-2262~6 / 711-9921
인터넷서점/동영상강의 www.edu-market.co.kr / 02-3141-9491

서울고시각의 다양한 컨텐츠와 수험서, 자격증, 취업 도서를 가장 먼저
만나볼 수 있는 동영상강의 NO.1 에듀마켓 www.edu-market.co.kr

김동준
소방학개론
FINAL
동형모의고사